JN410332

좋은 사람들 사이

김종달 수상록

도서출판 경남

책머리에

예로부터 전해 오는 많은 이야기들 중에 특별히 감명 깊고 교훈적이고 재미있는 이야기는 너무 많습니다.

시골에서 태어나 자라면서 어른들의 이야기를 즐겨 들었던 저는 좋은 책을 즐겨 읽으며 성장했는데, 장성한 후에 생동적이고 감동적인 글을 써서 많은 사람들에게 즐겨 읽도록 해 주고 싶었던 것이 솔직한 저의 그때의 바람이었습니다. 그 바람을 오랜 공직생활을 정년으로 마무리하고 난 지금에야 짬짬이 쓴 글을 한데 모아 책으로 펴내 봅니다.

세상 사람들 모두가 남보다 자기가 잘 살고 행복했으면 하고 바라고 있는데 저라고 해서 예외일 수는 없습니다. 오늘의 현실만 있고 내일에 거는 희망이 없다면 얼마나 삭막한 삶이 되겠습니까?

세상을 살아가면서 보고 듣고 느끼고 생각했던 바를 유머스럽고 위트가 넘치는 말로 멋지게 나타내 보려 했으나, 워낙 말주변이 없고 글재주가 없는 탓에 그렇게 되어지질 않았습니다. 내용이 빈약하고 여러 면에서 부족한 점이 많으나 재미 삼아 한 번 읽어 보시길 바랍니다.

이 책이 나오기까지 좋은 의견과 조언을 해 주시면서 저를 도와주신 모든 분들에게 그 고마움을 이 책에 담아 드립니다. 그리고 앞으로도 계속해서 지도 있길 바랍니다. 대단히 감사합니다.

2007년 10월

김종달 삼가 씀

차 례

이야기 하나,

이야기 둘,

이야기 셋,

이야기 하나

첫번째 이야기

좋은 친구 사귀기

설 하면 민족의 대명절이라 그런지 듣기만 하여도 가슴이 설렌다.

어렸을 적 설날이 되면 새벽 일찍 일어나 세수를 하고 새 옷을 갈아입고 아버님과 어머님께 세배를 드렸다. 그러면 부모님께서는 지폐를 한 장씩 주시면서 명과 복을 받으라는 덕담을 해 주셨고, 그러면 좋아서 싱글벙글했던 옛날이 엊그제 같은데 그후 오랜 세월이 흘렀고 그때 아버님께서 들려주시던 말씀이 어제 들은 것 같이 생각나곤 한다.

"그 사람을 알려면 그 사람의 친구를 알아보라"는 말씀과 함께 좋은 친구를 사귀는 일이 얼마나 중요한가를 일깨워 주시던 이야기는 다음과 같았다.

옛날, 아주 옛날 어느 인심 좋고 살기 좋은 마을에 머슴을 여럿 거느리고 하인도 있는 부잣집에 마음씨가 곱고 착해서 이웃 사람들을 도와가며 책을 즐겨 읽던 착한 선비 한 사람이 살고 있었다.

그러나 그 집에는 금동이라는 외아들이 있었는데 그는 글공부에는 관심이 없고 날마다 아버지 몰래 빠져 나가 친구들과 어울려 놀며 일찍 술을 배워 술타령을 하고 놀음이나 하며 나쁜 짓만 일삼고 다녔다. 그런 아들을 둔 착한 선비인 아버지의 마음이 얼마나 괴로웠겠는가.

하루는 아들 때문에 걱정하던 선비가 그 아들을 조용히 불러

"얘, 금동아! 너는 아랫 동네에 사는 친구가 그렇게도 좋으냐?"

고 물으니 '자기가 아니면 그 친구가 못 살고 그 친구가 아니면 자기가 못살 정도로 친한 친구' 라 한다. 그래서

"그럼 정말로 그렇게도 너와 친한지 한번 시험을 해 보아도 되겠느냐?"

하고 물으니 괜찮다고 한다. 그 소릴 듣고 아버지가 머슴을 보고 돼지우리에 있는 돼지를 한 마리 몰아오라 하더니, 그 돼지의 목을 칼로 찔러 잡고는 덕석에 둘둘 말아 머슴에게 지게 하고 아랫동네에 있는 아들 친구의 집으로 가서 아들더러 친구를 불러내도록 시켰다. 금동이가 친구 돌쇠의 집 앞에 서서

"돌쇠야, 돌쇠야!"

하고 부르니 돌쇠가

"금동이 아니냐?"

하면서 뛰어 나와 반갑게 맞이하는 것이었다. 그러자 금동이가 아버지께서 집을 나오며 시키던 대로

"얘, 돌쇠야. 조금 전에 우리 옆집 아이와 사소한 일로 싸우다가 지겟작대기로 한 차례 때렸더니 그 애가 맞아 그 자리에서 쓰러져 죽고 말았어. 그래 겁이 나서 아무도 모르게 덕석으로 싸 가지고 이렇게 왔다. 어디 좀 숨길 데 없겠느냐?"

하고 근심 어린 얼굴로 말을 하였다. 그러자 금동이의 친구 돌쇠는

"뭐이라? 이 사람 큰일 내겠네. 나는 모르네. 얼른 다른 곳으로 가게."

하고는 뒤도 안 돌아보고 집으로 들어가고 마는 것이었다. 이것을 본 금동이의 아버지는 '네 친구는 저랬는데 내 친구는 어떻게 하는지 같이 가 보자' 며 이웃 마을의 자기 친구 집으로 가서 먼저와 똑같이 친구를 불렀다.

"거산, 거산, 거산 있는가?"

하고 친구의 호를 부르니까

"아니, 덕암 아닌가! 해가 다 져 가는데 웬일인가?"

하고 나오면서 반갑게 친구를 맞이했다.

"야, 이 친구야, 큰일났네. 오늘 오후에 들에 나가서 우리 옆논 임자와 물 때문에 승강이를 하다 싸웠는데 내가 들고 있던 물괭이로 한대 때렸더니 그걸 맞고 그 자리에서 그 사람이 쓰러지더니 죽고 말았네. 겁이 나서 덕석에 싸서 지고 이렇게 왔네. 어떻게 하면 좋겠는가?"

하니까 아버지의 친구 거산은 아버지의 손을 꽉 잡더니

"많이 놀랐겠네. 손이 범하면 손가락질만 해도 죽는다는 말을 들었네. 날 따라 얼른 오게나."

하면서 자기 집 뒤쪽으로 들어가는 것이었다. 그때였다. 아버지는 친구의 손을 꽉 잡으면서

"야, 이 사람아, 놓이네. 우리 금동이란 놈이 하도 제 친구가 좋다기에 돼지를 한 마리 잡아 머슴에게 지우고 저놈 친구 집에 갔다가 쫓겨나는 꼴을 보고 우리의 우정을 보여주고 싶어 똑같은 방법으로 자네를 찾아온 것이네. 용서하게."

하고 말을 하자

"에이 이 사람, 너무 심하지 않은가!"

하고 얼싸안는 것이었다. 아버지는 아들 금동이를 보고

"금동아, 잘 보았느냐? 너는 친구를 술과 음식으로 사귀었지만 진정으로 맺어진 친구가 아니다. 네가 보았지만 내 친구는 그야말로 정으로 맺어진 친구다. 어려운 일에도 서로가 돌보아 주는 친구가 참된 친구이니라. 이래도 네 친구가 좋으냐?"

하고 말을 하니 듣고 있던 아들 금동이는 크게 깨달은 바 있어

"아버지, 제가 잘못했습니다. 이제 친구를 사귀는 데도 정신을 쏟겠으며 착하고 부지런한 사람이 되겠습니다. 그리고, 열심히 과거 공부를 하여 가문을 빛내도록 노력하겠습니다. 용서해 주십시오."

하고는 자기의 잘못을 깊이 뉘우치는 것이었다.

금동이는 자기의 과거를 반성하고 착한 사람이 되겠다는 다짐을 새로이 한 것이었다.

이 이야기는 내가 어렸을 적에 아버님께서 우애, 성실, 근검을 일깨워 주시면서 친구들과 잘 사귀라고 일러주시던 고귀高貴한 말씀으로 기억된다.

어렸을 적 설날 아침에 들었던 아버님 말씀을 다시금 생각하며 설날을 맞아 손자에게 이 이야기를 들려주게 되니 착한 내 손자가 더 착해지리라 생각되며 돌아가신 아버님 생각에 가슴이 뭉클해진다.

두번째 이야기

진교 전설

옛날 옛날 아주 옛날, 지리산 줄기가 뻗어내려 오다가 우뚝 멈춰 솟은 이맹산 상봉에는 분화구噴火口에 물이 괴어 못을 이루고 있었는데 여기에 이무기가 한 마리 살고 있었다. 이 이무기는 용이 되길 바랐었는데 용이 되질 않자 심술만 부리고 살아가고 있었다. 이 이무기가 심술이 나면 고개를 치켜들고 마음 내키는 쪽을 바라보고 독기를 내뿜으면 그쪽 사람들의 눈이 멀었으므로 이맹산理盲山이라는 이름으로 불리었다.

그래서 이맹산 주위의 사람들은 불안과 공포에 떨면서 속수무책으로 살아가면서 제단을 만들어 이무기에게 제물도 바치고 때로는 처녀를 바치기도 하였지만 그 횡포는 변함이 없었다. 그런 어느 날 도승道僧 한 분이 마을에 탁발托鉢을 왔다. 스님의 목탁소리에 불심이 깊은 사람들은 보시를 하였는데 마을 사람들의 안색을 살펴본 스님이 수심이 가득찬 시주 나온 어느 부인에게 물었다.

"온 동네 사람들이 수심이 가득하니 필시 무슨 곡절이 있을 듯한데 대체 무슨 일이 있습니까?"

스님의 물음에 그 부인은 걱정이 가득한 목소리로

"예, 스님 다름이 아니옵고 저기 보이는 저 이맹산 꼭대기에 못이 있는데, 그 못에 사는 이무기가 고개를 쳐들어 독을 뿜어내면 그 방향의 마을에 멀쩡하던 사람이 갑자기 장님이 되어버려 우리도 언제 그 화를 입을지 알 수 없어 근심이 떠나지 않습니다."

라고 하였다. 스님은 마음속으로 '고얀 미물이로다. 한갓 미물이 불심 깊은 사람들을 이다지도 괴롭힌단 말인가' 라고 한탄했다. 불쌍한 중생을 구제하기 위하여 스님이 모여든 마을사람들을 둘러보며

"그 이무기를 쫓아내는 것은 참 어렵습니다만 방법이 없는 것은 아닙니다."

라고 말하자, 스님의 말에 마을사람들은 얼굴이 환해졌다. 스님은 정색을 하고 이무기를 물리칠 방법을 알려주고는 홀연히 사라졌다. 주민들만으로는 불가능에 가까운 일을 추진하기 위한 계획을 수립하여 차근차근 준비작업에 착수하였다.

그러던 어느 날 이무기는 고개를 쳐들어 동경(지금의 경주)을 향하여 강한 독기를 뿜었다. 공교롭게도 왕가에 있는 공주의 눈이 멀게 되었다. 임금은 당황한 나머지 전의를 불러 치료를 시켰으나 조금도 치유될 기미가 없었다. 그러자 전국에 방을 붙여 공주의 눈을 뜨게 한 사람에게는 후한 상과 벼슬을 주겠다고 하였다.

이때 한 도사가 왕의 앞에 나타나서 말하기를

"동경의 곤방인 서남쪽에 이맹산이란 산이 있습니다. 그곳에 살고 있는 이무기(蛟龍)의 소행 같습니다."

라고 아뢰었다. 임금은 즉시 사람을 곤방坤方으로 보내 이맹산을 찾아보게 하였고 산정山頂에 깊은 못이 있는 것을 발견하였다. 이후 이무기를 잡기 위한 방법을 모색하던 중, 얼마 전 어느 도사가 이 지역 주민에게 이무기를 쫓아내는 방법을 가르쳐 주었기에 주민들이 쫓아낼 계획을 추진하고 있는 것을 알게 되었다.

신하들은 도승道僧이 가르쳐 준대로 불에 달군 돌(火鐵石)을 못에 던져 넣기 위하여 인근 주민을 총동원하여 수십 대의 풍구를 산봉우리 위에 설치하여 밤낮을 가리지 않고 풀무 불에 돌을 달구어 계속 못에 던져 넣었다.

그러자 이레 만에 못 안 수온이 올라가자 하늘이 무너지는 것 같은 소리가 울리면서 물결이 요동치더니 청천하늘에 갑자기 먹구름이 밀려와 폭우가 쏟아지고 물이 뜨거워지며 이무기가 물 밖으로 솟구쳤다. 승천을 하지 못한 이무기는 남쪽의 깊은 못을 찾아 잠적하였는데, 그곳이 진제하 심연辰梯下 沈淵이다. 진제辰梯는 곧 진교辰橋를 말하며 하늘로 놓인 사닥다리란 뜻이다. 진제의 깊은 못에서 하늘로 오르기 위하여 사닥다리를 세웠다는 뜻이다.

그 후 이무기는 남해의 해룡이 되어 왜구를 막아주는 용龍이 되었다 한다.

이무기가 이맹산理盲山에서 옮겨간 후에는 공주도 눈을 뜨게 되었고 맹인이 생기지 아니하고 모두가 광명을 찾았다 하여 이맹산理盲山을 이명산理明山으로 개칭하여 부르게 되었다.

지금도 이명산 달구봉에는 돌이 불에 달궈져서 녹아 붙어 있는 것처럼 보이는 것이 있는데, 이것은 용암이 녹은 것이라 하며 분화구에 고였던 물이 말라 그대로 있다.

그런데 여기가 또 묘자리로 좋다는 소문이 나자 서로 묘 쓰기를 바랐는데 여기에 묘를 쓰면 그 남쪽에 사는 사람 중 나병 환자가 많이 난다 하여 묘를 쓰지 못하게 하였다. 그러자 어느 심술궂은 자가 몰래 묘를 쓰자 맑던 하늘이 갑자기 구름으로 뒤덮이고 뇌성 벼락을 내려쳤다. 그 벼락이 지금 분화구 자리에 꽂혀 있는 돌이라는 전설이 전해오고 있다.

그리고 이명산의 용(이무기)이 옮겨가 득천得天을 하기 위해 사다리를 놓았다 하여 민다리(용다리)라 부르는 곳이 바로 진교辰橋이다.

이와 같은 전설이 전해 오는 이명산 아래 조그마한 마을에 마음씨 착한 젊은 내외가 살고 있었는데 이 젊은 부부는 거지가 동냥을 오면 먹던 밥을 그대로 주었고 식량이 떨어져 밥을 못했으면 다음에 또 오라면서 물이라도 떠다 주는 착한 사람들로 널리 소문이 났었다.

그러던 어느 날 도통한 한 스님이 이 집을 찾아 시주를 청하자 그날따라 아무것도 줄 것이 없자 물을 한 사발 떠다 바치면서 오늘 여기서 쉬고 가시면 남편이 돌아오면 시주를 하겠다는 것이었다. 그 착한 여자는 오늘 남편이 숯을 구워 팔러 시장에 갔는데 그걸 판 돈으로 곡식도 사고 찬거리도 사 올테니 여기서 쉬어 밥을 잡숫고 가시라고 하는 것이었다.

스님은 못 이기는 척 그날 거기서 쉬었다. 아니나 다를까 남편이 늦게 시장에서 돌아오더니 스님을 보고 반갑게 대할 뿐만 아니라 안 가시고 잘 계셨다고 말하는 것이었다. 그날 스님은 이들 부부의 융숭한 대접을 받고 시주도 받았었다.

스님은 뒷날 이 착한 젊은 내외에게 다음과 같은 말을 하고 떠났다.

"내가 관상을 좀 보는데 이 다음에 아들을 낳으면 열 살 되는 정월

보름날 호식(호랑이에게 물려가는 일)에 가기 쉬우니 아들을 절대로 문밖 출입을 시키지 마시오."

하면서 신신당부를 하고 떠났다. 그리고 나서 일 년이 조금 지나 아들을 낳았는데 이 아이는 자랄수록 총명하고 건강하며 하나를 들으면 열을 능히 알고 힘이 장사였다. 서당에 다니면서부터는 어떻게나 글공부를 잘하는지 당할 자가 없었으며 전쟁 놀이를 하면 큰 아이들을 제치고 대장 노릇을 하였다. 이상한 것은 이 아이의 겨드랑이에는 날개가 있다는 것이었는데 이 사실은 다른 아무에게도 알리지 않았다.

세월이 흘러 열 살이 되는 해였다.

부모들은 이 아이를 정월 들면서부터 조심조심 보호하며 기르고 있었다. 보름날이 되었다. 아이가 밖에 놀러나가겠다고 야단이었다. 그러나 부모가 내어보낼 리 만무하였다. 부모님 말씀이라면 한 번도 어기지 않던 어린아이였다.

아니나 다를까 점심 때쯤 되어서 웬 스님이 찾아와서 아이를 만나길 청했다. 그러자 아버지가 대신 만나서 그 스님을 크게 꾸짖었다.

"남의 귀한 아들을 왜 찾는 거요? 절대로 만나지 못하오. 그냥 돌아가시오. 나는 당신의 정체를 잘 알고 있소."

하고 낫을 들고 나오면서 고함을 지르니 그 스님은

"아, 배가 고파 아이를 잡아먹으려 했으나 알고 안 내어주니 어찌할 수 없구먼."

하면서 입으로 무슨 주문을 외우니 갑자기 큰 호랑이가 되어 '어흥!' 울면서 산을 타고 올라가는 것이었다.

이 아이가 자라서 무과에 급제를 하고 왜구를 막았는데 이 사람만 보면 왜구는 날 살려라 하고 도망을 갔다 한다. 아버지 어머니가 착한 일을 많이 하니 좋은 결과가 빚어진 것이다.

'하늘은 스스로 돕는 자를 돕는다'는 말이 있듯이 착한 일을 하면 자기는 물론이요, 그 자손에게까지 좋은 일이 생긴다는 것을 가르쳐 주는 교훈적인 이야기이다.

*여기에 나오는 이맹산과 진교 이야기는 우리가 어릴 적에 듣던 이야기인데 하동의 구전설화집에도 비슷한 이야기가 있어 다행스럽게 생각한다.

세번째 이야기

소문난 효자

효란 자식이 그 부모를 지극정성으로 받들고 섬기며 봉양하는 것을 일컫는데 인간의 행실 중에서 가장 근본이 되는 일이라고 말할 수 있다.

여기에 하동의 구전설화집에 나오는 강도연의 효와 다른 여러 곳에서 들은 효 이야기를 소개한다. 많은 사람들이 읽고 본받기를 바라는 마음 간절하다.

맹종孟宗의 죽순

맹종은 중국 삼국시대 사람으로 호는 공무이며, 효자로 유명했던 사람이다.

중병에 걸려 있는 부모님을 모신 맹종이 한겨울에 돋아난 죽순을 구하여 드리면 부모님 병환이 낫는다는 의원의 이야기를 듣고 엄동설한에 전국 방방곡곡의 대나무밭을 두루 찾아다녔으나 죽순을 구하지 못하였는데 그 효성에 감동한 천지신명의 도움으로 뜻밖에 죽순을 구하여 부모님의 병환을 낫게 했다는 아름다운 이야기가 있다. 지성이면 감천이라고나 할까.

왕상王祥의 잉어

왕상은 중국 삼국시대의 효자로 널리 알려진 사람이다. 중병에 걸려 고생하시는 아버님의 병환을 낫게 하기 위하여 의원을 찾아가니, 의원은 약을 지어 주시면서 잉어를 잡아 고아 드리면 빨리 낫겠다는 말씀을 하셨다.

그때는 한겨울이라 잉어를 잡을 길이 없었으나 두껍게 언 얼음을 깨고 잉어를 잡아 고아 드렸더니, 그걸 잡수신 아버님의 병환이 씻은 듯이 나아서 오래 사셨다는 천신감용天神感庸의 이야기는 모두가 본받을 만하다.

효는 내리 본받는 법

옛날 옛적 어느 시골 마을에 성품이 순박하고 성실하며 거동과 용모가 단정한 한 청년이 살고 있었다.

연세 높은 아버님이 어머님과 사별하고 혼자 사시면서 외로워하니 아들 내외가 조석으로 아버님을 가까이 모시면서 마음 편하게 해드리기 위하여 온갖 노력을 아끼지 않았다.

밤에는 이부자리를 깔아드리고 아침 저녁으로는 잠자리의 더움과 차가움을 일일이 알아서 편안히 주무시도록 돌보았다. 아버님의 연세가 점점 높아지자 노망을 부리기 시작하나 조금도 언짢아하지 않고 극진히 돌보았다. 그리고 용한 의원을 찾아가서 탕제를 지어 와서 손수 정성껏 달여 드렸으나 효험이 없었다.

그러기를 몇 년 하니까 아버님께서 쾌차하시는 듯하더니 돌아가시게 되었다. 그후 지극정성으로 장례를 치르고 3년 동안 시묘 생활을 하였다 한다. 그 아들도 아버님의 본을 받아 부모님 섬기기를 게을리 하지 않았다 한다.

김기륜의 효

김기륜이라는 사람은 성품이 순박하고 성실하며 거동과 용모가 단정하였으며 어릴 때부터 어버이 섬기기를 남달리 잘하던 사람이었다.

밤에는 이부자리를 깔아 드리고 아침 저녁으로는 잠자리의 더움과 차가움을 살피기를 게을리하지 않았고, 부친이 7년 동안 병환으로 앓아 누워 계실 때는 그의 나이 열아홉 살이었는데도 몸소 탕제를 지어 올렸다. 하지만 백약이 모두 효험이 없자 화사花蛇(꽃뱀-풍증, 나병 등에 쓰는 보신 장양제)를 달여 드렸다. 이에 부친이 쾌차함을 얻은 듯하였으나 13삭朔(한 삭은 1개월을 뜻함)에 이르러 깨어났다가 정신을 잃기를 반복하다가 돌아가셨다.

이에 기륜은 몹시 슬퍼하며 지극 정성으로 장례를 치르고 3년 동안 시묘생활을 하였다 한다.

강도연姜道燕의 효

강도연은 하동 사람으로 큰 효자였는데 그의 효 이야기는 다음과 같다.

부친이 우연히 모진 병을 얻어 오랫동안 고생하는 중에 백약이 무효하므로 늘 걱정하던 중 길 가는 사람들의 이야기하는 소리에 깨달은 바 있어 신령님께 축원한 후 자신의 볼기살을 베어 약으로 끓여 드렸더니 신통하게 아버지의 병이 완쾌되었다.

이후 3년 동안 건강하게 사시다 다시 병으로 임종을 맞게 되었는데 이번에는 자신의 손가락을 깨물어 피를 받아 아버지의 입술을 적시니 3일간 더 연명하였다. 아버지가 돌아가시자 3년간 산제를 올렸다고 하는 대효자였다.

심청의 효

눈 먼 아버님의 눈을 뜨게 하기 위하여 공양미 삼백 석에 제물이 되어 인당수 깊은 물에 몸을 던져 아버님의 눈을 뜨게 했다는 만고 효녀 심청의 효행은 우리들의 귀감이 될 뿐만 아니라 너무 잘 알려진 이야기라 모르는 사람이 없다.

잊지 말아야 할 어버이 섬기기

경치 좋고 살기 좋은 한 시골에서 자란 경민이는 시골 학교를 졸업하고 부산의 명문 중학교에 입학하였다. 하숙비 대신 농촌에서 지은 쌀가마니를 아버지께서 지게에 지고 가져다 주는 고생하시던 아버지 생각에 하루도 편할 날이 없었다. 일찍 공직에 들어가서 한 고을의 책임자로 있었으나 고생하던 아버님께서 연세가 많아지자 치맷기가 있어 늘 걱정이었다.

다행히 아들 하나가 착실히 자라 좋은 자리에 취직도 하였고 행동도 착해서 큰 효자였다. 일찍 아내를 저 세상으로 보낸 경민이는 비록 착한 아들과 같이 있지는 못했지만 아버님을 정성껏 모시면서 즐겁게 살았는데 그 아들이 할아버지를 모시기도 하였다.

손자 집에 있던 경민의 아버지는 똥을 싸서 벽에 바르고 온갖 안 좋은 짓을 했으나 손자와 착한 손부는 할아버지를 잘 모셨다. 경민의 아들도 아들과 딸을 낳아 길렀는데 모두가 착했다. 증손자 영태는 머리가 영리했으나 친구를 좋아해서 공부에는 별 관심이 없는 것 같아 경민의 아들과 며느리는 늘 걱정이었다.

경민이는 혼자 있으면서 아버지를 모셔 와서 식모 아줌마와 같이 지냈었다. 식모 아줌마는 옆집 할머니로 경민이가 직장에 나갔을 때만 그 아버지를 돌보고 경민이가 퇴근하면 돌아갔다. 경민이 아버님은 옷에다 대변을 가끔 했고, 변이 잘 안 나와 변비약을 드셔도 소용이 없는 특수체질이었다. 경민이는 어느 때는 손가락으로 아버님의 항문에서 변을 파내기도 하였고 옷에 변을 봐 놓으면 밤에 혼자서 빨래를 하여 식모 아줌마가 모르도록 했다. 그러나 이런 비밀은 오래 가는 법이 없어 이웃 사람들과 직장 동료들도 알게 되었고 효자라고 널리 알려졌으나 경민이는 그렇지 않고 불효자라고 늘 말하는 것이었다.

아버님이 돌아가시자 고향 선산에 안장하고 혼자 살아가고 있는데 늘 자기의 착한 아들 내외와 손자 손녀가 잘 되기를 방안에 모셔둔 금

강경, 백부와 아버님 어머님 아내의 사진 앞에서 빌며 혼자서 즐겁게 살아가면서 부모님이 가졌던 조그마한 돌 하나라도 그대로 간직하고자 하며 고향 선영을 자주 방문하고 있다 한다.

산삼을 캐어 아버님의 중병을 고친 효자

옛날 아주 옛날 어느 시골에 마음씨 착한 효자가 살고 있었는데, 그 아버님께서 중병에 걸려 대소변을 받아내며 몇 년째 고생을 하고 있었다. 용하다는 의원은 다 찾아가서 약을 지어와 달여 드렸으나 통 효험이 없었다. 그런데 한 의원에서 약을 지어 주며

"백년 넘은 산삼을 캐어 달여 먹으면 병을 고칠 수 있다."

는 말을 하므로 그 뒷날부터 산삼을 캐기 위하여 전국의 온 산을 누볐다. 가난한 살림이라 살 수는 없었기에 아침 일찍 나가면 해가 서산에 져서야 돌아와서 아버지를 돌보고 뒷날 또 나가는 것이었다. 그러기를 3년이 넘었으나 산삼을 찾을 수가 없었다.

그런 어느날 밤 곤하게 잠을 자는데 꿈에 하얀 수염을 길게 늘어뜨린 할아버지가 나타나시어

"네 정성이 하도 갸륵하니 내가 산삼 있는 곳을 가르쳐 주겠네. 아무갯골 너들 바위 밑에 가면 네가 찾는 산삼이 있느니라."

라고 말씀하시고는 사라지는 것이었다. 깜짝 놀라 깬 이 효자는 뒷날 새벽 일찍 그곳으로 달려가 보았다. 아니나 다를까 산삼이 일곱 뿌리 있는지라 캐 와서 아버님께 지극 정성으로 달여 드렸더니 씻은 듯이 병환이 나았다. 하늘마저 아들의 정성에 감동한 이야기이다.

맹사성孟思誠의 효

세종대왕의 측근에서 큰 공을 세운 좌의정 맹사성은 건교부령 맹희도孟希道의 아들이다. 타고난 천성이 매우 총명하였던 맹사성은 권근權近으로부터 글을 배웠고, 부모님에 대한 효성이 지극하여 열 살 안팎에 뭇사람들의 칭송을 받았다.

어머니의 상을 당하자 물 한 모금 먹지 않고 7일 만에 장사를 치른 후 묘소 옆에 여막을 짓고 3년 동안 죽만 먹으면서 정성껏 시묘살이를 마치고 어머니 묘소 옆에 잣나무 한 그루를 심어 두었다.

그해 봄을 맞아 잘 자라던 잣나무를 산돼지가 물어뜯어 말라죽게 된 것을 보고 그는 종일토록 통곡했다.

그 이튿날 맹사성이 산소를 찾았을 때 호랑이가 그 산돼지를 물어 죽이니 이것은 그의 효성에 감동해서 이루어진 일이라 해서 조정에서 정문旌門을 세웠다 한다. 맹사성의 집은 비가 오면 비가 새었고 허름한 옷에 소를 타고 다녔으므로 그를 아는 사람은 별로 없었다고 한다.

심려 끼치지 않아야 효자

부모님께 심려를 끼치지 않으려면 몸이 건강하여 공부를 열심히 하고, 남과 싸우지 않아 부모님께서 걱정을 안하게 하고, 형제간에 우애있게 지내야 하고, 부모님 이부자리를 잘 봐 드린다. 또 음식을 정성을 들여 해 드리고, 병환이 나면 즉시 병원으로 모시고 치료를 해 드리며, 따로 살면 자주 문안전화를 드리거나 자주 찾아 뵈어야 하고, 같이 사는 사람이라면 외출했을 때는 근황을 전화로써 알려드려야 하고 부모가 갖고 싶어 하거나 좋아하는 것이 있으면 꼭 챙겨 드려야 하고, 내외간에도 잘 지내야 한다.

조그마한 일 하나하나에 관심을 갖고 부모님을 보살펴 드려야 한다.

회초리와 효

요사이는 핵가족 사회이기 때문에 하나, 둘밖에 없는 자녀를 지극히 사랑하는 어버이의 정 때문에 꾸짖고 나무라거나 회초리로 때리는 일은 볼래야 볼 수 없게 되었다. 우리가 어릴 적만 하여도 잘못을 저지르면 회초리로 매를 맞았고 '저 놈 선생님께 일러서 매를 좀 맞게 해야 되겠다' 는 어른들의 말을 자주 들을 수 있었다.

그러나 요사이는 그런 이야기를 들을 수 없고 자기의 귀한 아들 딸이 잘못을 저질러 학교에서 선생님께 회초리라도 맞고 오는 날이면 그 부모가 선생님께 전화로 항의하고, 심지어는 학교로 선생님을 찾아가서 달겨들거나 괴롭히기 때문에 사랑의 회초리로 때리면서 교육시키려는 선생님을 볼래야 볼 수 없는 사회가 되고 말았다. 안타까운 일이다. 그래서 나는 여기에 회초리 교육에 대한 재미난 이야기 몇 가지를 소개코자 한다.

1) 아들의 종아리를 때린 어머니

잘못을 저지른 귀여운 아들의 종아리를 회초리로 때린 어머니가 잠든 아들의 종아리를 어루만지면서 안타까운 눈물을 흘렸다는 모정의 회초리 이야기는 우리의 마음을 아프게 한다.

2) 사랑에 얽힌 회초리

잘못을 저질러 어머니로부터 회초리를 맞은 효자가 눈물을 흘리자 어머니께서 아들을 보고

"전에는 회초리를 맞아도 눈물을 흘리지 않더니 오늘은 왜 대장부답지 않게 눈물을 흘리느냐?"

하고 꾸짖자 아들이

"전에는 어머님께서 때리시던 회초리에 아픔을 느꼈는데 오늘 때리시는 회초리는 어머님의 기력이 쇠한 탓인지 아픔을 느낄 수 없어서 눈물이 납니다."

라고 대답하였다. 이에 두 모자가 부둥켜 안고 같이 울었다는 사랑에 얽힌 회초리 이야기가 있다.

3) 제자들에게 감화를 준 회초리

제자들의 잘못한 행동에 책임을 느낀 선생님이 제자들이 만들어 온 회초리로 자신의 종아리를 때려 제자들에게 감화를 주었다는 회초리 이야기가 있다.

이와 같이 회초리 교육은 가정과 학교에서 바른 사람을 기르기 위하여 사랑이 담긴 도구로 쓰여 왔으나 오늘날 물질 만능의 이기적 산업사회와 핵가족 사회에서는 그 빛을 점차 잃어가고 있다.

회초리를 맞고 잘못을 뉘우치려는 사람 또한 없으니 안타깝기 그지없다. 감정이 개입되지 않은 사랑의 회초리는 자녀 교육에 절대 필요하다고 본다.

네번째 이야기

포용력을 길러야

무학대사의 칭찬

사람들의 마음이 너그럽고, 웃음이 많은 사회를 흔히들 건강한 사회라고들 한다. 웃음은 본인 스스로의 육체적 정신적 건강에도 크게 도움이 되고 웃는 만큼 젊어지고 화를 내는 만큼 늙는다는 말이 있을 정도로 웃음은 우리들의 생활과 밀접한 관계가 있다.

대소사에 화를 잘 내지 않고 잘 웃는 사람은 남이 보기에도 좋고 일의 능률도 올라간다. 그러나 아무리 좋은 웃음이라고 하지만 상황을 가릴 줄 아는 자제와 절제가 있어야 한다는 이야기이다. 상가喪家에서나 주변이 우울한 상황임에도 입을 있는대로 벌리고 웃어대는 사람이 있다면 그런 사람은 어디엔가 모자람이 있는 사람일 게다.

농담 끝에는 웃음이 따르기 마련이다. 이태조李太祖와 무학대사가 마주앉아 농을 하는데 이태조가

"무학대사는 뚱뚱하게 돼지처럼 생겼소."

하니까 이 말을 받은 무학대사가 태조 대왕을 바라보고 씩 웃으면서

"태조대왕께서는 부처님처럼 생기셨습니다."

라고 하므로 이상하게 생각한 태조대왕은 다음과 같이 물었다.

"나는 방금 대사를 보고 돼지처럼 생겼다고 욕을 했는데 어찌 대사는 나를 보고 부처님처럼 생겼다고 칭찬을 하오?"

라고 하니 무학대사가 싱긋이 웃으며 말하기를

"좋은 생각을 가진 분은 만사가 좋게 보이는 법이고, 나쁜 생각을 가진 분은 매사가 나쁘게 보이는 법이외다."

라고 하여 이태조를 케이오패 시키고 두 사람은 마주보고 크게 웃었다고 한다.

내 봉급에서도 돈을 떼었군

평화스러운 어촌에 있는 조그마한 학교인 노량초등학교에 근무할 때의 이야기이다. 직원이라 해봤자 모두가 스물이 못 되는 학교였다.

일과를 마치고 퇴근을 하는 선생님들은 집엘 곧바로 가질 않고 아랫마을 숙이네 술집에 어울리어 들어가서 네가 한 잔 내고 내가 한 잔 낸 술에 취하여 젓가락으로 나무판을 두드리며 흥을 풀고 피로를 푸는 그런 즐거운 날이 많았다. 그야말로 정겨운 분위기의 직원들이 있는 학교였다.

어느 날 퇴근시간이 다 되어갈 무렵이었다. 1학년 담임을 하면서 경리를 맡아 보던 정남구 선생이 '오늘 오후엔 염소 한 마리 잡아 먹자'며 분위기를 띄우자, 옆에 있던 다른 선생님들이 그렇게 하자며 맞장

구를 쳤다. 그러자 이승렬 교무 선생이

"나는 오늘은 안 되겠는데, 집에 일찍 가야 해. 집에 일이 있어. 다음 기회에 함세."

한다. 그러자 다른 옆에 있던 선생님들이 '쇠뿔은 단김에 빼야 한다' 면서 오늘 꼭 하자고 졸라 대었다. 그래도 교무는 '내일 하자' 고 우겼으나 일은 그날 벌어지고 말았다.

행동이 남달리 민첩한 정 선생이 교장, 교감 선생님 몰래 살짝 빠져나가 학교 뒤에 있는 민자네 집에 가서 염소를 잡아 요리를 했고 나머지 몇몇 선생님들은 퇴근을 알리는 '땡' 소리와 함께 삼삼오오 학교를 빠져나가 민자네 집에 모두 모여 너른 마루에 쭉 둘러앉아 술과 고기를 먹으며 온갖 이야기로 웃고 즐기고 있을 때였다.

잔무 처리를 마치고 집으로 가던 이 교무가 민자네 집 사립문 옆 담장을 넘어다 보면서

"허, 이 사람들 염소를 잡고 말았군!"

하자 일동은 '얼른 오이소!' 하고 교무를 오라고 손짓했다. 교무는 오늘은 바빠서 안된다며 집으로 가려 하자, 날쌘 정 선생과 옆에 있던 한 선생이

"냄새만 맡아도 분빠이(分配)다."

"쳐다 보았으니 와리깡(制算)이다."

"전화를 걸어 맛난 고기 먹는다는 소리만 들어도 가부시끼 아니가."

등등의 이야기를 하며 모두가 와! 하고 웃었다. 이렇게 하면서 여러 선생님들이 이 교무를 유혹해도 들르지 않고 바로 가고 말았다. 바쁘긴 바쁜 모양이었다. 그때의 이 교무는 키가 크고 뚱뚱하였으며 책임감이 강하고 마음씨가 참으로 좋은 어진 사람이었다. 법이 없어도 살

수 있는 그런 어진 사람이었고 집에서나 학교에서나 어디서든지 항상 부드럽고 상냥한 그런 사람이었다.

며칠이 지나서 봉급 받는 날이 되었다. 그때는 오늘날과 달라서 학교장 결재를 받은 경리 담당자가 농협에 가서 봉급 전액을 찾아와 봉급 명세서와 함께 현금으로 개개인에게 봉급을 나누어 주던 때였다.

교무가 봉급 명세서를 받아들고 한참 보더니

"허! 이 사람들. 자기들끼리 염소 잡아 먹더니 나에게도 고기 먹은 돈을 떼었군!"

하며 불평 섞인 말을 하자, 옆에 있던 정 선생이 '쳐다만 봐도 와리깡이라고 안 하더냐?' 하며 톡 쏘아 붙였다. 다른 사람 같았으면 화를 버럭 내었을 텐데 마음씨 좋은 교무는 '허, 허…!' 하고 웃기만 했다. 이와 같이 교무는 마음씨가 좋았고 훗날 고성에서 교장을 하다가 퇴임하여 지금 진주에 살고 있다고 한다.

화를 잘 내는 사람은 건강에 좋지 않고 어려운 일이라도 잘 참는 사람은 성공할 수 있으며 포용력이 있는 사람은 지도자 자질이 있는 사람이다. 만약 이 교무가 대통령을 했거나 아주 유명했던 사람이었다면 이 이야기는 널리 알려졌을텐데 평범한 사람들의 이야기라 널리 알려지지 않아 아쉽다. 그러나 여기 나오는 이 교무와 같은 사람의 마음씨는 우리 모두가 본받아야 하고 이런 너그러운 포용력을 가진 사람이 되도록 노력 있길 바랄 뿐이다.

임금님과 속옷

옛날 옛날 아주 먼 옛날, 백성들이 태평성가를 부르며 행복하게 살아가고 있는 좋은 나라가 있었다.

이 나라의 임금님은 백성들을 아끼고 어진 정치를 베풀었으나 나이가 들어가자 몸이 허약해지고 이름 모르는 몹쓸 병에 걸려 앓아 눕고 말았다.

신하들은 어떻게 해서라도 어진 임금님의 병환을 고치기 위하여 용하다는 의원을 다 불러 진맥을 하고 온갖 노력을 했으나 백약이 무효였고 병세는 날로 심해져 가므로 모두가 고민을 하고 있었다.

특히 정승을 비롯한 모든 신하들이 어진 임금님의 병환을 어떻게 하면 고칠까 하고 고민을 하면서 나라 안에 있는 의원을 모두 불러 진맥을 시키고 약을 지어 바쳤으나 통 효험이 없었는데, 한 의원이 임금님의 병환은 자기 시키는 대로 하면 고칠 수 있다고 하면서 나서는 것이었다. 신하들은 모두가 무슨 일이든지 의원님 시키는 대로 하겠으니 그 방법을 알려 달라고 졸랐다. 의원은 조용히 말문을 열었다.

"이 세상에서 아무 근심 걱정 없이 행복하게 살아가는 사람이 입고 있는 내의를 구하여 임금님께 입히면 병이 낫습니다."

하는 것이었다. 그 말을 들은 신하들은 온 나라 안을 돌아다니면서 아무 근심 걱정이 없고 행복하게 사는 사람을 찾기 시작하였다.

한 고을의 부잣집 양반을 찾아가서 근심 걱정이 없고 행복하냐고 물으니 남이 보기는 행복하게 잘 사는 것처럼 보이나 큰 걱정이 있어 행복하지 않다는 것이었다.

다른 고을로 옮겨 가서 근심 걱정 없고 행복한 사람을 찾아도 그런 사람은 없었다. 이곳저곳을 다니며 근심 걱정 없이 행복한 사람을 찾아도 그런 사람은 없었다. 온 나라 안을 이를 잡듯 뒤져도 없었고, 관리 중에서도 그런 사람이 없었다. 신하들은 근심 쌓인 얼굴을 하고 궁으로 돌아가는 길밖에 없었다.

산을 넘고 강을 건너 돌아가고 있는데, 강 저쪽 산 위에서 가냘프고 멋드러진 피리 소리가 발걸음을 멈추게 하였다. 커졌다가 작아지고, 가냘프다가 굳세어지며 멋드러지게 흐르고 있는 피리 소리를 따라 산 중턱에 오르니, 잔디밭에 드러누워서 하늘에 흘러가는 조각 구름을 이고 피리를 불고 있는 한 젊은이를 찾을 수 있었다.

아무 근심 걱정이 없어 보였고, 누가 오는 줄도 모르고 신나게 피리를 부니 하늘을 나는 기러기가 춤을 추고 귀를 쫑긋하게 세운 양들이 피리 소리를 들으며 풀을 뜯는 모습이 한없이 평화스러워 보였다.

신하들은 인기척을 하여 젊은 청년을 보고 찾아온 이야기를 하였다. 임금님이 몹쓸놈의 병환에 걸려 고생을 하고 계시는데, 아무 근심 걱정 없이 행복하게 사는 사람의 내의를 구하여 입으면 병환이 낫는다는 의원의 말이 있어 온 나라 안을 이 잡듯 찾아 다녀도 그런 사람을 못 찾았는데, 당신을 보니 근심 걱정이 없고 행복하게 보이니 임금님께 당신의 내의를 벗어 주면 좋겠다는 이야기를 했다. 이에 그 청년은

"나는 아침밥을 먹고 이 산에 올라와서 양을 지켜주고 밤이면 하산하여 글이나 읽고 피리나 불며 아무 근심 걱정 없이 행복하게 살아가고 있소. 행복이란 자기가 만들어 가는 것이요, 근심 걱정은 욕심에서 생기는 것이니 욕심을 버리면 근심 걱정도 없어지는 것이요. 나는 갖고 싶은 것이 하나도 없으며 또 가질려고 안 하오. 이렇게 남의 양이나 돌봐주고 피리나 불면서 살아갈 따름이요. 옛날 중국 은나라에 계셨던 백이 숙제 같은 의인도 나보다는 청렴하고 행복하질 못했을 게요. 욕심을 버리고 남을 도우며 즐겁게 살아가면 행복해지는 법이요. 그렇게 살다 보니 나에게는 재산이라고는 이 조그마한 피리와 책 몇

권, 그리고 이 겉옷 한 벌이 내 재산의 모두요. 내의가 없으니 어지신 임금님께 드리지 못하는 내 심정이 괴로울 뿐이요."

하는 것이었다. 신하들은 그 청년이 하는 말을 하나도 빠뜨리지 않고 듣고 궁으로 돌아가서 임금님께 그 젊은 청년 이야기를 그대로 옮기니 임금님은 무릎을 탁 치면서

"바로 그거야. 그 청년의 말이 맞아!"

하고 감탄을 하는 것이었다.

아무리 임금님이라 해도 권력을 남용해서는 안 되고 약한 양치기의 말이 옳다면 듣고 그대로 따라가야만 하는 것이다. 욕심을 버리고 사는 양치기 청년과 같이 산다면 임금님의 병환이 어떻게 되었을까 짐작이 가는 바 크다.

다섯번째 이야기

낳은 정보다 기른 정

대문 밖에 버려진 아이

우리가 살고 있는 이 세상에는 악한 사람보다는 착한 사람이 훨씬 많고 남을 해치는 사람보다는 남을 도와가며 살아가는 사람 또한 훨씬 많다.

필자가 오늘 이야기하고자 하는 이야기의 주인공인 K씨는 그 부인과 더불어 사람 좋기로 소문난 사람이다.

사람이 나서 자라면 뜻 맞는 사람과 결혼을 하게 되고 살다보면 아이를 낳기 마련이다. 아이가 나면 그 좋던 금슬도 조금 금이 가고 그 금간 부분이 아이에게로 쏠리게 마련이다. 낳은 아이가 얼마나 어여쁘고 귀여운지 모른다. 그 귀여운 아이가 다 자란 후에 다른 아이를 하나 데려다 길러 보면 이 아이도 내가 낳은 아이 이상으로 귀엽다는 것을 알게 된다. 이것은 실제로 길러 보지 않고는 알지 못하리라. 요사이 모 방송국에서 방영하는 연속극에서 어떤 부부들이 입양시켜 기르는 아이를 자기가 낳은 아이 이상으로 좋아하고 사랑하는 것을 보면 알 수 있다.

필자가 잘 아는 친구 중에 K라는 사람이 있다.

서울에서 명문대를 졸업하고 6 · 25사변이 한 5년 지난 후에 마산에 와서 병원을 경영하며 살고 있는 친구인데, 친절하고 실력이 있어 항상 병원은 환자로 문전성시를 이루고 있었다. 아들만 둘을 낳아서 애지중지 길러서 큰아이는 6학년생이고 작은아이는 5학년에 다니고 있었다. 학교에도 열의가 있기 때문에 담임들이 몸이 아파 병원에 가면 친절하게 치료해 주는 것은 말할 것도 없고 접대 또한 후하게 하여 보냈다. 그 부인은 학교에 자주 찾아와서 교실에 꽃을 꽂아 주고 담임에게도 아주 잘해주는 그런 어머니였다. 집은 마산의 금싸라기 땅인 월영동에 있었으며 정원이 멋드러지게 꾸며져 있는 단독주택이었다.

아침이면 K병원장은 일찍 일어나서 뒷산을 오르고 건강을 위하여 운동을 즐기고 있었다.

그런 어느 날이었다. 새벽 일찍 운동복 차림으로 대문을 열고 나가니 깜짝 놀라지 않으면 안될 일이 벌어져 있었다.

누가 대문에다 갓 낳은 어린아기를 강보에 싸서 버려 놓고 간 것이었다. K원장은 당황하여 부인을 불러 나오게 하여 강보에 싸인 아기를 보니 옆에 다음과 같은 내용이 적힌 종이 쪽지가 하나 놓여 있었다.

'기르지 못할 딱한 사정이 있어 여기에 두고 가니 잘 길러 주십시요. 낳은 날은 ㅇ월 ㅇ일 ㅇ시입니다.'

K원장 내외가 이 아이를 안고 집안으로 들어가서 보니 어여쁜 공주

였다. 자기 아이들도 갓난아이를 보고 좋아하여 기르기로 의논이 모아졌다. K원장 내외는 아들 둘을 낳고 딸 하나를 더 낳으려 했으나 생기지 않아 낳질 못하고 아들 둘만 기르고 있는 중이었다.

딸아이의 이름은 '초롱'이로 지었다. 초롱이는 자랄수록 귀엽고 예뻤으며 온갖 아양을 떨어 온 집안 식구가 초롱이의 귀여움에 쏙 빠져 들어갔다. 그동안 초롱이의 생부모는 한 번도 나타나질 않았으나 K원장 내외는 혹시 초롱이의 생부모가 나타날까봐 걱정이 항상 뒤따르고 있었다.

그런 어느 날이었다.

초롱이의 생부모라면서 젊은 내외가 찾아왔었다. K원장 내외는 찾아온 그들을 아이들이 모르게 만나서

"버릴 때는 언제고 달랄 때는 언제냐? 지금 아무것도 모르고 잘 자라고 있는 아이 앞에 갑자기 우리가 진짜 아버지, 어머니라며 나타나면 그 아이가 어찌 되겠느냐? 젊은 사람들이 그런 것 정도는 알텐데 왜 이러느냐?"

하며 꾸짖으며 타일렀다. 그러자 초롱이의 생부모라는 젊은이들은 눈물을 글썽이며 '죄송하다'고만 하였다.

K원장은 그들에게 초롱이의 장래를 위하여 그냥 돌아가라고 하였다. 그러고는 '아이를 몇 년 동안 기른 배상금과 유아 포기죄로 경찰에 고발하겠다'고 엄포를 놓았다.

좀 수그러드는 기색이 엿보이자 K원장은 돈 100만원을 내어 놓으면서

"이걸 갖고 가시오. 그리고 아이의 장래를 위하여 절대로 나타나지 마시오. 훗날 대학을 졸업하고 이런 것을 이해할 때가 되면 알리기로

합시다."

하고 설득하여 돌려 보냈다.

잦은 이사

K원장은 초롱이의 생부모들을 돌려보냈지만 혹시나 또 찾아올까봐 속으로는 전전긍긍하였다.

그때 K원장의 둘째 아들 성우의 담임을 하여 친형제처럼 친하였던 김명준 선생이 경남 제일의 맘모스 학교라는 산호교에서 교무주임을 하고 있었으므로 이야기를 하고 산호교에 입학을 시켰다.

취학명령서도 없이 입학이 된 초롱이를 K원장이 월영동에서 차로 산호교까지 데리고 오고, 오후에는 그 부인이 데리고 가는 그런 고된 생활을 거의 일년 가까이 하다가 학년 말 휴가 때 서울 돈암동으로 이사를 하여 돈암초등학교로 전학을 시켰다.

K원장은 병원이 마산에 있으므로 혼자서 식모를 두고 생활을 하였고 고등학교, 대학에 다니는 두 아들들도 서울에 가서 살면서 학교에 다니도록 만들었기 때문에 K원장 내외는 주말 부부가 되고 말았다.

초롱이는 자랄수록 귀엽고 공부를 잘하며 식구들과 잘 어울렸다. 이상하게도 초롱이는 K원장을 너무나 닮아 다른 사람들에게 늦둥이라고 얘기하며 기르니 남의 딸이라고 의심하는 사람은 아무도 없었다.

무럭무럭 자란 초롱이도 한창 멋내고 예쁜 여고생이 되었다.

초롱이의 큰오빠는 서울대 의대를 졸업하고 큰 성남병원의 내과 의사가 되었고, 둘째 아들 명배는 아버지의 친구가 경영하는 강남병원에서 안과의사로 활약하였다. 그때 K원장은 초롱이를 미국 로스앤젤

리스로 자기 부인과 함께 아주 이민을 시켜 버렸다. 한국에서는 언제 초롱이의 생부모가 나타날까 하고 항상 마음을 졸이던 K원장은 이제야 마음을 완전히 놓고 살게 되었다.

두 아들은 모두 결혼하여 하나는 서울에서, 하나는 대구에서 개인병원을 차려 경영하면서 살아가고 있고 초롱이도 미국에서 대학을 졸업하고 그곳에 취직하여 어머니와 단란하게 살아가고 있다.

나이가 일흔이 조금 넘은 K원장만 아직도 마산에서 병원을 경영하면서 1년에 한두 번 미국으로 날아가 초롱이와 부인을 만나고 오곤 했었다.

흘러간 3년 세월 일기장 속에

K병원장의 둘째 아들인 성우의 5학년 때의 담임선생님이었던 김명준 선생이 12개 반이 있는 5학년의 주임교사였을 때의 이야기다.

성우가 4학년 때 담임이었던 박종선 선생은 부산 동아대학을 졸업하고 초등학교 교사로 있었다. 성격은 부드러우나 욕심이 많아 남의 반 아이도 데리고 가서 저녁에 과외공부를 시키는 그런 얌체족이었다.

그때만 하여도 초등학교에 과외 열풍이 불어 밤이면 아이들이 선생님 집이나 지정된 장소에 모여 한두 시간 공부를 했는데 그때 말로 '돼지를 기른다' 고 표현할 정도로 저열한 말을 하였고, 그 밤공부하는 아이들을 '돼지 새끼' 라는 은어로 표현하였다. 참으로 한심한 때였던 것으로 기억된다.

사회 일각에서는 초등학교 선생 집에 중 · 고등학교 선생이 전세를 얻어 살면 대학교수가 월세를 들어 산다는 말이 나올 정도로 초등학교 선생들이 살기가 비교적 좋을 때였다.

김명준 선생은 경우가 바르고 의리를 존중하는 사람이며 양심가로 소문이 나 있었다. 5학년 1반을 담임하였고 주임교사로 2층 서쪽에 있었고, 박종선 선생이 맡은 4반은 1층 서쪽의 2층 올라가는 입구에 있었다.

그런데 5학년 1반에는 백조악기 사장의 아들인 승재가 있었는데 이 아이는 4학년 때부터 박종선 선생 댁에서 과외를 받고 있었다. 다른 선생님 같으면 담임이 바뀌면 현 담임선생 반으로 가서 과외 공부를 하도록 할 것인데 양심에 털이 난 듯한 박 선생은 자기가 데리고 있었다. 승재는 다리를 저는 지체부자유아였다. 저녁에 밤과외를 오는 승재를 어떻게 꼬드겼는지 하루는 그 승재의 어머니가 담임인 김명준 선생님을 찾아와서, 다리가 아파 2층으로 올라다니기 어려우니 1층 4반으로 보내 달라는 것이었다. 그 말이 떨어지기가 바쁘게 김명준 선생은 승재 군을 4반으로 보내고 말았다.

'담임을 신뢰 안 하고 싫어하는 아이를 데리고 있으면 뭣하느냐? 아이의 장래를 위하여 좋아하는 선생님 반으로 보내야 한다' 고 생각하는 김 선생이었다.

어느 누구에게도 말을 하지 않고 시간을 보냈다.

한달 두달이 지난 5월 초에 만날 고개로 봄소풍을 갔었다. 봄소풍은 동학년 12개 반이 함께 갔었다. 아이들을 데리고 담임들이 적당한 장소를 잡아 조금 놀다가 점심을 먹게 하고, 담임 선생들은 학부형들이 싸 보낸 도시락을 들고 한 군데 자리잡고 앉아 자기 반에서 갖고 온 먹을 것들을 같이 나누어 먹으면서 놀았다.

5학년 담임인 열두 명의 선생이 한 자리에 모여 앉았다. 주임인 김 선생이 박종선 선생에게 한마디 쏘아붙였다.

"어이, 박 선생, 승재 집에서 오늘 무슨 선물을 가져 왔던고?"

하니 박 선생이 '양말 한 켤레 갖고 왔다' 한다. 그러자 김 주임이

"그러면 우리 반에 있던 아이를 자네 반으로 빼앗아 갔으니 양말 한 짝은 자네가 신고 한 짝은 내게 보내 주게!"

하니까 그때서야 동학년 선생님들이 박 선생의 못된 행동거지를 알고 수군수군거렸다.

김 주임은 이렇게 하여 박 선생을 여러 사람 앞에서 입장을 곤란하게 만들었고 이 소문은 학교에 널리 알려지게 되었다. 이런 박 선생이 4학년 때 K원장의 아들 성우군의 담임이었으므로 얼마나 성우 어머니를 괴롭혔는지 짐작하고 남음이 있다.

담임이 이렇게 괴롭혀도 불평 한 번 안하고 담임인 박 선생이 하자는 대로 하였는데, 1년이 잠깐 사이에 지나고 성우가 5학년이 되자 의리 있고 열성 있는 김 선생이 담임이 되었다. 속으론 좋았다. 성우 담임인 김 선생이 아이들을 보고

"교실 화병에 꽃이 몇 송이 꽂혀 있으면 좋겠다."

고 하니까 아이들이 성우 어머니께 말하면 즉시 꽃을 사온다고 할 정도로 혹사를 당한 모양이었다.

김명준 선생은 교감도 교장도 일찍 하고 퇴직하였는데 욕심 많던 박종선 선생은 교사로 있다가 퇴직하였고 지금도 살기가 매우 곤란하다고 한다.

사람의 삶이란 욕심대로 되는 것이 아니다. 퇴직을 한 김 선생은 골프로 시조창으로 즐기고 다니며 부러움 없이 잘 살고 있는데 며칠 전

몸이 좀 아파 병원에 갈 일이 있어 K병원에 가서 K원장을 만나 진료를 마치고 나서 함께 불종거리의 '새집(요정)' 으로 가서 옛날과 같이 소주를 들면서 목청껏 흘러간 노래를 부르고 놀았었다.

김 선생이 K원장에게 요사이도 혼자 있느냐 하며 물으니

"아, 참 내가 잊었군. 초롱이와 초롱이 엄마가 한국에 나와서 한 달쯤 있다가 갔어."

하는 것이었다. K선생은

"이젠 칼 들고 남의 배 그만 가르고(수술) 미국으로 가서 딸아이 데리고 부부가 같이 살아야지!"

라고 하니까 K원장은 그래도 여기가 좋다 하였고 '흘러간 삼년 세월 일기장 속에…' 노랫소리만 둘만이 있는 방을 조용히 메아리쳤다.

여섯번째 이야기

건강과 행복의 상관관계

사람들이 행복하게 살아가자면 건강해야 한다. 등산도 하고 체조도 하고 유람도 다니면서 즐겁게 살아가야 한다. 화를 내어 스트레스를 느끼면 그 시각부터 환자가 되는 것이니 될 수 있는대로 화를 내지 말고 웃어가며 살도록 노력해야 한다.

모든 일들일랑 한 걸음 물러서서 양보하고 이해하며 내가 조금 손해보면 매사가 조용해지니 그렇게 살아가는 것이 현명하게 세상을 살아가는 방법이고 행복하게 살아가는 방법이라 나는 생각한다.

안 먹어도 되는 나이를 쓸데없이 많이 먹어 고희가 넘어서자 하루가 다르게 몸이 쇠약해지니 걱정이 앞선다. 노는 것보다는 일을 하는 것이 건강에 좋으리라 생각되어 좋은 소일거리를 찾던 중 우연히 아는 사람을 만났는데 그 친구 말이 건강을 다지는 제일은 시조창을 하는 것이라 하길래 시조에 대하여 좀 알아보았다.

시조는 우리 민족 고유의 예술로서 민족의 정가正歌이자 우리 민족의 심혼이 서린 노래이다. 오천만 겨레의 정서와 애환이 담겨 있고 기상과 품격이 어려 있는 민족 예술이다.

길게 내뿜는 호흡 운동을 통하여 건강에 도움을 주는 건강스포츠이나, 곡의 흐름이 느리고 배우기가 어려워 모두들 안 배우려 하는데 한 번 빠져들기만 하면 안 하고는 못 견디는 예술이다.

시조창은 치매 예방도 되고 장수를 누릴 수 있으니 다투어 배우길 바란다.

그 다음 건강을 다지는 제2의 방법으론 골프를 하는 것이다. 나는 십 년이 넘게 골프를 쳐 왔는데 요사이는 시조창 때문에 자주 치지는 못한다. 푸른 잔디 위를 뜻맞는 사람들과 정담情談을 나누며 거닐면서 건강을 다지니 이 얼마나 멋진 스포츠인가! 더구나 나 같은 늙수구레한 사람에겐 더 그렇다. 필드에 한번 나가려면 회원권이 없는 사람은 꽤 많은 돈이 드니 자주 나갈 수 없지만 한 달에 한두 번 나가면 된다. 골프를 안 하려면 게이트볼이 좋다.

건강을 다지는 제3의 방법은 맨손체조를 하는 것이다. 아침 일찍 일어나서 한 시간 가량 운동을 해야 한다. 방바닥에 누워 똑바로 천장을 보고 양 다리를 90° 로 올렸다가 내리기를 백번 가량 하고, 양 다리를 방바닥에 붙인 채 상체를 90° 올렸다가 내리기(등 굽혀 펴기)를 또 백 번 가량 한다. 그 다음은 바로 앉아서 양 발바닥을 백 번씩 주먹으로 내리치고 얼굴 주무르기, 머리 주무르고 살살 치기, 가슴 치기, 배 치기, 등 치기, 온다리 두드리기, 손뼉 30번 가량 치고 손바닥을 비벼 따스한 손바닥을 눈 위에 대기를 몇 번 한다. 그리곤 허리 흔들기 등 여러 가지 맨손체조를 한다.

건강을 다지는 제4의 방법은 만보 이상 걷기 운동이다. 빠르게 땀이

나도록 걷는 것인데 나는 아파트 뒷산(공원)을 탄다. 산을 타다가 의자에 앉아 시조창도 한 수 하고 한 시간 이상 보행을 하다가 집에 와서 샤워를 하고 쉰다.

단 것을 많이 먹어서는 안 되고 채식을 하는 것이 좋다. 나는 당뇨가 있기 때문에 운동요법과 식사요법, 약물요법으로 치료를 하고 있는데 식사요법에서는 검은 콩, 노랑 콩, 수수, 조, 율무, 현미, 현미찹쌀, 보리쌀 등을 고루 섞은 잡곡밥을 먹고 마를 깎아 조금 먹고 당근을 깎아 두고 틈틈이 먹으며, 사과, 토마토, 알로에 등을 검은 콩 두유에 갈아서 매 때마다 한 컵씩 먹는다. 그래서 그런지 나는 그 누구보다도 건강을 자신하고 있다. 물론 선천적으로 부모님으로부터 건강한 몸과 마음을 물려받은 탓이라 그런지 당뇨검사를 받기 위하여 한 달에 한 번 병원에 가는 일 외에는 병원엘 안 간다. 친구들과 밤샘 고스톱을 하고 뒷날 아침에 일어날 땐 모두가 비실비실하는데 나는 별로 피로감을 안 느낀다. 그만큼 건강하다.

요사이 나이 많은 사람들 사이에 유행하는 신조어가 있다. '구구 팔팔 삼사' 란 말이다. 뜻인즉 구십구세까지 팔팔하게 살다가 삼일 아프다가 조용히 죽는다는 말이라 한다. 나이가 들어가니 왜 그런지 쓸데없는 걱정이 많이 생긴다. 치매가 오면 어쩌나, 아파 누워서 자식들을 고생시키면 어쩌나, 조용히 짚불 가듯 가야 할텐데…. 죽음을 어디 마음대로 할 수 있는가.

아들과 며느리가 서울 와서 같이 살자 하지만 나는 가질 않고 이렇게 혼자 있다. 이 생활이 얼마나 편안한지 모른다. 나를 좋아하던 여자들은 모두 내 곁을 떠났고 내가 좋아하는 여자는 오지 않으려 한다. 여자를 사귀어서 같이 살면 뭘 하나. 외로운 때가 있기는 하지만….

내가 평소에 건강을 위하여 하고 있는 일들을 앞에서 대강 이야기했지만 다시 한번 요약해 보면 이렇다.

① 매일 적당한 운동을 한다.
② 정해진 시간에 식사를 하고 과식은 하지 않는다.
③ 손바닥을 비비고 손뼉을 치면 내장 기능이 좋아지고 정력이 좋아진다.
④ 화를 내면 빨리 늙는다. 즐거운 마음으로 살아야 한다.
⑤ 단 음식을 많이 먹으면 신장이 나빠진다.
⑥ 걷기 운동은 정력을 증진시키고 노화를 방지해 준다. 매일 만보 이상 걸어라.
⑦ 누워서 천장을 보고 양다리 들어 올리기를 100번 이상 하고 등 굽혀펴기도 100번 이상 하여라.
⑧ 등산은 집중력과 침착성을 높여준다.
⑨ 채식을 하고 잡곡밥을 먹어라.
⑩ 식사 후에는 반드시 양치질을 하여라.
⑪ 많이 웃도록 노력하여라.

이런 것들을 실천하면서 이웃과 아는 사람들을 위하여 도움이 되는 일을 많이 해야 한다.

여러 사람이 있는 곳에서는 늙은 체하지 말고 방도 쓸고 닦고 커피도 타서 대접하자. 내가 잘 되기 위하여 노력하는 것이 아니고, 남을 위하여 일을 한다는 그런 마음으로 살아가야 한다. 그래야만 건강하고 행복해지는 것이다.

일곱번째 이야기

거짓 없는 사회

세계 어느 민족보다도 우리나라 사람들이 IMF 한파를 슬기롭게 짧은 기간이 이겨냈다고 말들 하고 있으나, 지금 국내 형편은 피부로도 느낄 수 있으리만큼 어렵다. 해외여행을 나가는 사람이 IMF 한파 이전보다 오히려 많고 해외 유학생이 몇배 많아졌다고 언론에 보도된 바 있다.

흥청망청 쓰고 놀던 젊은이들이 취직을 하려 하나 취직할 자리가 없어 실직자는 그 수가 날로 늘어나고 노숙자도 많아지고 있으니 걱정이 안 될 수 있는가!

지금 우리나라에서는 도둑이 늘고 깡패가 늘어나서 시끄러우니까 삼청교육대를 부활했으면 하는 소리가 조심스레 나오기도 한다고 한다. 소방서에 거짓 전화를 걸어 불이 났다고 하는 얌체족도 있다니 한심스럽다. 그래서 학교에서는 어릴 때부터 거짓말을 해서는 안된다고 가르쳐 왔다. 남의 물건을 줍게 되면 임자를 찾아주어야 하고, 착한 생활을 해야 한다고 일러 왔다.

옛날 동화에 나오던 '양 치는 소년' 이야기를 한번 되새겨 보자.

어느 날 양 치는 소년이 심심하여 장난삼아 늑대가 양을 물어 간다고 고함을 치자, 그 소릴 들은 동네 어른들이 몰려가 보니 거짓말이었다.

여기에 재미를 느낀 소년은 그 뒤 또 거짓말로 늑대가 양을 물어 간다고 고함을 질렀는데 이번에도 어른들이 몰려 가니 거짓말이었다. 그 뒤 정말 늑대가 나타나 양을 물어 갔을 때 소년이 고함을 질렀으나 어른들은 두 번이나 속았으니까 '거짓말이겠지' 하고 아무도 가질 않았다. 거짓말을 자주 하다 보니 아무도 그 소년의 말을 믿지 않았던 것이다.

'금도끼' 이야기를 더 해 보자.

옛날 어느 마을에 가난하나마 정직하게 살아가는 한 나무꾼이 살고 있었다. 나무꾼은 호숫가에서 도끼로 나무를 찍다가 잘못하여 도끼를 호수에 빠뜨리고 말았다. 가난한 나무꾼은 울면서 도끼를 찾으려고 애를 쓰고 있었는데 호숫물이 갑자기 쫙 갈라지면서 긴 수염을 늘어뜨린 백발의 한 할아버지가 손에 금도끼를 들고 나오면서

"이 도끼가 네 것이냐?"

하고 물었다. 이에 가난한 농부는

"제 것은 그런 금도끼가 아니고 쇠도끼옵니다."

라고 하였고, 노인은 고개를 갸우뚱하더니 다시 물에 들어갔다가 한

참 만에 나오면서

“이 도끼가 네 것이냐?”

하며 이번에는 은도끼를 보이는 것이었다. 농부는 이번에도

“그것은 제 도끼가 아닙니다.”

하고 정직하게 대답하였고 노인은 다시 호숫물 속으로 들어가서 한참 있다가 나왔다. 이번에는 농부가 빠뜨린 쇠도끼를 들고 나와서

“이것이 네 것이냐?”

하고 다시 물으시는 것이었다. 그때에서야 농부는

“예, 제것이 틀림없습니다.”

하였다. 노인은

“너는 참으로 정직한 사람이구나. 사람은 정직해야 하느니라. 이 금도끼와 은도끼도 정직상으로 네게 주니 부디 착하게 살아라.”

하고는 사라졌다.

우리는 이 가난한 나무꾼과 같이 남의 좋은 것을 탐내지 말고 남의 것을 줍게 되면 임자를 찾아 주고 거짓말을 하지 않는 착한 사람이 되어야 한다. 그래야만 복을 받는 것이다.

그런데 우리 주변은 어떤가? 남을 속이기 위하여 온갖 수단을 동원하여 못된 짓을 하는 사람이 많다. 절대로 거짓말을 하지 못하도록 국가적인 차원에서 큰 제재가 있어야 된다고 본다. 남을 속이거나 거짓말을 하지 않는 밝은 사회가 되길 바라는 마음 간절하다.

여덟번째 이야기

끝없는 탐구와 노력

한국 과학 발달사와 각오

현대적인 과학기술이 싹튼 것은 구한말인데 공업전습소, 권업모범장이 일본인에 의해 발족되면서부터이다.

1910년 국권 피탈 이후 일본에 의한 근대 교육제도의 보급, 산업의 진흥 등과 더불어 과학기술의 토양이 배양되는 듯했으나 큰 기여를 못했었다.

1945년 광복 후 혼란과 국토분단 등으로 과학기술교육은 침체를 벗어나지 못하였다.

1953년 휴전이 성립되자 그동안 관계기관에서 양성된 많은 과학 기술자의 등장과 함께 외국 원조에 의한 기자재의 도입 이용으로 점차 연구 활동이 궤도에 오르기 시작하였다.

이렇게 되어 의학, 화학 분야에 주목할 만한 연구활동이 진행되었고 원자력연구소 등 산업기술 향상을 위한 연구가 활발해지기 시작하였다.

1962년 박정희 정부가 경제개발을 위하여 과학기술의 중요성을 인식하고 국가적인 차원에서 개발계획을 세워 과학기술처가 발족하였고, 과학기술 발전의 기초를 구축하였다.

1982년부터 신기술자의 해외 진출, 반도체, 항공기 등 12개 핵심산업기술의 토착화, 고급인력의 대단위 양성, 기업 연구소의 육성 및 활용에 주력하였다.

1987년에는 정보산업 육성을 도모하기 위한 소프트웨어 개발 촉진법, 해양개발 기본법이 제정되고, 남극에 세종과학기지가 설치됨으로써 세계의 남극 관측 연구대 옆에 끼여 산産·학學·연硏·관官 협동으로 4MD 반도체를 개발하였다.

1992년에는 우리별 1호를 발사하였고, 1995년 8월 5일 최초의 상용 방송위성인 무궁화호가 미국 플로리다주 케이프 커내버럴 기지에서 맥도널드 더글러스사에 의해 발사되었다.

1998년부터 여러 분야에 걸쳐 눈부신 발전을 하였고 과학기술 풍토 조성을 위한 다양한 사업을 추진하고 있다.

그러나 우리나라 사람으로서 과학 분야의 노벨상을 탄 사람이 없다는 것은 참 아쉽다. 김대중 전 대통령이 노벨 평화상을 받아 자랑스럽게 여기고 있으나, 이북의 김정일에게 많은 것을 가져다 주고 또 심사위원들에게 많은 돈을 써서 사듯 받았다고 하는 소문이 나는 것 때문에 개운치는 않다.

그런데 오래 전에 세종대왕께서 이 세상의 많은 문자 중 가장 배우기 쉽고 쓰기 쉬운 한글을 창제하신 것이라든지, 금속활자의 발명, 이

천, 장영실 등의 해시계, 물시계 발명은 우리 민족의 뛰어난 두뇌를 일깨워 준 것이고 근래에 와서 와이브로 전자산업과 컴퓨터의 활용 및 휴대전화 등에 괄목할 만한 공헌을 한 바 있다.

그러나 최근 학생들이 과학부문에 힘을 안 쏟으려 하고 과학을 멀리하려는 경향이 엿보이고, 그저 한탕주의로 편안히 살려는 사람이 있는가 하면 흥청망청 즐기면서 살려는 사람이 많다고 한다. 이렇게 된 것은 국가 행정력의 결핍에서 빚어지는 현상이라 여겨진다.

국가는 자라는 학생들에게 과학에 대한 관심을 높이고 미래과학에 대한 꿈을 심어주며, 탐구의욕을 북돋워 주고 과학적인 생활을 할 수 있는 여건을 조성해 줄 필요가 있는 것이다.

한 나라가 어려운 난관을 극복하고 선진복지국가가 되려면 가장 결정적인 요소가 과학기술의 진흥에 있다고 한다. 그러므로 어릴 때부터 과학적인 탐구심과 창의성을 향상시켜 주어 미래 이 나라의 주역으로서 부끄러움 없는 사람으로 자랄 수 있는 자질을 갖추도록 힘을 쏟아야 한다.

동양에서 우리보다 못 사는 인도와 파키스탄 같은 나라에서도 과학부문에서 노벨상을 받은 사람이 있으나 우리나라에서는 하나도 못 받았다는 것은 부끄러운 일이다.

『무궁화꽃이 피었습니다』라는 소설의 주인공이고 노벨 물리학상을 받을 수 있었다던 이휘소 박사는 세계 최고의 이론 물리학자였다. 소설에서는 핵무기를 개발키 위하여 박정희 대통령 때 정부가 불러와서 핵을 연구케 하자 미국의 한 스파이에 의해 저격되었다고 되어 있다. 하지만 2007년 8월에 나온 중앙일보 이홍구 칼럼에 의하면, 이휘소 박사의 죽음이 한국의 핵개발과 연관되었다는 소설적 환상은 허구일

뿐이라고, 이 박사로부터 박사학위 지도를 받았던 고려대 강주상 명예교수가 말했다고 한다.

이휘소 박사는 핵물리학자가 아닌 소립자 물리학의 권위자였는데 어찌 이런 말이 나왔을까 하고 의아해 한다.

이 박사가 유학 중 어머님께 올린 편지 90통을 이 박사의 미망인이 고대박물관에 기증하여 보관되어 있는데, 이 박사는 남달리 효성이 지극하였고, 독재체제하의 개발도상국인 우리나라에서는 핵개발을 하여서는 안된다고 주장했다 한다. 그런 그를 1970년대 핵개발 프로젝트와 연관시키는 것은 상상의 비약이라고 하였다.

이 박사는 사고사 당하였으나 그의 연구에 힘입어 여덟 명의 물리학자가 노벨상을 수상한 것을 보면 그의 학문적 위치가 얼마나 대단하였는지 짐작할 수 있고, 이 박사가 이렇게 유명하게 된 것은 평소 어머님의 지도 덕분이라고 한다. 참 안타까운 일이다.

어찌되었든 우리는 어릴 때부터 탐구하고 노력하며 착실히 자라게 하여 가까운 앞날에 에디슨 이상의 유명한 과학자가 배출되길 바랄 뿐이다.

유대인의 자녀교육

세계적으로 두뇌가 명석하다고 소문난 유대인의 어린이 교육은 유별나고 각별한 데가 있다.

유대인이 세운 나라는 이스라엘 공화국인데 수도는 예루살렘이고 소수민족으로 인구는 700만 정도이나 주변에 인구 1억이 넘는 크고 강한 나라가 둘러싸고 있어 이들과 대치하고 있기 때문에 남녀 모두가 군복무를 하는 나라이다.

'키부츠' 라는 집단농장을 형성하여 공동생활을 영위하고 있으나 항상 다른 나라의 침략과 침범의 위협을 받고 있다. 2차대전 중에는 나치에 의해 600만 명이 죽임을 당한 참혹한 일도 있었다. 그러나 이스라엘 국민은 어린 시절의 종교 교육이 실효를 거두었다.

이 이스라엘 민족은 우수한 두뇌의 소유자가 많은데 그것은 어릴 적부터 뛰어난 사고력을 기르기 위한 교육을 실시해 왔기 때문이다. 아인슈타인, 프로이트, 하이네, 헨리 키신저 등 세계 유명인물이 이 나라 출신이며 노벨상 수상자의 32%가 유태계 태생이다. 그러나 유대인이라고 해서 선천적으로 우수한 두뇌를 타고나는 것이 아니라 어린 시절의 어머니 교육의 힘이 컸다.

유대인은 어린이를 낳으면 출생신고를 하는데, 신고 1주일 후면 어머니 교육 통지서가 나오고 1년 동안 어머니 교육 프로그램대로 통신교육을 받아 시험을 실시한다고 한다. 그리고 초등학교 교육을 굉장히 중요시하였는데 2500년 전에 벌써 남자는 문맹자가 없었다고 한다. 가장家長은 『토오』라는 경전을 읽고 가족에게 강의를 해줌으로써 문맹을 퇴치시켰으나 여자 교육은 중요하게 생각하지 않았다. 하지만 초등의무교육이 무려 2500년 전에 실시되었다고 하니 놀라지 않을 수 없다.

유대인이 얼마나 교육을 중시하였는지에 대하여는 다음 이야기에서도 알 수 있다.

기원전 70년(약 2000년 전) 유대인의 지도자 아키바는 예루살렘 성이 로마군에게 포위되자 밤중에 로마군 대장을 찾아가서 '예수살렘 성은 파괴하되 하나만 파괴하지 말라' 고 부탁하였다. 로마 대장이 무엇이냐 물어보니 학교만 보존해 달라 하였다 한다. 로마 장군도 큰 인물이라 그렇게 해주겠다고 약속하고 전 로마군에게 학교는 절대 파괴 말라고 엄명을 내렸다.

예루살렘 성은 파괴되고 유대인의 나라는 멸망되었을 망정 유대인의 교육은 계속될 수 있었다. 그리하여 유대인은 나라 없는 민족으로 세계 각국으로 흩어져 유랑생활을 하면서 삶을 살아 왔는데도 불구하고 민족 정통성을 지켜 왔다. 유대인의 격언에 '어린이에게 물고기 1마리를 주면 하루를 먹고 살 수 있으나 물고기 잡는 방법을 가르쳐 주면 평생 동안 먹고 살 수 있다' 는 내용이 담긴 격언이 있다. 이것은 지혜 교육의 중요성을 이야기하는 것이다.

유명한 유태인 출신 과학자 아인슈타인의 생애에 대하여 알아 보자.

물론 부모는 모두 유태인이다. 뮌헨에서 소학교를 졸업하였는데 소학교 다닐 적 성적이 36명 중 34등을 하리만큼 열등아였다. 그래서 담임 선생님은 생활기록부에 '이 어린이는 장차 무엇을 하든 성공할 가능성이 없다' 라고 기록할 정도였다고 한다.

그가 만년에 미국에서 자서전을 썼는데 거기에는 이렇게 되어 있다.

"나는 보통의 천재가 아니다. 다만 다른 사람들이 생각하지 못한 것을 생각하는 능력이 있는데 이것은 어릴적 어머니가 자극점을 발견하고 키워 준 덕분이다."

어머니는 매일 1가지씩 오늘 생각해 볼 문제라며 쪽지를 써 주었는데 '우주의 넓이는 얼마나 되는지 생각해 보라' 는 등 허황한 문제도 던져주기도 하였다. 배우는 것을 강요하지 않고 호기심을 갖고 탐구하려고 스스로 노력하도록 하는 지혜를 중시하는 교육을 시켰다 한다. 우리나라 어머니들의 자녀교육과 비교해 볼 만한 문제이다.

이와 같은 교육의 덕으로 유대인 중에서 세계적인 석학이 많이 나오고 노벨상을 받은 사람이 많이 나왔다. 이 모두가 끈질긴 노력 덕분이다. 우리나라 사람들도 노력하면 유대인에 조금도 뒤질 것이 없다. 유대인보다 더 두뇌가 명석한 사람이 많다. 탐구하고 끈질긴 노력이 있길 바란다. '노력은 성공의 어머니' 란 말을 항상 생각하자.

형설의 공

가난하면서도 공부를 열심히 하여 성공한 사람을 '형설의 공' 을 이루었다고 한다. 그 뜻은 이러하다.

옛날 중국의 진나라에 '차윤' 이라는 사람이 있었다. 어린 시절 집이 몹시 가난하였으므로 낮에는 아버지와 어머니를 도와 들에 나가 일을 거들고 땔감을 해와야 했는데도 불구하고 틈만 나면 책을 읽고 글을 썼다. 그때는 책이 아주 귀하고 비싸서 사서 읽기가 어려웠다.

마음씨가 착하고 글공부하기를 좋아하므로 이웃에 사는 선비가 하루는 치윤을 불러

"네가 책을 그렇게 좋아하는 걸 보니 내 마음이 기쁘구나. 공부를 열심히 해서 훌륭한 사람이 되어라. 네가 읽고 싶어하는 책을 가려서 가져 가거라."

하면서 책을 빌려주는 것이었다. 책을 받은 차윤은 낮에는 일 때문에 책을 못 읽고 밤을 새워가며 읽었다. 요즘 같으면 밝은 전깃불 밑에서 얼마든지 읽을 수 있으련만 그 시절에는 그렇질 못했다. 기껏 등잔불이 있어서 책을 읽을 수 있었는데 집안이 너무 가난하니 불을 켤 기름을 살 돈이 없어 마음대로 책을 못 읽고 달빛 아래서 책을 읽었다. 흐린 날에는 달빛도 없으니 책을 읽을 수가 없었다. 풀밭 여기저

기에서 개똥벌레가 빛을 발하자 주머니에 여러 마리 잡아 넣으니 상당히 밝았다. 그래서 여름밤에는 그 개똥벌레의 불 밑에서 책을 읽었다. 그리하여 뒷날 벼슬길에 나아가 높은 자리에까지 올랐다.

또 진나라에 '손강' 이란 사람이 있었다. 정직하고 착한 선비였으나 집안이 가난하여 기름을 사지 못해 밤에 불을 켜지 못하여 책을 읽을 수가 없었다. 그래서 하얗게 내린 눈빛을 이용하여 책을 읽었다. 보통의 노력과 집념으로는 안되는 일 아닌가! 뒷날 손강 역시 높은 벼슬을 하였고 많은 사람들로부터 존경을 받았다.

반딧불로 공부한 '치윤' 과 눈빛을 이용하여 공부한 '손강' 이 어렵게 공부를 하여 성공한 데서 형설의 공이란 말이 나온 것이다. 다른 말로 '뜻이 있는 곳에 길이 있다' 는 말이다.

개똥벌레 '형螢' 자와 눈 '설雪' 자를 써서 형설의 공이라 하였는데 밝은 전깃불 밑에서도 게으름을 피우는 사람들이 얼마나 많은가! 깊이 깨닫고 반성할 일이다.

세계적인 명문가들의 자녀교육은 솔선수범하는 데서부터 시작된다. 대유학자 이율곡은 어머님의 가르침에서, 명필 한석봉도 어머님의 떡썰기 교육에서 깊은 감명을 받고 노력하여 대성을 하였고, 케네디, 톨스토이 등 세계적으로 손꼽히는 명문가의 자녀들도 모두 부모들의 자녀교육에 대한 열정과 헌신, 그리고 자식을 교육하기에 앞서 스스로 모범을 보였던 부모의 역할이 컸다는 공통점이 있었음을 우리는 알아야 한다.

그렇기에 군림하는 사람보다 섬기는 사람, 열심히 노력하는 사람이 되도록 자녀들을 길러야 한다. 무조건 애지중지 키우려는 요사이 젊은 사람들의 자녀교육관이 바뀌어지길 바랄 뿐이다.

아홉번째 이야기

하루의 시작과 끝은 인사로

사람들의 하루는 인사로부터 시작해서 인사로 끝난다.

아침 일찍 눈을 비비며 일어나면서 부모님께 인사를 드리고, 저녁 잠들기 전에 또 인사를 드리고 자는 것이 사람의 도리라고 생각한다.

세상의 모든 사람들은 성공과 행복을 추구하면서 살아들 가고 있는데, 그 방법은 가까운 곳에 있으며 인간관계 속에 있다고 본다. 인간관계에 있어서 가장 좋은 것이 예절이고, 이 예절이 바르면 서로 좋아하게 되고 절로 행복해지는 것이다.

예절 중에서 제일 중요한 것이 인사를 바르게 하는 것이다. 인사는 마음, 행동, 말씨가 상대방의 인격을 존중하고 경의를 표하는데 뜻이 있고, 정성과 존경의 마음이 담겨 있어야 하며 형식이 크게 중요하다고는 볼 수 없다.

인사를 제대로 하지 못하면 사회인으로서는 낙제생이다. 그래서 나는 인사예절에 대하여 어른들부터 알아야 되고 이렇게 지도되었으면 좋겠다고 생각하고 있다.

(1) 어른께 드리는 예절

1) 인사하는 방법

인사는 때와 장소에 따라 알맞게 해야 한다. 몇 가지 예를 들면

- 가볍게 고개를 숙이는 목례
- 선 채로 허리를 15° 쯤 굽히며 하는 보통의 경례
- 손을 잡고 서로 보면서 하는 악수
- 손을 방바닥에 대고 이마를 손위 가까이까지 닿도록 허리를 굽혀서 하는 앉은 절 등이 있다.

2) 문안 여쭙는 인사 예절

① 저녁에는 잠자리를 펴 드리고 "안녕히 주무십시요" 하고 아침에는 "안녕히 주무셨습니까?" 하는 혼정신성昏定晨省은 반드시 하여야 한다.

② 절을 하지 말라 하면, 공손히 말씀으로 아침에 뵙는 즉시 인사를 드리고 자기 전에 인사를 올린다.

3) 어른께서 편찮으실 때의 예절

① 어른께서 편찮으시면 정성을 다하여 보살핀다.

② 약을 지어 때 맞추어 드시게 한다.

③ 병원에 모시고 가거나 의사를 청해 치료케 한다.

④ 편찮으신 분이 보고 싶어하는 사람을 뵙도록 한다.

4) 어른의 의식주 예절

① 의복은 항상 정결하고 단정하며 때에 맞춰 입으시게 한다.

② 새 옷을 만들 때는 어른 옷부터 만든다.

③ 모든 음식은 어른의 식성에 맞춘다.

④ 새로운 음식은 어른부터 드시게 한다.

⑤ 새 곡식, 채소, 과일이 나오면 어른부터 맛보시게 한다.

⑥ 음식을 먹을 때는 상좌에 모시고, 어른께서 수저를 드신 후에 아랫사람이 먹는다.

⑦ 어른께서 다 잡수신 후에 일어난다. 바빠도 드시고 계시는데 일어나지 않는다.

⑧ 어른의 거처는 채광, 환기, 냉난방이 적절해야 하며 욕실과 화장실이 있거나 가까워야 한다.

5) 출입할 때의 예절

① 밖에 나갈 때는 사유와 행선지를 아뢰고 돌아와서는 다시 뵙고 밖에서 있었던 일을 보고드린다(出必告 反必告).

② 어른의 출입시는 문밖까지 나가 배웅하고 맞이한다.

③ 어른이 먼데 가셨을 때는 행선지에 연락하고 확인한다.

④ 여비와 교통편 등에 불편이 없도록 한다.

⑤ 어른의 출입을 인도할 때는 오른쪽 앞에서 모시고 수행할 때는 오른쪽 뒤에 따르며 무거운 짐은 아랫사람이 든다.

6) 길거리나 건물 등의 통로나 사무실 등에서 윗사람을 만났을 때의 예절

① "안녕하십니까" 또는 "반갑습니다" 하면서 허리를 15° 정도로 굽히는 보통의 경례가 좋다.

② 허리를 너무 굽히거나 반대로 고개를 '끄덕' 하는 인사는 좋지 않다.

③ 조금 전에 만난 사람이거나 낯선 사람일지라도 복도나 계단 등에서 다시 만나면 고개를 가볍게 숙여 목례를 하는 것이 좋다.

7) 악수할 때의 예절

① 윗사람이나 여성에게 먼저 손을 내밀어 악수를 청하는 것은 실례가 된다.

② 윗사람이나 여성이 먼저 손을 내밀어 악수를 청할 때 응해야 한다.

③ 악수를 할 때 허리를 굽실굽실하지 않는다.

④ 악수는 오른손으로 하는 것이 좋으며 상대방의 손을 잡고 지나치게 흔들지 않는다.

8) 소개할 때의 예절

① 잘 알지 못하는 윗사람에게 자기를 소개할 때는 자기를 잘 알릴 수 있는 말을 생각해서 자기 소개를 한다.

"○○에 사는 누구의 아들 ○○입니다."

- 자기를 너무 낮추어 소개하는 것은 좋지 않다.
- 자기의 이름과 소속은 반드시 밝히는 것이 좋다.

② 타인에게 소개하는 경우

- 아랫사람을 먼저 소개하고 그 다음에 윗사람을 아랫사람에게

소개한다.

- 소개하는 말은 그 사람을 가장 잘 이해할 수 있는 내용을 선택해야 하고, 사실에 어긋나는 소개나 지나치게 과장된 소개는 하지 않는다.

9) 도움을 청할 때의 예절

- 도움을 청하거나 부탁을 드리는 일은 대체로 폐가 되기 쉬우므로 조심해서 도움을 청한다.
- 상대방이 거절하기 어렵게 부탁을 하거나 상대방의 직권을 부당하게 쓰도록 권하는 부탁은 하지 않는다.
- 조건을 제시하고 부탁하는 것은 좋지 않다.
- 지나치게 어려운 부탁을 하는 것을 삼가하고, 상대방이 성의를 가지면 충분히 할 수 있는 정도의 것으로 무리가 없어야 한다.

10) 모시고 갈 때의 예절

- 윗사람을 걸어서 모시고 갈 때 행선지를 윗사람이 알고 있으면 한 걸음 뒤따라서 걷고, 모르고 있으면 한 걸음 앞서서 인도한다.
- 윗사람을 두 사람 이상 걸어서 모시고 갈 때는 다음 그림의 순으로 인도하는 것이 예의이다.

• 윗사람을 자동차로 모실 때는 다음 그림의 좌석 번호순으로 하는 것이 예의이다.

※자가 운전 때

※②번은 타인운전 때나 자가운전 때 동시 사용할 수 있음
※자가운전일 때 운전자가 손아랫사람이면 ②③에 어른이 앉아도 좋다.

• 대중교통(버스, 기차, 배, 비행기 등) 이용 때는

▲창쪽과 통로쪽이 상석이다.

▲가는 방향을 바라보는 쪽과 등지는 쪽은 바라보는 쪽이 상석이다.

▲안쪽과 출입문 쪽은 안쪽이 상석이다.

▲안전하고 편리한 곳과 위험하고 불편한 곳은 안전하고 편리한 곳이 상석이다.

11) 어른께 드리는 말은 존대어휘를 사용해야 한다.

▲밥→진지 ▲먹다→드시다, 잡수시다 ▲자다→주무시다 등

(2) 아랫사람에 대한 예절

1) 인사 예절

- 인사는 보통 아랫사람이 먼저 해야 하지만 어쩌다 보면 아랫사람이 모르고 지나칠 때가 있는데 이때는 윗사람이 먼저 인사를 해 주는 것이 좋다.
- 아랫사람에게 하는 인삿말에는 특별히 정해진 형식은 없지만 다음과 같은 점에 유의하는 것이 좋다.

▲상대방의 인사를 반갑게 받아 준다.

▲상대방을 항상 염려하고 있다는 정이 깃들게 한다.

2) 일을 시킬 때와 하고 난 뒤의 예절

▲명령조의 말씨보다 의뢰하는 형식의 말씨가 좋다.

▲부드럽게 "이 일을 좀 해주면 어떨까?" 하고 부탁드리는 형식의 말씨가 좋다.

- "네 좀 해 줄래?" 하고 부탁드리는 형식의 말씨가 좋다.
- 일을 하고 난 뒤에는 고마움과 수고했다는 이야기를 꼭 해줘야 한다.

3) 잘못을 나무랄 때의 예절

- 아랫사람 한 일이 잘못되었을 때는

▲스스로 잘못을 알 수 있도록 한다.

▲왜 잘못되었는지 그 까닭을 알게 한다.

▲다른 사람이 없는데서 조용히 타이른다.

▲같이 걱정해 주면서 부드러운 말씨로 타이른다.

▲나는 이렇게 했으면 좋겠는데 너는 어떻게 생각하느냐 하고 물어서 고치게 한다.

4) 아랫사람으로부터 부탁을 받았을 때의 예절

- 부탁은 성의껏 응해 주어야 하며, 되지 않는 일이나 지나치게 어려운 일을 체면 때문에 허세를 부리며 받아들이면 나쁜 결과를 가져오기 쉬우므로 신중을 기한다.
- 부탁받은 일이 부당하거나 힘에 겨울 때는 거절해야 한다. 거절할 때는 상대방이 무성의하다는 인상을 갖지 않도록 한다.
- 부탁이 정당한 일이 못될 때는 그 이유를 이해시킨다.
- 상대방이 용기를 잃지 않도록 한다.

5) 손아랫사람을 부를 때의 예절

- 아랫사람이라도 함부로 야비한 말로 부르면 모욕감을 느낄 것이다. 그렇다고 존칭을 쓰면 희롱당하고 있다고 생각하기 쉬우므로 말씨에 주의를 기울여야 한다.
- 직명이나 직위를 그대로 붙여서 불러 준다.

  ○계장 ○장학사 ○주사… 등
- 부드러운 말씨로 정감이 가도록 부른다.
- ○○군 등으로 불러도 좋다(남자).
- ○○양 하고 불러도 좋다(여자).
- ○○아, 어이 등으로 부를 때 퉁명스럽게 불러서는 안된다.
- 거의 비슷한 나이의 아랫사람을 부를 때

(남자) ㅇ형, ㅇㅇ씨, ㅇ주사

(여자) ㅇ양, ㅇㅇ씨 등

(3) 동료간의 예절

1) 어릴 때부터의 친구에 대한 예절

- 친구간에는 신의가 있어야 한다.
- 높은 지위나 명성을 얻은 사람이 친구를 대할 때는 상대방에게 열등의식을 주지 않도록 조심하고 언제나 어린 날로 되돌아가는 기분으로 대한다.
- 사회적 지위나 명성을 얻은 친구를 대할 때는 공적장소에서는 상대의 사회적 지위에 상응하는 호칭과 경어를 쓰고 출세한 친구에게 의지하거나 폐가되는 일이 없도록 조심한다.
- 어릴적 즐거웠던 이야기 등을 섞어가며 다정스레 말한다.
- 별명 : 친한 사이에는 별명(애칭)을 부르는 것이 더욱 정답게 느껴질 때도 있으나 여러 사람 앞에서는 삼가하고 듣기 싫어하는 별명은 부르지 않도록 주의한다.
- 약속

▲친구 사이에는 허물이 없다고 생각하여 약속을 어기는 일이 있어서는 아니되며, 약속을 거는 것을 가볍게 생각지 않도록 한다.

▲지킬 수 없는 약속을 인정에 이끌려 하는 것은 참다운 우정이 아니므로 주의한다.

▲어떠한 일이 있어도 약속은 지키도록 해야 한다. 부득이한 일

로 약속을 어기게 될 때는 30분쯤 전에 상대방에게 전화로 연락해서 상대방이 이해토록 하고 상대방이 딴 일을 할 수 있게 해준다.

▲약속은 목숨보다 중하다는 것을 잊지 말아야 한다.

2) 사회, 직장에서 사귄 친구에 대한 예절

- 가까운 사이에도 연령, 직위 등의 분별을 하고 농담도·때와 장소에 맞춰 적절한 화제로 모가 나지 않도록 한다.
- 충고할 때는 본인에게 직접 한다. 가급적 남이 없는데서 하는 것이 좋다.
- 누구에게나 친하게 지내고 궂은 일도 잘 도와준다.
- 좋은 친구들의 장점을 찾아서 그것을 본받으려는 태도를 갖는다.

(4) 이웃에 대한 예절

1) 이웃 어른에 대한 예절

- 이웃 어른은 만날 때마다 인사를 드린다.
- 기억을 잘못하면 자기를 밝혀 드린다.
- 어려움이 있으면 도와드린다.
- 명절 때나 경사가 있을 때는 찾아뵙고 인사 드린다.
- 독거 노인은 꼭 보살펴 드려야 한다.
- 자기에게 좋은 모임이 있거나 유익한 일이 있을 경우 알려드리고 참석케 한다.

2) 이웃간의 호칭에 관한 예절

- 부모의 친구, 친구의 부모나 연세가 높은 분에게는 어르신, 어르신네라 한다.
- 자기가 존경하는 윗어른에게는 선생님이라 한다.
- 자기와 6년 내지 10년 사이에 드는 연상, 연하자와의 상호 칭호는 형님, 형, 아우, 동생 등으로 부른다.
- 학교 선배나 선배와 같은 역할을 하는 사람에게는 선생님, 선배님, 아저씨 등으로 부른다.
- 나이가 5년 이내의 연령차로서 친숙한 사이에는 이름이나 자네라 부른다.
- 평범한 사이에서는 상대의 직명이나 이름에 님자를 쓴다.
  △과장님 △김용호님 등

3) 전화 사용의 예절

- 자기 이름을 알리고 난 후 상대편을 확인한다.
- 대화시는 부드럽고 아름다운 말씨를 쓴다.
- 통화는 용건만 간단히 한다.
- 상대방이 마주한 듯 바른 자세로 통화한다.
- 너무 이른 아침이나 밤늦게는 전화를 하지 않는다.
- 윗사람이 전화를 끊기 전에 수화기를 놓아서는 안된다.
- 전화가 잘못 걸렸을 때는 반드시 미안하다고 사과한다.

위에 열거한 예절을 대수롭지 않게 생각해서는 안되고 어릴 적부터 인사 예절이 몸에 배도록 해야 한다. 인사를 잘하는 아이가 자라서 성공도 하고 돈도 많이 벌 수 있다.

열번째 이야기

굳건히 살아가는 사람

-G로부터 들은 이야기

내가 아주 좋아하고 잘 아는 사람 중에 젊어서부터 혼자 되어 자녀 셋을 훌륭하게 기르면서 굳건히 살아온 본받을 만한 한 사람으로부터 들은 재미난 이야기가 있어 여기 소개코자 한다.

이 아주머니는 예순을 갓 넘긴 젊은 할머니로 아침이면 일찍 일어나서 불교방송을 틀고 큰스님의 설법하는 강의를 듣고는 다른 방송국의 교양 프로인 어느 여교수의 재미있고 유창하게 하는 강의를 자주 듣는다고 하였다.

하루는 강의를 하는 미모의 이 여교수가 달리는 전동차에 몸을 싣고 가고 있는데 승객 모두가 피곤해서 그런지 좌석에 앉아서 눈을 지그시 내려 감고 자는 척 앉아 있는데, 한 장사치가 조그마한 가방을 통로에 놓고는 상품 선전을 하고 있었다. 그 장사치가

"여러분! 플라스틱에 수염 달린 것이 무엇인지 아십니까?"

하고 물었다. 그러나 모두가 관심이 없는지 대답을 하지 않았다.

"플라스틱에 수염 달린 것이라면 여러 가지가 있겠으나 그 대표적인 것이 칫솔입니다. 이 칫솔로 말씀드릴 것 같으면 백화점에서는 한 개에 3,000원씩 팔고 있습니다만 오늘 여기에서는 1,000원씩에 모시겠습니다."

하여도 아무도 거들떠 보지도 않는다. 그렇게 되자 장사치가 다시 여러 사람을 보고 하는 말이 걸작이다.

"나는 이 칸에서는 칫솔을 한 개도 못 팔았지만 다음 칸에 가면 팔 수 있습니다."

하고 정중히 고개를 숙이고 목례를 한 후 다음 칸으로 가는 것이었다.

이 여교수는 그 장사치의 다음 칸에 가서 팔겠다는 희망을 버리지 않고 옮겨가는 늠름한 모습을 보고 무릎을 탁 치면서 "아, 저것이다." 하면서 세상을 살아가는 방법을 깨닫게 된 것이다. 험난한 이 세상을 살아가자면 그 장사치와 같이 매사에 더 노력을 하면서 굳건히 살아가야 된다고 본 것이다.

이 방송을 들은 아주머니는 험준한 이 세상을 여자 혼자서 아이들을 기르면서 살아가자니 뭇 남정네의 유혹이 따랐고, 혼자 못 살아가니 재혼하라는 둥 별의별 소리로 유혹을 했으나 꾹 참고 아들 하나와 딸 둘을 착실하게 길렀고 대학까지 모두 마쳐 결혼시키고 지금은 손자들을 돌보며 즐겁게 살아가고 있다고 한다.

지성이면 감천이라고 할까.

아들과 딸 둘은 모두 너무나 착하고 공부도 잘하였으며 어머니의 말씀이라면 죽으라면 죽지는 못하나 죽는 시늉이라도 낼 정도로 착하디 착하다. 다시 말하면 이 사회에 쓸모 있는 사람으로 길렀다고 하였다.

나는 그 착하고 굳건한 아주머니의 이야기를 다 듣고는, 사람은 용기와 희망을 갖고 굳건히 살아가면 성공할 수 있다는 만고의 진리를 터득하였고 이 이야기를 나 혼자만 알고 넘기기가 아까와 여기에 소개하니 세상 모든 사람들이 참고하시길 바란다.

열한번째 이야기

꿈과 칭찬의 힘

사람은 꿈을 갖고 살아가는 동물이라고 말하는 사람도 있고, 칭찬을 먹고 살아가는 동물이라고 말하는 사람도 있다. 두 가지 말 모두가 틀린 말은 아니고 맞는 말이라고 생각된다.

아무런 꿈을 갖지도 않고, 무미건조하게 살아간다면 무슨 희망이 있으며 살아갈 재미가 있겠는가. 소박한 꿈이라도 갖고 꾸준히 노력한다면 반드시 성공할 수 있다고 본다.

'나는 딸기 가꾸는데 세계에서 제1인자가 되겠다'

'나는 무공해 벼농사를 짓는데 우리나라에서 선구자가 되겠다'

'나는 염소를 많이 길러 염소왕이 되겠다'

'나는 씨가 없는 감나무를 개발하겠다'

등등 소박한 꿈을 갖고 노력한다면 누구나 성공할 수 있다고 본다. 우장춘 박사가 씨 없는 수박을 만들지 않았는가.

그러나 너무나 거창한 꿈, 다시 말하면 이룰 수 없는 허황한 꿈을 갖고 노력한다면 실패하기 쉽다는 것이다.

'나는 대통령이 꼭 되겠다'

'나는 물리학 부문에서 노벨상을 꼭 타겠다'

는 등 너무나 거창한 꿈을 갖고 노력을 하는 것은 좋으나 이루기 어렵다는 것을 알아야 한다. 꿈(희망)에 대하여는 어릴 적부터 선배나 부모님의 지도를 받을 필요가 있지만 자신의 결의도 소중하다는 것을 알아야 한다.

그 다음 칭찬에 대하여 이야기해 보자.

앞에서도 말하였듯이 사람은 칭찬을 먹고 사는 동물이라고도 한다. 물론 칭찬을 들으면 기분이 좋다. 칭찬을 듣고 나면 거기에 대해서 더 잘하도록 노력할 필요가 있다.

요즈음 신문이나 텔레비전을 보면 좋은 기사보다는 남을 헐뜯는 좋지 못한 기사가 많다. 비자금이 어떻느니, 정치판이 어떻느니, 또 누가 무슨 짓을 했느니 등등 사회를 좋지 못한 눈으로 보기 일쑤다.

하지만 이 세상에는 나쁜 사람보다는 착하고 좋은 사람이 훨씬 많다는 것을 알아야 한다.

나는 '고스톱' 놀이를 좋아하고, 많이 했는데 오래 앉아 '고스톱'을 하다 보니, 다리 병신이 될 것 같아 요즈음은 별로 하지 않는다. 한때는 고스톱을 위하여 태어난 사나이라 할 정도로 고스톱을 좋아하고 많이 했다. 이렇게 한 것도 나름의 이유가 있다. 그냥 여러 사람이 모여 놀면 자연히 남의 말을 하기 쉬운데 고스톱을 하다 보면 거기에 정신을 쏟기 때문에 남의 말을 할 시간이 없을 뿐만 아니라, 재미있고 치매 예방에도 도움이 된다니 좋은 놀이라 생각했기 때문이다. 물론 많은 돈을 걸고 하는 고스톱은 안 된다. 1점에 100원쯤 주는 것이나 삼오칠구로 천원쯤 주는 놀이는 그냥 시간 보내는 놀이라 괜찮다고 본다.

옛날 시골에는 공동우물이 있었다. 내가 어릴 적에 살았던 고향 밤실은 90호가 넘는 초가집이 오순도순 모여 살고 있는 집단촌이었는데, 동네 한가운데 우물 한 군데가 있어 물이 항상 넘쳐 흘렀다. 때가 되면 아낙네들이 물을 길으러 와서 이렇고 저렇고 남의 말을 하여 시끄러웠고 어느 때는 싸움질까지 하는 때가 있었다. 옛말로 소드래(소문)가 생기는 곳이 바로 동네에 있는 공동우물이었다.

그런데 이곳에서 남의 좋은 말만 가려서 하였다면 싸움질이 생겼겠는가? 심리학에서는 벌보단 상찬賞讚이 낫다고 한다. 쓸데없는 말을 하여 질책을 받는 것보단 차라리 말하지 않으면 본전이나 된다. 사람이 없을 적에 "그 사람은 뭘 잘한다, 어떤 면이 참 좋다"는 등등 좋은 말을 하고 보면 자연히 그 사람의 귀에 그 좋은 소리가 들어갈 것이고 그 소릴 들으면 얼마나 기분이 좋겠는가?

사람을 좋게 보려면 좋게 보이는 것이고 밉게 보려면 한이 없는 것이다. 그러니까 항상 남의 좋은 말만 가려 하도록 노력하여야 한다.

꾸짖을 일이나 기분 나쁜 일이 있으면 상대자를 조용히 혼자 불러 차라도 한잔 내어 놓고, 손을 잡고 조용히 이야기하면 아무리 어려운 일이라도 부드럽게 해결되어 웃고 일어설 것이 아닌가. 항상 내가 좀 손해를 보고 살겠다면 마음이 편안할 것이다.

세상 사람들이여! 반드시 꿈을 가져라. 그리고 그 꿈을 이루기 위하여 부담히 노력하는 사람이 되어라. 그리고 칭찬을 아끼지 말고 해 주어라. 사람은 칭찬을 먹고 사는 동물이다. 칭찬을 해 준다고 해서 세금 받으러 오는 사람 없을 것이다.

유대인의 어머니 교육에서는 어린이에게 꿈을 갖도록 하루에 몇가지씩 질문을 하였고, 때로는 허황한 것도 질문하였다고 되어 있다. 세계적인 석학 아인슈타인의 자서전에 보면 그런 내용이 잘 나타나 있다. 이랬기 때문에 노벨상을 가장 많이 받은 나라가 유대인이 세운 이스라엘공화국이란 것을 알고, 우리는 이런 것을 본받아 자녀들에게 꿈을 갖고 노력토록 도와줄 필요가 있다고 본다. 우리나라의 모든 청소년들이 꿈을 갖고 항상 노력하는 사람이 되라고 권하고 싶을 뿐이다.

다시 한번 강조컨대 나라의 장래는 청소년들에게 달려 있고 이 청소년들을 바르게 지도할 사람은 우리 성인 모두란 것을 알고, 꿈을 키워주고 잘하는 것은 칭찬을 해주어 올바르게 성장할 수 있도록 도와주어야 할 것이다.

열두번째 이야기

환경문제에 관심을

우리가 살고 있는 지구에 있는 많은 나라 중에서 우리나라의 자연환경이 가장 많이 훼손되었고 황폐화되어 가고 있다고 들었다. 이래 가지고는 우리 자손들이 어떻게 행복을 오랫동안 누리고 이 땅에서 살아갈 수 있을까 우려되는 바 크다.

서울, 부산, 대구 등의 대도시는 말할 것도 없고 조그마한 공장이 밀집해 있는 중소공업단지와 그 공업단지 주변의 농작물 피해와 공기오염은 사람들을 그곳에 못 살도록 만들어가고 있다. 수질오염 또한 심각하여 전 국민의 90% 이상이 수돗물을 불신하여 생수를 사먹고 있으며, 우리나라 4대 강을 비롯한 거의 대부분의 하천과 호수가 날이 갈수록 오염되어 가므로 살던 고기들도 없어져 가고 있다고 한다.

쓰레기 공해, 농약 공해, 소음 공해, 자연환경의 훼손 등으로 생태계가 파괴되어 가고 있어, 우리나라에서는 자연 그대로의 모습을 간직하고 있는 곳은 찾기 어렵게 되었고, 야생 동식물의 격감과 분포지역

이 좁아짐으로 해서 생태계 자체의 질서가 흔들리고 있다. 이래서는 도저히 살아갈 수가 없다.

우리 국민 하나 하나가 자연환경 보호를 위하여 노력하지 않으면 안 된다. 남을 탓하기 전에 나부터 조그마한 것부터 하나하나 고쳐 나감으로써 자연환경의 파괴를 조금이라도 막을 수 있다고 본다.

빨래는 빨래 방망이로

원래 빨래는 손으로 주무르고 방망이로 두들기고 해야 깨끗이 빨아진다. 세탁기가 등장해 주부들의 일손을 덜어는 주었으나 많은 세제를 사용하니 물이 오염될 수밖에 없다. 환경보호 차원에서 맑은 개울가에서 방망이로 빨래하는 것이 이상적이지만 그럴 수도 없고 가능하면 손빨래를 하되, 세탁기를 써야 할 경우에는 세탁할 것을 한꺼번에 모아서 하자. 또 세제로 1차 세탁한 후 탈수하고 나서 헹구면 그냥 헹구는 것보다 효과적이다. 합성세제의 양은 될수록 적게 쓰도록 하자.

우리말에 이런 말이 있다.

'세답족백洗踏足白'

여자가 씻어야 할 빨래를 물그릇에 담아두고 남자가 발로 밟아 깨끗이 세탁한다는 뜻인데 이런 빨래 방법은 얼마나 좋은가.

더위엔 태극부채를

에어컨의 소비전력은 무려 선풍기의 30배나 되고 부채의 억만 배(?)나 된다고 한다. 따라서 꼭 필요한 때만 에어컨 바람을 쏘여야 한다.

여름철의 적정 실내온도는 28℃이며 바깥 온도와 5℃ 이상 차이가 나면 냉방병에 걸릴 수도 있다고 한다. 그리고 적어도 한 달에 한 번씩은 필터를 정기적으로 청소해 주어야 냉방 효율이 높아지고 건강에도 좋다고 한다. 그러니 뭐니뭐니 해도 우리네 모시적삼이나 삼베적삼에 흔들흔들 태극부채가 더위를 이기는 데 최고라고 볼 수 있다.

분리수거에 협조를

비닐은 그냥 버리면 잘 썩지 않는다고 한다. 모아서 재생시켜 쓰도록 해야 되고 유리병 등은 유리대로 모아 재생시켜 쓰도록 해야 한다. 종이는 종이대로 모아서 주고, 다른 것들도 종류별로 모아서 버리도록 해야 한다. 음식 찌꺼기는 음식 찌꺼기 모으는 통에 버려야 한다는 것은 누구나 아는 상식 아닌가.

냉장고에도 여백의 미를

계절에 관계 없이 언제나 서늘한 곳, 그 이름은 냉장고!

참 편리한 문명의 이기임에 틀림없다. 그러나 냉장고는 전기를 많이 먹는 주범이며, 냉장고의 냉각제로 쓰이는 프레온가스는 오존층 파괴를 부채질하고 있다고 한다.

그러니까 냉장고에 물건을 가득 채우지 말고 여백을 좀 남겨 두고 냉장고 문도 자주 여닫지 말도록 하자.

부엌에서의 조용한 혁명

부엌이야말로 환경보존의 꽃을 피울 수 있는 최적의 장소이다. 이곳에서는 조리하기 위해 많은 에너지가 소모되고 또한 많은 하수와 쓰레기가 나오는 곳이다. 이는 역으로 말하면 그만큼 많은 자원을 절약할 기회가 생기는 곳이기도 하다. 지구를 살리는 일은 주부님들 손에 달렸다. 긍지를 가지고 조용히 혁명을 일으켜 보심이 어떨지. 환경의 르네상스를 위해서.

샴푸+린스+무스+스프레이=공해

샴푸, 린스 등의 합성세제는 모두 석유로 만들어져서 오래 사용하면 피부가 거칠어지고 머리털이 빠지며 심하면 피부병을 일으킬 수도 있다. 이런 종류의 합성세제가 자연계로 들어가면 물속에서 부영양화를 일으켜 하천 오염의 주원인이 된다고 한다. 합성세제 대신 천연비누 쓰기, 또 사용이 부득이한 경우라면 사용량을 줄이도록 노력해야 하지 않을까.

500년 동안의 저주

가정주부의 애용품으로 자리잡은 쿠킹 호일과 랩은 먹다 남은 음식물이나 반찬거리를 냉장고에 보관할 때 요긴하게 쓰이지만 그것들은 단 한 번 쓰이고 버림 받는다.

생태계에 버려진 알루미늄 호일과 비닐 랩은 500년이 경과하도록 부패하지 않고 쓰레기로 남아 있게 되어 결국은 생태계 파괴의 주범이 되어 인간에게로 되돌아온다. 뚜껑이 꼭 맞는 그릇을 사용해서 호일과 랩을 될 수 있는대로 안 쓰면 어떨까.

교과서 만들기부터 녹색의 양심으로

우리나라만큼 학생들의 교과서와 참고서가 많은 나라도 없을 것이다. 그러나 이 모든 것이 일회용에 불과하여 매 학기마다 꽤 많은 돈이 부모님 호주머니에서 나가며, 종이의 낭비 또한 엄청나다. 이처럼 교과서 자체가 소모품이 되어 버리면 어떻게 그 안에 '일회용 상품을 쓰지 말자' 라는 내용을 담을 수 있겠는가.

교육의 바탕을 이루는 교과서부터 녹색의 양심을 실천했으면 한다. 선배의 체온이 전해지는 책으로 공부하는 후배의 기분… 그다지 나쁘지만은 않겠지.

요사이 신문은 어떤가? 몇십 장이나 많은 것이 무슨 선전물이나 된 듯, 읽을 맛이 통 안 난다. 신문의 장수를 좀 줄이고 광고문도 좀 적었으면 좋겠다.

젖은 손이 애처러워 살며시 잡아본 순간

합성세제로 설거지를 계속하다 보면 거칠어진 손마디엔 습진까지 생겨 잘 낫지도 않는다. 그렇다고 기름기 있는 음식을 전혀 먹지 않을 수도 없다. 이제부터는 피부와 환경을 같이 보호할 수 있는 설거지법을 실천해 보자.

우선 기름기 묻은 그릇을 신문지로 잘 닦아내고 합성세제 대신 밀가루를 묻혀 그릇을 씻으면 말끔해진다. 설거지 양이 많아서 어쩔 수 없이 세제를 쓰더라도 '저공해' 세제를 사용하자. 일반세제보다 비싸긴 해도 그만큼 환경을 도울 수 있다.

호랑이보다 무섭고 곶감보다 무서운 수은

수은전지는 그 크기가 작아서 함부로 버려두면 아이들이 삼켜버리기도 한다. 또 쓰레기통에 버려진 수은 전지는 매립장 주변의 토양과 지하수를 오염시킬 뿐만 아니라 소각시에는 수은이 공기 중에 섞여 들어가게 된다.

수은전지는 반드시 따로 모아서 판매상에 반납하도록 하자. 유명한 공해병인 미나마타병의 주범도 바로 수은이다. 그리고 가능하면 재충전 전지를 사용하는 것이 좋다. 이것이 지구를 재충전하는 일이다.

작은 실천, 큰 에너지 절약

가정에서 가장 손쉽게, 그러나 제일 많이 에너지를 아낄 수 있는 방법이 바로 보일러의 효율적 운용이다.

보일러 관리를 철저히 하면 약 20%의 연료를 절약할 수 있다. 가스보일러는 적어도 2년에 한번씩, 기름보일러, 연탄보일러는 1년에 한번씩 청소하고 손봐야 한다. 특히 노즐 부분에 있는 먼지, 보일러 바닥의 때, 굴뚝의 검댕을 깨끗하게 없애야 한다. 한번 생각해 보자. 우리 집 보일러 청소는 언제 했는지.

농약 공해, 먹거리 오염

우리나라의 단위 면적당 농약 사용량이 세계 최고 수준에 있으며 그 결과 해마다 많은 농민이 농약중독으로 사망하고 있다 한다. 농약의 과다 사용은 먹거리를 오염시켜 국민 건강을 해치고 있다. 될 수 있는 대로 농약 사용을 자제하고 그 농약이 들었던 유리병이나 플라스틱병 처리를 잘해야 한다. 부디 함부로 버리지 말기를.

환경오염방지 대책 시급

중국 서북쪽의 사막화로 우리나라와 일본, 심지어 태평양 저쪽의 미국 본토까지 황사로 골치를 앓고 있다. 이 황사가 사람들의 건강에 미치는 영향은 우리가 다 잘 알고 있는 터다.

최근 중국의 청년단체들이 황사 방지를 위하여 나무 심기에 바쁘단 이야기를 들었다. 고무될 만한 일이다. 북한에서는 핵무기 만들기에 열을 올리지 말고 황폐된 산야에 나무 심기부터 하여야 하고, 우리나라도 산림 훼손을 막고 더 많은 나무를 심어 환경 오염을 막는데 적극 힘써야 될 줄 안다.

수질오염 생명의 오염

전국민의 90% 이상이 수돗물을 불신하고 있으며, 도시인의 약 80%는 수돗물을 식수로 바로 사용하지 않는다는 충격적인 보고도 나와 있다. 우리나라 4대 강을 비롯한 거의 대부분의 하천과 호수가 날이 갈수록 오염되고 있다. 강 주변의 공장과 식당들이 오염된 물을 몰래 방출하기 때문이다. 말할 것도 없이 물의 오염은 곧 생명의 오염이라는 것을 알아야 한다.

※참고문헌

1. 『환경문제와 그 대책』(대전대 교수 장원)

2. 『환경오염과 보존대책』(연대교수 권숙표)

열세번째 이야기

착한 사람과 욕심 많은 사람

이 세상 사람치고 욕심 없는 사람은 하나도 없겠지만 지나친 욕심은 금물이다. 자기가 남보다 잘 살고 싶은 마음이나, 자기 가족이 행복했으면 하는 순수한 마음가짐은 좋지만 너무 큰 바람으로 남을 손해 보이는 행동을 해서는 절대로 안된다.

우리 집안에 있었던 욕심에 관한 이야기를 하나 하고자 한다.

모단할아버님〔金顯嘉〕은 우리 할아버님과는 재종간이었는데 내가 어릴 때 돌아가셨다. 한약방을 하시면서 참되게 사셨던 분이었다.

아들 두 분과 따님 두 분이 계셨는데 큰 아드님은 나와 초등학교 동기동창으로 초등학교 다닐 적에 돌아가셨고, 둘째 아드님은 가정형편이 곤란해서 큰 학교 공부도 안 시켰는데도 끈질긴 노력으로 학업을 닦아 지금 하동군 교육청 관리과장(사무관)으로 근무 중인 김혁배 씨다. 이분 또한 자기 아버님을 닮아 착하고 남을 도우며 착실하게 근무하므로 가는 곳마다 칭송이 자자하다고 듣고 있으며, 따님 둘도 시집

가서 우애 있고 모범적으로 살림을 산다고 하여 이웃사람들로부터 칭찬하는 소리가 높다. 피는 못 속이는 모양이다.

어릴 때 내가 보고 들은 우리 모단 할아버님은 한약방을 하시면서 마을에 있는 가난한 사람이 몸이 아프다면 손수 약을 지어 가져가셔서 건네 주며 달여 먹게 하여 병을 고치게 하였다는 이야기를 내가 어릴 적에 여러 번 들었고 직접 본 일도 있다. 공부하는 동네 아이들에게는 붓을 손수 만드셔서 가져다 주곤 하셨다. 손자뻘 되는 나에게도 쥐를 잡아 그 수염을 빼 모아 만든 붓을 주시면서 글씨 공부를 열심히 하라고 일러 주셨는데, 내가 요사이 붓글씨를 좀 쓰는 것은 그 할아버님 덕분이라 생각하고 있다. 그리고 내가 이 세상에 태어나서 받은 선물 중 가장 값진 것으로 여기는 터다.

이야기가 좀 다른 데로 가나 선물 이야기를 두 가지만 더 하겠다. 그 하나는 초등학교 1학년에 다니고 있을 때 내가 반장을 했는데, 그때만 해도 농촌 학생들은 대부분 짚신을 신고 다녔다. 하루는 학교에 운동화 배급이 한 반에 한 켤레씩 나왔었다. 그 운동화를 담임 선생님께서는 반장인 나에게 주시는 것이었다. 나는 얼마나 좋았던지 그 운동화를 신고 다니다가 잠잘 때는 방에 갖고 가서 머리맡에 두고 자기도 했었다. 그만큼 운동화가 좋았고 고마웠다. 내가 받은 선물 중 가장 좋았던 것 중의 하나였다.

그때는 일제 말기로 우리 국민 모두가 찢어지게 못살 때였고, 왜놈들은 우리 국민의 민족 정신을 말살시켜 일본놈으로 만들려고 한국말을 못 쓰게 하였는데, 그 선생님은 우리들을 학교 뒷산에 데리고 가서 조선 노래인 '여보 여보 거북님'을 가르쳐 주셨다. 그때는 그 노래가 무슨 뜻인지 몰랐는데 지금 생각하니 우리들에게 애국혼을 심어주기 위하여 가르쳐 주신 노래였다.

해방 후 선생님께서는 진주 삼현여중고를 창건하시고 후진 교육을 위하여 애쓰신 겨레의 스승이고 나의 은사님이신데 존함은 최재호 선생님이셨다.

두번째 이야기는 내가 횡천초등학교에서 1학년 담임을 하고 있을 때였다. 그날이 횡천 5일장이 서는 날이었는데 쉬는 시간에 한 할머님이 교실에 오셔서 자기 손자를 찾았다.

"희도야, 희도야!"

하고 부르시더니 손자를 찾아 손을 잡고 나를 찾아오셔서

"선상님(선생님의 하동 방언), 우리 손자가 학교에 입학하고 나서 인사를 잘 하고 말을 잘 듣습니다."

하시면서 때묻은 치마를 들어올리고 그 속 큰 주머니에서 종이에 싼 물건을 하나 꺼내어 나에게 건네 주시는 것이었다. 나는 사양하다가 결국에는 받게 되었고, 가시고 난 뒤에 종이 뭉치를 열어 봤더니 거기에는 붕어빵이 몇개 들어있었다. 이 선물은 다른 어떤 큰 선물보다 훨씬 값진 것이라 생각된다. 그 할머님은 돌아가셨겠지만 손자였던 박희도 군은 지금 어디서 무엇을 하고 있는지 알 수 없으나 만나서 그 선물 이야기를 하고 싶다.

앞에 말한 세 가지 이야기의 주인공들과 같이 착한 일을 하신 분들의 자손들에게는 모든 일이 잘 되도록 신의 가호가 있었으면 한다. 반대로 욕심에 대한 이야기를 좀 하고자 한다. 이 이야기는 하동땅에 전해 오는 구전설화이다.

하동의 명소인 지리산 불일폭포의 물은 용소로 떨어지고 있었는데 여기에는 천년이 되면 용이 되어 하늘에 오를 날을 기다리는 이무기

가 한마리 살고 있었다.

하루는 뇌성이 치고 센 바람이 나무를 뒤흔들며 폭풍이 휘몰아쳤다. 천지는 개벽되는 것 같아 산이 갈라지고 용소에 있던 용은 하늘로 오르는 그런 순간이 지나 세상은 고요해졌다. 불일암에 있던 도승은 무서워서 꼼짝도 못하고 있다가 밖으로 나와 보니 폭포는 더 높아져 물 떨어지는 소리는 산을 울리고 높은 산 하나가 둘로 갈라졌고 세상이 확 바뀐 것 같았다.

이 변화에 두리번거리며 조심스럽게 언덕을 올라가 보았다. 깊은 절벽 밑으로 새로 물줄기가 났고 폭포수가 떨어지는 언덕에 큰 구멍이 뚫려 있었다.

스님은 호기심이 일어 절벽의 뚫어진 구멍 있는 곳으로 가 보니 그 구멍에서 쌀이 조금씩 흘러나오고 있었다. 스님은 눈을 닦으면서 보고 또 보고 다시 보았다. 틀림없는 쌀이었다. 스님은 기뻤다.

"쌀이 나온다!"

하고 혼자서 큰소리로 외쳤다. 그리고는 이 일은 부처님의 자비로 생각하며 두 손을 합장하여 고마움을 빌고 암자에 가서 그릇을 가져와서 쌀을 담아 옮겼다.

뒷날도 가 보니 그 절벽의 구멍에서는 쌀이 계속 나오고 있었다. 스님은 부지런히 염불을 외며 부처님께 감사를 드렸다. 쌀이 귀하여 구하지 못해 나무열매로 생식을 하며 살던 스님은 맛난 쌀밥도 해 먹고 이젠 여유가 생겼다.

구멍에서 나온 쌀로 밥을 지어먹고 남는 쌀은 모아서 화개장터에 내어다 팔고 그 판 돈으로 다른 일용품을 사오기도 했다.

돈이 조금씩 모아지고 살림이 여유가 생기자 재미가 났다. 재산이 불어나니 염불도 싫고 오만해지기 시작하였다. 세속의 일들이 주마등처럼 떠올랐다. 주막집 아줌마의 눈웃음도 생각나고 머리를 길게 늘어뜨리고 사뿐사뿐 걷던 최진사댁 어여쁜 아가씨 생각도 났다. 그러나 자기는 승복을 입은 스님이 아닌가.

쌀은 계속 모아서 조금씩 갖고 가서 팔았다. 그런데 하루는 장터의 가게 아줌마가 스님에게 말했다.

"스님, 이렇게 조금씩 가져와서 팔지 말고 모아서 한꺼번에 많이 팔면 목돈도 받을 수 있고 수고도 덜 수 있지 않습니까?"

했다. 스님은 그 말이 옳다고 생각되었다. 암자로 돌아온 스님은 그날밤 잠을 안 자고 생각해 보니 좋은 생각이 떠올랐다. 무릎을 탁 치고 빨리 날이 새기를 기다렸다. 날이 새기가 바쁘게 구멍을 크게 뚫을 도구를 챙겨 폭포 옆으로 갔다. 열심히 쌀이 나오던 구멍을 크게 뚫었다. 비지땀을 흘리며 열심히 뚫고 해가 지자 암자로 내려왔다.

이튿날 날이 새기가 바쁘게 스님은 쌀 나오던 구멍이 있는 곳으로 가 보았다. 구멍은 3배가 넘게 뚫었으니 많은 쌀이 나와 있겠지 하는 기대를 하고 쌀자루도 큰 것을 메고 갔었다.

쌀 나오던 구멍 밑에는 쌀이 한톨도 없었다. 스님은 '아, 도둑놈이 와서 다 갖고 갔구나' 하고 혼자 생각하며 그날은 그 쌀구멍 옆에 숨어서 도둑을 지키고 있었다. 물론 밤에도 암자에 안 가고 숨어서 잤다. 뜬눈으로 도둑을 지켰지만 도둑은 나타나질 않았다.

많은 쌀을 갖겠다고 쌀구멍 옆으로 가 보았으나 한 톨의 쌀도 나오질 않았다. 스님은 그 쌀구멍을 들여다 보고 또 보고 했으나 쌀은 나오질 않았다. 뒷날 세상 사람들은 스님이 욕심이 많아 구멍을 크게 뚫었다가 그만 쌀이 나오질 않았으니 천벌을 받았다고 하였다. 지금도 쌀 나오던 구멍 옆의 바위를 용추바위라 부르고 그때 욕심 많던 스님을 탓하고 있다.

이와 같이 지나친 욕심은 화를 부르는 것이다. 그러니 세상 사람들은 소박한 욕심은 가져도 지나친 큰 욕심을 가져서는 안 되며 스스로 노력하고 부지런히 일해서 얻은 재물로 행복하게 살아야 한다고 말하고 있다.

또 하나의 욕심쟁이 이야기

철민이는 아버지 어머니를 일찍 여의고 형님 밑에서 초등학교를 졸업하고 마산에 와서 어시장 백미식당에서 상 심부름을 하며 지내고 있었는데 착하고 부지런히 일을 하니까 아는 사람이 불쌍히 여겨 수협의 기름배 조수로 취직시켜 주었다.

여기에서도 간부급 사람들과 다른 직원들의 시키는 일을 잘하고 부지런하니까 윗사람들의 눈에 들어 기름배 선장이 되어 자기가 직접 배를 몰고 기름장사를 하기 시작하였다. 그러기를 한 3년 하니까 윗사람들이 잘 돌보아주고 그를 믿게 되었고 기름창고의 모든 일을 그에게 모두 맡겼다. 일을 하다 보니 꾀가 생기고 요령이 생기기 시작하였다.

돈 욕심이 생겼다. 장부를 엉터리로 만들기 시작하였고 해군부대의 못된 군인들과 짜고 나쁜 짓을 하기 시작하였다. 2~3년을 계속하다 보니 큰 돈을 벌게 되었고 번 돈으로 기름 주유소를 하나 사서 기름장사를 하고 찜질방을 붙여 만든 여관을 사서 많은 돈을 벌었다.

그런 어느 날 농협 기름 유출로 감사에 걸려 신문에 크게 보도되자 구속되어 징역을 언도받아 복역 중이며, 가정에 무관심하고 자녀 교육을 등한시한 탓으로 큰애가 깡패를 따라다니면서 학교를 중퇴하였고 그 부인은 춤바람이 나서 집안이 풍지박산이 되었다.

돈에 눈이 어두워 나쁜 짓을 한 죄과이다. 적게 벌고 착하게 살았더라면 이렇게 되지 않았을 것이다. 뉘우치고 나서 착한 일을 하려 하나 때는 이미 늦었다.

이런 사람들 말고도 많은 사람이 지나친 욕심을 갖고 비리로 돈을 벌어 잘 사는 듯 보이나 속은 타들어가는 사람이 우리 주변엔 많다.

우리 옛말에 '서방질은 섬 안에서 해도 덜미가 잡힌다' 는 말이 있다. 나쁜 짓을 하면 반드시 밝혀진다는 것이 만고의 진리란 뜻이다. '적게 먹고 적게 싸라' 는 어른들의 교훈적인 말씀이 다시금 생각난다.

열네번째 이야기

어버이날은 1년 내내

세상을 살아가자면 즐거워할 때보다는 고달플 때가 더 많고, 쉬운 일보다는 어려운 일이 많이 있기 마련이다.

퇴직을 하고 빈둥거리며 집에서 놀고 있는 나 같은 사람은 글이나 쓰고 책이나 읽으면 좋으련만, 나이가 드니 눈이 말을 안 들어 주니 그것도 마음대로 할 수 없고 노인회관 같은데 가서 배우고 싶은 것도 많으나 그것마저 회원이 넘쳐 마음대로 할 수 없다.

나는 대한시조협회 창원지회에 가입하여 월, 화, 수요일은 여기에 나가서 시조창을 배우고 있다. 을부, 갑부, 특부는 전국대회에 나가서 장원을 하여 졸업하였으나 명인부는 아직 졸업을 못하였다. 올 가을에는 어떻게 해서라도 졸업을 해야 하겠다고 생각하고 있었는데 거제 전국대회에서 명인부 장원을 했고, 그 뒤 대산대회에서 명창부도 졸업하여 명실공히 명인이 되었다. 이젠 대상부 공부를 열심히 하여야 한다.

시조는 옛날에 선비들만이 하였던 우리 전통 가곡이었으므로 대중화되질 않았으나 우리 창원시조회원은 모두가 그야말로 학자 출신들이라 여기에 나가면 창唱보다는 고사성어故事成語를 많이 들을 수 있고 해박한 이야기들을 많이 듣고 배울 것이 많아 매일 나가고 싶은 그런 곳이다. 모두다 대단한 사람들만이 모인 곳이라 볼 수 있다.

나는 만보기를 허리띠에 차고 시조가 녹음된 테이프를 들으면서 십리가 넘는 길을 걸어 회관으로 갔다. 만보기에 4071이란 숫자가 뚜렷이 나타나 있는 걸 보니 보행운동에 아주 적당한 거리로 생각되었다.

시조창은 숨 고르는 호흡운동에 아주 좋아 건강을 다져 나가는데 좋을 뿐만 아니라 시조를 외우니 두뇌운동을 시킬 수 있어 치매 예방 효과도 얻을 수 있으니 얼마나 좋은가.

오늘은 수요일. 이번주 마지막 연수일이라 오랜만에 고향에 다녀와야겠다는 생각으로 시조창을 마치기가 바쁘게 집에 와서 차를 남해고속도로에 얹어 숨가쁘게 조심스레 달렸다. 사천휴게소에서 쉬면서 같이 퇴직한 고향의 친구들에게 휴대폰으로 연락을 했더니 17시까지 운암 송죽식당에서 만나 저녁식사나 하며 그동안의 회포를 풀자고 하였다. 시간을 맞춰 가느라고 고향집에 들르지도 못하고 바로 약속된 장소로 갔었다.

광박회 다섯 회원들은 벌써 와서 나를 기다리고 있었다. 한 달이 넘어 만나니 너무 반가워 손을 잡고 부둥켜 안고…. 이래서 '에미 팔아 동무 산다'는 말이 생겼는가 보다.

그동안의 재미있었던 이야기를 주고받다가 저녁식사를 시키기가 무섭게 '고스톱판'이 벌어졌다. 어떠한 일이 있어도 열한 시에는 꼭 마치자고 철석같은 약속을 해두고 시작한 '고스톱' 놀이는 재미가 있어 그런지 하다 보니 11시가 금시 되고 말았다. 무심한 시간은 왜 그리 빨리 흐르는지 모르겠다. 전체의 합의에 의하여 한시간 연장을 했다가 다시 밤 1시가 지나고 2시가 되었다. 뒷날 바쁜 일이 있는 친구 두 사람은 가고 네 사람이 남아서 계속해서 놀고 있었다. 그런데 이것도 나이라고 오늘 고속도로에 차를 몰고 오면서 신경을 쓰고 운전을 해 온 탓인지 오래 놀아 그런지 어떻게나 피로한지 그만 그치자고 하였으나 친구들은 막무가내였다. 그들은 세 사람이 계속하겠다며 나를 집으로 가든지 옆방에 가서 누워 자라고 하였다. 그때가 새벽 4시 30분! 피로하고 너무 지쳐 나는 친구들의 양해를 얻고 일어서는 수밖에 없었다.

먼데 있는 집들 중 하나 둘 불빛이 새어 나오고 일찍 깬 닭이 홰를 치고 울기도 한다.

차를 몰고 밤실 집으로 왔다. 반기는 사람 하나 없는 빈집이다. 대문을 열고 들어서니 마당은 풀로 엉망이어서 연방 도깨비라도 나올 것 같은 형국이다. 마루는 먼지가 뿌옇게 쌓여 있다. 기가 찼다. 짐을 정리한 뒤 간단한 청소를 하고 누워서 잠을 청했으나 잠이 올 리 없었고 눈은 더 초롱초롱해졌다. 아침 닭은 일어나서 일하라고 목청껏 울어댄다. 억지로 누워 있었더니 나도 모르게 잠이 들었고 마을회관 방송소리에 놀라 일어나니 아침 7시였다. 아침 식사를 하는 둥 마는 둥하고 나는 목골 선산으로 차를 몰았다.

할아버님, 할머님, 아버님, 어머님, 아내의 산소를 삥 둘러 성묘를 했었다.

'그동안 안녕히 계셨습니까? 어버이날 올 것인데 그날 못 올 것 같아 이렇게 며칠 앞당겨 왔습니다. 그날은 아이들도 아무도 못 올 것 같습니다. 아무쪼록 극락세계에서 영생을 누리시길 바랍니다'

마음속으로 이렇게 빌면서 성묘를 하고 밭에서 일을 좀 하다 보니 점심때가 훨씬 지난 3시였다. 차를 몰고 집으로 돌아왔다.

오후에 마을회관에 나가 동네 어른들께 인사를 드리고 놀다가 집으로 돌아와서 편히 쉬었다. 아침에 여기저기 손을 보며 쉬고 있으니 처조카인 안식군이 고추, 가지, 호박 모종을 몇 포기씩 갖고 왔기에 텃밭에 심고 나서 내가 좋아하는 가죽을 따보니 너무 세어서 쓸모가 없기에 그만두고 보슬비 내리는 고향집을 뒤에 둔 채 창원집으로 왔다. 내일이 어버이날이라 혹시 서울에 있는 아들과 며느리, 딸아이들이 은근히 기다려져 온 것이다.

이 생각 저 생각 하며 어버이날을 맞았다. 아침 일찍 첫번째로 큰딸 영미로부터 전화가 왔다. 넉넉하게 살지도 못하고 고생스레 살아가고 있는 큰딸이다. 마음씨만은 너무 좋아 가진 것을 남에게 있는 대로 나누어 주는 그런 딸이다. 애비의 저녁식사를 지어주기 위하여 온다는 것이다. 인천서 여기까지 길이 얼만가! 절대로 오지 말라고 신신당부를 하였다. 조금 있으니 울산에 있는 셋째딸 영림으로부터 전화가 왔다. 보약을 지어 보냈는데 받았냐고 묻고는 바쁜 일이 있어 못 가니 섭섭히 생각 말라는 것이었다. 넷째딸 영숙이도 인천에서 전화를 해왔다. 바빠서 못 가니 섭섭히 생각 마시고 적지만 돈 10만원 보내니 맛있는 것 사 잡수시라는 것이었다. 애비보단 못 사는 것들이 인정은 있어서…. 고마운 딸들의 전화였다.

조금 있으니 며느리로부터 전화가 왔다.

"난방 셔츠가 참 좋더라. 고맙다." 하고 내가 먼저 말을 하니 며느리도

"아버님, 못가 뵈어 죄송합니다. 원주에 와 있습니다. 새집 짓고 나서 처음으로 동네 사람들을 모아서 집들이한다고 조금 바빠 못 갑니

다. 죄송합니다. 민재 애비 바꿔 드리겠습니다." 한다.

아들도 역시 같은 인사말이다.

"응, 괜찮다. 손님들 접대나 잘 하여라."

말은 그랬으나 아들과 며느리가 오길 은근히 바랐었는데 못 온다니 섭섭할 수밖에 없었다.

손자 손녀라도 보냈으면 좀 덜 서운할텐데 내 아들 며느리는 이것은 참 잘못하는구나. 어찌 내 마음을 이렇게 모를꼬.

저녁때가 거의 되어 갈 무렵에 오지 말라고 당부한 큰 딸애가 왔다. 내가 평소에 잘 먹는 반찬거리만 가득 사들고 왔다. 음식 솜씨가 매우 좋은 딸애 아닌가. 바쁘게 저녁 준비를 했다. 그때서야 제일 가까이 있는 둘째딸 영란이와 사위인 허서방이 왔다. 돈을 10만 원 주면서 맛난 것 사 잡수시란다. 이런 이야기 저런 이야기 하다가 저녁 9시가 되어 갈 무렵에 큰딸은 인천으로 둘째딸은 진해로 떠났다. 하루 저녁 같이 있으면서 이야기나 하고 쉬어 가면 좋으련만 바쁜 일과에 쫓겨 떠나가니 얼마나 섭섭한지 모르겠다.

미국에 있는 막내 혜진이만 연락이 없다. 잘 있으리라 생각한다. 옛 사람이 말하기를 생전 효자는 딸이라 하더니 그 말이 맞는가 보다. 그렇다고 해서 내 아들과 며느리가 마음에 안 든다는 것은 아니다. 신문이나 방송을 들으면 부모에게 잘 못하는 불효 패륜아가 얼마나 많던가.

내 아들과 며느리는 그렇질 않다. 자식 자랑을 하는 사람을 일컬어 삼불출의 하나라 하지만 삼불출이 될지언정 말 안 할 수 없다.

내 아들과 며느리는 나에게 너무나 잘해 준다. 서울에 와서 같이 있자고 하나 내가 꺼끄러워 안 가고 혼자 여기 있으면서 잘 지내다가 가끔 서울에 가면 이름난 음식점으로 가서 맛난 것 사주고 백화점으로 가서 좋은 의복과 갖고 싶은 것을 사주며 극장으로 유흥지로 아무리 안 가겠다고 버텨도 데리고 가서 구경시켜 주고 다달이 잡비를 100만 원씩 보내 오고….

이보다 잘하는 아들 며느리가 어디 있겠는가.

이렇기 때문에 나도 아들에게 조금이라도 편하게 해 줘야 하겠다는 마음으로 노력하고 있다. 따로 떨어져 살다 보니 편하고 자유스럽다. 죽을 때도 짚불 가듯 조용히 가야 할텐데 걱정이다.

오늘은 어버이날. 돌아가신 우리 아버님과 어머님 생각이 간절하고 먼저 간 아내가 자꾸 생각난다. 살아 계실 적 잘 섬기지 못하고 여행 한 번 제대로 시켜드리지 못한 것이 몹시나 후회스럽다. 늦게사 철이 들어 편히 모시고자 하나 계시지 않아 못하니 안타까울 뿐이다.

어른들을 경로당에서 만나니 모두 같은 소릴 많이 했다. 어버이날이라고 하루를 정해 놓으니 꽃 한 송이 사와서 달아 주고 용돈 서너 푼 주고 그날 하루 음식 좀 잘해 주고 마는데, 그날이 지나면 부모님에 대한 정성이 흐지부지해진다. 죽고 나면 울고 불고 제삿상 다리가 휘어지면 뭐해, 자기들 잘 먹을라고 많은 음식을 차리는 것인지 모르겠다. 살아 있을 적 조금이라도 잘해 주고 편안히 모셔야지. 늙은이들은 이렇게 바란다.

세상 사람들아! 특히 젊은이들아!

1년 365일 내내 어버이날이다. 부모님 잘 모셔라. 부모님이 돌아가시고 나서 상다리가 휘도록 음식을 차려 놓고 제사를 모신들 무엇 하나. 아무 소용 없다. 살아 계실 적 조금이라도 잘 모시고 마음 편하게 해 드려라. 어버이날은 1년 내내란 것을 잊어서는 안되느니라.

열다섯번째 이야기

미국에서 한 관광여행

나의 막내딸 혜진이는 이 늙은 애비의 이번 미국여행이 마지막이 될 거라 생각해서 그런지, 좋은 것이라 생각되면 모두 사서 주고 맛있는 음식은 다 사와서 같이 먹자 하면서 경치 좋은 곳은 원근을 가리지 않고 구경을 시켜 준다.

새엄마 J와 같이 벗을 하여 오라고 몇 번이나 연락을 받았으나 집사람의 사정에 의하여 나 혼자만 여행길에 올랐다.

집사람 대신 울산 외손자 정훈이가 어학연수도 할 겸 나와 동행하여 안내를 해 주었는데, 십여 년 동안 영어 공부를 한 나는 말이 통하지 않았으나 정훈이는 중학생이지만 아주 유창하게 영어를 구사하며 나를 안내했었다.

막내는 이런 나와 정훈이를 여행사에 연락하여 2박 3일의 관광 계약을 해 놓고 관광을 다녀오라고 해서 우리 둘은 관광을 떠났다.

워싱턴 근교의 한인타운에서 아침 일곱 시에 출발한 대형 버스는

80명의 한인 관광객을 싣고 서울과 부산의 왕복거리보다 먼 곳을 달려 첫 관광지인 나이아가라 폭포에 닿은 때는 저녁해가 뉘엿뉘엿 넘어가려고 작별인사를 하려는 무렵이었다. 이때부터 내가 보고 들은 것 중에서 감명이 좀 깊고 인상적인 것만 가려서 적어 보고자 한다.

나이아가라 폭포

세계에서 가장 신비스러운 자연경관 중 폭포로는 브라질 남부의 이과수 폭포와 미국과 캐나다의 접경에 있는 나이아가라 폭포를 손꼽을 수 있는데 이과수 폭포는 가뭄으로 물이 줄어들어 지금은 옛날같지 않고 나이아가라 폭포는 변함이 없다고 한다. 이런 나이아가라 폭포는 매년 관광 오는 사람이 천만 명이 넘는다는 유명한 곳으로 부상하였다.

수억 년 전 빙하기의 산물인 이 폭포는 5대호의 하나인 이리호에서 흘러나오는 나이아가라 강이 온테리오 호로 들어가는 도중에 이 거대한 두 호수의 높이 차이에서 이루어진 것이 폭포가 되었다 한다.

다시 말하면 이리호 호수의 물이 온테리오 호수로 흘러들면서 절벽에 의하여 약 50m의 낙차가 생기는데 이 낙차가 세계 최고의 경관인 나이아가라 폭포를 만드는 것이다.

옛날에 인디언들은 나이아가라 폭포를 천둥소리를 내는 곳이라고 생각하였다. 실제로 폭포 옆에 가서 떨어지는 물소리를 들으면 그 소리가 어떻게나 큰지 귀가 멍멍한데 이 물소리는 계절과 시간에 따라 다르게 들린다고 한다. 이것을 인디언들은 신이 노해서 그렇게 들리는 것이라고 생각하여 해마다 예쁘고 아름다운 처녀를 이 폭포에 제물로 바쳤다고 한다.

먼 옛날 이곳에 이웃하여 살던 두 인디언 추장이 아들과 딸을 결혼시키기로 약속하였으나 딸아이가 평소 사귀던 총각이 있어 결혼을 안 하고 고민하다가 이 폭포에 와서 떨어져 죽었는데 가끔씩 이 처녀가 폭포수 속에 얼굴을 보인다는 것이다. 이것이 '안개소녀' 의 전설이 되었고 지금도 이 전설이 그대로 전해오고 있는데 가끔 폭포수를 보면 물보라 폭포 속에서 이 어여뻤던 처녀가 나타난다 하여 폭포의 아름다움을 한층 더 강조하는 것 같았다.

나이아가라 폭포는 고트섬(염소섬)을 경계로 미국폭포와 캐나다폭포로 나뉜다. 왜 염소섬이라는 이름이 생겼느냐면 두 가지 설이 있다. 그 하나는 섬의 모습이 염소의 머리를 닮았다는 데서 왔고, 다른 하나는 어느 추운 겨울에 추위에 견디지 못한 섬 사람들이 기르던 염소를 그대로 둔 채 육지에 와서 겨울을 보내고 이듬해 따뜻한 봄에 섬으로 돌아가니 염소들이 살아있다가 나오더라 해서 염소섬이라 불렀다고 한다. 이유야 어떻든 염소섬을 경계로 갈린 캐나다 쪽 폭포는 폭이 756m이고 뉴욕주에 속해 있는 미국 쪽 폭포는 폭이 큰 것이 340m이고 작은 것은 두어 걸음 되어 보였다. 이 폭포들의 떨어지는 물의 양을 합하면 매초 250만ℓ 나 된다고 한다. 그리고 이 폭포들은 물줄기에 의해 매년 1.4cm씩 침식을 당하고 있다 한다.

19세기에 들어와 온테리오와 뉴욕 주정부가 폭포들의 주변을 관광공원으로 조성하였는데 이 나이아가라 폭포는 보는 방향에 따라 아름다움이 다르다. 뉴욕 쪽에서 폭포를 보다가 캐나다 쪽으로 가려면 긴 다리를 건너면 되는데 우리가 묵은 뉴욕 쪽 호텔에서 약 15분 가량 도보로 갈 수 있다고 하나 버스로 가자니 꽤 시간이 오래 걸렸다. 캐나다 쪽 이민국에서 여권과 비자 검사시간이 1시간 가량 걸리기 때문이었다.

캐나다 쪽에서 바라보는 폭포의 경관이 미국 쪽에서 보는 것보다 훨씬 아름답다. 이 광경을 환히 바라볼 수 있는 논스카이 타워에 올라가서 바라본 야경은 너무나도 아름다웠다. 시시때때로 각양각색으로 변하는 폭포의 모습에 놀랐었고 캐나다 쪽의 웅장한 시가지 모습에 감탄 안하는 사람이 없었다.

밤이 늦었기 때문에 더 오래 머물면서 구경을 못하고 뉴욕 쪽 호텔로 돌아왔다.

뒷날 아침에 호텔 옆의 세자매섬을 돌아 폭포를 다시 구경하였는데 우의를 입고 우화를 신고 폭포 가까이 지나면 물벼락을 맞아 시원타 못하여 추웠고 한여름인데도 벌벌 떨리고 입술이 새파래졌다. 해가 비추는 반대쪽엔 아름다운 무지개가 섰다가 없어지고 또 서고 없어지고 그야말로 경관이 가관이었다.

배를 타고 강을 따라 내려가니 여기서도 다시 우의를 입고 장화를 신어야만 했고 폭포수가 쏟아져 옷이 흠뻑 젖었다. 추워서 벌벌 떨면서 배에서 내려 자매섬 옆에서 캐나다 쪽 큰 폭포를 바라보니 여기서도 섰다 꺼지고 꺼졌다가 다시 서는 무지개가 너무나 아름다워 그것을 배경으로 사진 찍기에 모두들 바빴다. 한번은 가서 볼 만한 폭포의 절경이었다. 그러나 워싱턴 근교에서도 버스로 8시간이 더 걸리는 먼 거리여서 미국과 캐나다 사람들마저 구경하기가 어려운데 하물며 다른 나라 사람들이야 구경하기가 얼마나 어렵겠는가.

말로만 듣던 나이아가라 폭포 오늘 와 보니

천지를 진동하는 물 떨어지는 소리 크고
무지개 일고 지고 갈매기 노래하니
천하 절경 예 아니고 또 어디 있는가

시 한 수를 지어 읊으니 가슴이 확 트이는 것 같았다.

뉴욕 시가지와 한인타운

해질녘에 뉴욕시의 동쪽 허드슨강 강변에 있는 한국인이 운영하는 선상식당에서 저녁식사를 하고 뉴욕 시가지의 야경을 구경하였다.

여기에서 바라본 뉴욕 시가지는 휘황찬란한 불빛을 발하는 높은 빌딩이 말로 표현할 수 없을 만큼 으리으리하였고 엠파이어 스테이트 빌딩을 비롯하여 무너진 쌍둥이 빌딩이 있었던 자리까지 높은 빌딩 꼭대기들을 선으로 이은 것을 스카이 라인Sky line이라 하는데, 여기를 중심한 온 시가지가 그야말로 넓고 별천지 같이 아름다웠으나 피곤하여 더 오래 보지 못하고 호텔로 돌아왔다.

우리가 묵은 호텔은 가이드 말로는 미국에서는 일급 호텔이라 하였는데 막상 와서 보니 한국의 장급 비슷한 호텔이었다. 피곤을 풀고 뒷날 아침 일찍 버스로 뉴욕 시가지를 구경하였다. 건물은 밤에 보았듯이 으리으리했으나 구석구석이 왜 그리 누추한지 모르겠다.

유엔본부 앞에 내려 구경을 하면서 떨어져 있는 휴지를 주워 쓰레기통에 넣으려 하니 청소부가 와서 그대로 두라고 한다. 왜 그럴까 이상히 생각하고 있는데 가이드가 말하기를 휴지가 없어지면 청소부들의 일할 거리가 없어져 그들이 실직을 하기 때문에 못 줍게 하는 것이라 하였다. 그래서 뉴욕 시장이 법으로 깨끗한 뉴욕시를 만들겠다고 쓰레기와 오물을 함부로 버리면 벌칙금을 크게 물리는 법률을 입법화하려 하자 청소하는 노무자들이 몇달 동안 입법화 못하도록 데모를 했다고 한다. 데모를 하는 이유인즉 입법화되면 쓰레기가 없어져 실직을 하게 된다는 이유에서였단다. 할 수 없이 뉴욕 시장은 이들에게 손을 들고 말았기 때문에 이렇게 더러운 시가지가 되고 있다고 한다.

여러 나라의 많은 도시를 가보았지만 뉴욕시처럼 추한 도시는 처음 보았다. 버스로 조금 가니 한글 간판이 나타나면서 우리들의 눈을 끌고 있었는데 여기가 뉴욕시에 있는 한인타운이라 했다. 조잡한 거리 풍경이었다. 여기서 조금 가니 중국타운이 있었는데 그야말로 으리으리하여 대국다운 풍경이었다. 한국 타운과는 비교가 안 되리만큼 크고 웅장하였다. 한국 사람은 시작은 거창하게 하나 점점 줄어들고 중국 사람은 점점 늘여 간다는 것이다. 그렇기 때문에 중국타운은 저렇게 커졌고 한국타운은 줄어들었는데 다른 나라라 할지라도 잠자는 사자라고 일컬어지는 중국이 경제대국으로 부상하고 있는 것은 이런 맥락에서 보아야 될 줄 안다. 좋은 점은 본받아야 한다고 본다.

자유의 여신상

자유의 여신상을 보기 위하여 허드슨 강변에 있는 페리는 배터리파크에서 배를 타고 40분 가량 갔었다. 우리가 살고 있는 창원에 흐르는 창원천이 오염이 심각하다고 생각하고 있었는데 이 허드슨강은 창원천보다 몇 배 더 오염되어 있었다.

더러운 강물에 뜬 배를 타고 한참 내려가니 1970년대 남해대교를 만들던 공법으로 옛날 만들었다는 큰 대교가 있었고 강 좌우의 높은 빌딩숲에 정신이 아찔하였다.

여기서도 한참 내려가니 대서양이 열리는 곳에 리버티 아일랜드 Liberty island란 섬이 있고 이 섬에 무게 225t, 대좌(받침대) 높이 약 47.5m, 동상 자체의 발끝에서 횃불까지의 높이가 46m, 지면에서 횃불까지의 높이 93.5m, 손 5m, 집게 손가락이 2.44m나 되는 웅장한 여신상이 버티고 서 있었다.

이 자유의 여신상은 1886년 미국 독립 100주년을 기념하여 프랑스가 기증한 것이라 한다. 1875년 프랑스에서 만들기 시작하여 1884년에 완성되었고 1885년 미국으로 건너가기까지 프랑스 파리에 서 있었다. 미국으로 갖고 가기 위하여 분해하고 조립한 사람은 귀스타브 에펠이란 사람이며 토대는 1877년 건축가 리차드 M 헌트가 디자인하여 1883년에 만들기 시작하여 1884년에 완성, 1866년에 여신상을 바치게 되었다.

그 당시 유럽에서는 영국이 해가 지지 않는 나라라 하여 막강한 힘을 자랑하니까 프랑스는 여기 눌려서 정부 예산으로 안 만들고 국민 모금으로 탑을 만들어 미국에 기증했다 한다. 탑을 만든 석공이 자기 어머니의 인자한 모습을 상상하여 조각하였기 때문에 온화한 얼굴을 하고 서서 오른손엔 황금으로 된 횃불을 들고 왼손 겨드랑이에는 독립선언문을 끼어 손으로 잡고 머리에는 7개의 울퉁불퉁한 모자를 썼는데 이것은 온세계를 뜻하는 것이라 한다. 그 당시는 세계를 7대주 6대양으로 보았기 때문이다.

이 여신상은 미국의 입구에서 대서양 쪽으로 멀리 프랑스 파리를 바라보고 서 있다고 한다. 본래는 미국과 프랑스의 우호 증진을 위한 것이었지만 지금은 전세계 인류에게 미국의 상징, 나아가서는 자유의 상징으로 인식되고 있다. 다음과 같이 즉흥시를 읊어 본다.

인자한 모습을 한 자유의 여신상은
우리 엄마 고운 모습 그대로이네
손에 든 횃불로 온 세상 밝히고
자유 평등 사랑을 노래하고 서 있네

쌍둥이 빌딩(무역센터)

2001년 9월 11일 테러로 붕괴된 뉴욕에 있는 세계무역센터 건물(쌍둥이 빌딩)은 말끔히 치워져 있었는데 그 빈터 앞에 서니 왜 그런지 머리가 저절로 숙여졌다.

미국 언론에서는 200명 가량 사망했다고 발표했으나 실은 그 몇십 배가 될 것이라는 가이드의 이야기였다. 미국 사람들은 자기 나라의 좋지 못한 모습은 알리지 않으려고 노력하기 때문에 축소해서 보도된 것이라고 한다. 새 건물을 짓기 위하여 빈터는 말끔히 정리되어 있었고 지하는 기초공사 중이었다.

이 쌍둥이 빌딩은 엠파이어 스테이트 빌딩보다 높은 111층으로 비행기 두 대의 계속된 자폭으로 옆 건물 한 채와 같이 세 빌딩이 동시에 붕괴되었다 한다. 죄 없는 사람을 그렇게 많이 죽인 테러는, 테러를 자행한 측은 말할 수 없으리만치 나쁘지만 이렇게 하도록 만든 미국 측도 문제점이 있다고 본다.

이 무너진 무역센터 자리에 새로 들어설 빌딩은 설계를 독일인 건축가 다이엘 리버스킨트가 하였고 세계 최고의 건물이 될 철탑(약 541m)을 상징물로 내세우며 그 주위에 작은 빌딩을 겹겹이 세우기로 되어 있다. 빌딩의 무너진 자리 중에서 유해가 제일 많이 나왔던 자리에는 그대로 남겨 추모공원을 꾸민다고 한다.

*북한의 최고 높은 건물은 105층, 엠파이어 스테이트 빌딩은 102층, 우리나라의 제일 높은 빌딩은 63빌딩.

엠파이어 스테이트 빌딩

동양에서는 중국에 있는 하늘에 닿을 만큼 높은 건물을 마천루라 하였다. 서양에서는 뉴욕에 엠파이어 스테이트 빌딩이 세워지자 마천루라 하였다. 1970년대까지 세상 많은 사람들의 구경거리가 된 마천루였다.

그 뒤 지금은 무너지고 없는 쌍둥이 빌딩이 111층으로 마천루라 불러오다가 1973년 시카고의 시어스 타워에 마천루 자리를 물려주고 말았다.

엠파이어 스테이트 빌딩은 102층 381m의 높은 위용을 과시했으나 지금은 65층까지만 관람객이 올라가서 구경토록 되어 있었다.

이 빌딩에 들어가는데 어떻게나 검색이 심한지 골치가 아팠다. 나는 몸 검색시 허리띠의 버클에서 한번, 사진기에서 한번, 녹음기에서 한번 도합 세 번이나 검색에 걸려 할 수 없이 이것들과 가진 것 모두를 점퍼에 넣어서 짐으로 통과시킨 후 맨몸으로 들어갔었다. 65층에 올라가서 아래로 내려보니 넓게 트인 시가지가 온통 빌딩숲이요, 멀리 바다만 보였다. 그야말로 으리으리한 뉴욕 시가지인데 좀 깨끗한 시가지가 되었으면 하는 바람이다.

이가 시릴 정도의 약수

새벽부터 천둥과 번개를 동반한 소나기가 왔었다. 그러나 언제 그랬냐는 듯이 하늘이 맑게 개이자 딸아이가 운전하는 차로 외손자들을 태우고 한 시간쯤 걸리는 약수터로 갔었다.

이곳 미국은 수도물이 좋아서 그대로 먹는 사람이 많으나 비싼 물(사이다 병 크기의 1병에 15달러)을 돈을 주고 사서 먹는 사람도 많다고 한다. 휘발유값보다 물값이 비싼 것이 사실이다.

물을 먹는다는 것도 하나의 습관이다. 수도물의 물맛이 좋다고 즐겨 마시는 사람도 있고, 사서 먹는 물도 싱그러워 먹지 못하겠다는 사람도 있다 하니 천차만별이라 할까.

딸애 집에서는 식구 모두가 약수터에서 길러 온 약수만 먹고 있다고 한다. 우리가 가서 길러올 약수는 높은 산 중턱의 샘에 괴인 물이 팔뚝만한 홈통을 타고 내려왔는데, 손에 닿으면 기겁을 할 정도로 차갑고 맑았다. 갖고 간 물통이 큰 통 6개와 작은 물통 8개에 가득 물을 담아 차에 싣고 내려왔다. 이 약수는 백인보다는 황족인 우리 한국인들이 더 즐겨 마신다고 한다.

미국은 도로 사정이 굉장히 좋은데 오면서 보니 도로에 어린 사슴이 길을 건너다가 가지 못하고 서서 어리둥절해 하니까 차들이 사슴이 지나가기를 기다리고 있다가 사슴이 건너가고 난 뒤에야 갔다. 또 좀 오다가 보니 도로에 산거북이 기어가니까 산거북이 지나갈 때까지 차를 정지시키고 있다가 가는 것도 보았다. 도로 양편에 있는 넓고 푸른 잔디밭에는 한가로이 풀을 뜯고 있는 말들이 많이 있었다. 참으로 자유스러워 보였다.

미국 사람들은 자연을 잘 보호하기 때문에 동식물의 천국이라 해도 과언이 아니다. 이민을 온 한국 사람 중 못된 몇 사람이 몰래 산에 가서 산삼을 캐어 와서 팔고, 곰을 잡아서 쓸개(웅담)를 다른 사람에게 팔다가 붙잡혀 국제 망신을 당하기도 했다고 한다.

산에는 이런 행동을 못하게 경찰과 보호경호원이 군데군데 있으면서 관리 보호하고 있는 데다가 미국 사람들의 자연보호에 대한 시민의식이 성숙되어 있기 때문에 오늘과 같은 푸른 미국으로 만들어졌고 온갖 동식물이 서식하는 자연 그대로의 나라로 변모되었다고 한다. 우리나라에서도 모든 사람들이 미국 사람들처럼 자연을 보호하여 푸른 산 푸른 물이 넘쳐 흐르는 아름다운 나라로 되었으면 얼마나 좋을까 하고 생각했다.

-2004년 여름 어느 날

이야기
둘

열여섯번째 이야기

행복한 삶을 위하여

-초년 고생은 금을 주고도 산다

비행기를 타고 열네 시간쯤 날아 미국 워싱턴 근교에 있는 막내딸 혜진이 집에 도착했다. 여장을 풀자 피로가 한꺼번에 밀어닥쳐 저녁 식사가 끝나기가 무섭게 곯아떨어졌는데 잠에서 눈을 뜨고 시계를 보니 새벽 2시 반이었다.

울산에서 중학교 교편을 잡고 있는 셋째딸 영림의 아들 정훈이가 어학연수차 나와 동행을 해 와서 옆 침대에서 곤하게 자고 있다. 나는 잠이 오질 않아 이 생각 저 생각을 하다 보니 왠지 자꾸만 못 살았고 고생했던 과거가 주마등처럼 떠올랐고 딸자식 잘 사는 모습을 보니 가슴이 뿌듯하고 혼자 보기가 아까웠다. 미국 구경도 못하시고 먼 곳으로 먼저 가신 부모님과 아내 생각에 눈시울이 뜨거워졌다. 너무 좋아서 그럴까.

내가 국민학교(지금의 초등학교)를 졸업하고 그때만 하여도 우리나라 최고 명문중학교 중의 하나인 부산 경남중학교에 입학하여 다녔는데 외가의 외삼촌과 외숙모님의 도움이 없었더라면 농촌 중학교를 다녔거나 중학교마저 못 다녔을지 모르는 나인데 외숙 내외분의 도움으로 공부를 할 수 있었다.

외가도 잘 살아서 나를 데려다 공부를 시키는 것이 아니었다. 마음씨 고운 외숙이 공무원으로 조금씩 받는 봉급으로는 살아가기가 빠듯하기 때문에 외숙모께서 포장마차에서 식당 경영을 하면서 살림을 꾸려가고 있었다.

나는 밤이 되면 외숙모께서 일하시는 포장마차에서 추위에 벌벌 떨며 새우잠을 자고 점포를 지키며 숙모님을 도와드렸다. 방학 때엔 부산 적기에 있는 미군 192병기부대에 나가서 용돈을 벌어 쓰고 어학 연수를 했었다.

사범학교 다닐 적에는 신문 배달도 하였고, 가정교사도 하면서 서러움을 받아 가며 고생스레 공부를 하였다. 농촌에 계시는 부모님께서 아들의 학비 마련에 고생하시는 것을 조금이라도 덜어드리겠다고 온갖 노력을 해 봤으나 큰 보탬이 되질 않았다.

돈이 없는 나는 졸업과 동시에 진학을 포기하고 교육 일선으로 뛰어들어 심혈을 쏟아 제자를 가르쳤고 월급을 받아 모은 돈으로 고향엔 논마지기나 사서 보태니 남들이 부러워 하였고 부모님께서 좋아하시던 모습이 엊그제 본 것 같이 떠오른다.

학생들을 열심히 가르쳐 일류 중학교에 많이 넣자 좋은 학교로 스카우트 당하여 옮겨 다니다가 마산으로 전출되어 와서는 밤이면 그때 많이 하던 학생들의 밤 과외를 하면서 열심히 살았다.

참으로 세상은 많이 변하였다. 그때는 초등학교 선생 집에 중학교 선생님이나 대학교수가 세들어 산다는 그런 말이 유행할 정도로 초등학교 선생들의 살림살이가 넉넉할 때였다. 1학년 담임을 하자 기념 식수대 받아오라는 학교장의 명령을 어기고 가정방문 시간을 이용하여 주택은행에서 융자를 받아 땅을 사고 집을 지어 팔기를 몇 번 계속하였다. 이렇게 돈을 조금 벌어 비교적 넉넉한 살림을 꾸려 가다가 뜻하지 않은 아내의 득병으로 집 날리고 사람 잃어 얼마나 섭섭해 하였고 고생하였던가.

아들 하나 딸 다섯을 남의 자식처럼 호강스레 기르지도 못하고 용돈도 제대로 한번 줘 보지 못하면서 고생스레 살아온 몇 년이었다.

용돈이 궁했던 아들이 대학에 다닐 때 빵장사를 하는 모습을 본 동네 사람이

"김선생님, 아들이 가포에서 친구와 함께 빵장사를 하고 있더군요."

하길래 깜짝 놀란 나는 아내와 함께 그날로 가포에 가서 빵장사를 하고 있는 아들을 찾아 여린 아들의 손을 잡고 얼마나 울었던가. 지금 생각하여도 가슴이 메이고 코가 시큰해진다.

공부를 잘하고 착한 내 아들과 딸들을 서울대에 보내라는 담임 선생님들의 권유를 모두 물리치고 지방대학을 보내야만 했던 딱한 우리 가정형편과 부모를 잘못 만난 자식들의 고생도 말할 수 없었겠지만 나의 고생도 이만저만이 아니었다.

이렇게 고생하고 있는 나를 보신 어머님께서 고향 집을 팔기로 하고 선금을 받아 보내온 100만원을 배로 갚기 위하여 걱정하고 있을 때 같이 근무하던 한 교사가 도와주어서 고향 집을 도로 물리고 지금까지 갖고 있지 않은가. 그때 J교사가 도와준 100만원은 지금 같으면 꽤 큰 돈이었고 그때 집을 물리지 않았더라면 지금처럼 자주 고향에 가서 쉴 수도 없었을 게고 고향과는 거리가 멀어졌을 게다. 그걸 생각하

면 J선생은 참으로 고마운 사람이 아닌가.

그 집은 아버님께서 옛집을 헐고 손수 지으신 새집인데, 내가 돈을 조금 들여서 현대식 새집으로 보기좋게 고쳐서 한 달에 몇 번씩 가서 있다가 오니 그때의 J선생이 새삼 그리워지고 보고 싶다.

집을 팔고 물릴 무렵 나는 고성 대안교장으로 있을 때였다. 나의 못 보리만큼 처참한 모습을 남에게 보이고 싶지 않아 무척 애를 썼으나 이를 눈치 챈 J선생이 여러모로 도와주는 덕분에 비교적 안일한 생활을 할 수 있었다.

그 J선생이 쥐어주는 용돈으로 버스를 타고 다녔고 친구들에게 탁배기라도 한 잔 낼 수 있었다. 그때 나는 좌석버스라곤 한 번도 타본 일이 없고 일반 시내버스도 두 정거장 이하 구간은 차를 안 타고 걸어 다녔다. 돈을 아끼기 위하여 그렇게 한 것이 아니고 보행이 건강에 좋아 걸어다닌다고 말하였지만 실은 돈이 없어서 그랬었다. 점심은 먹는 때보다는 굶는 때가 더 많았고 J선생이 학교에 솥을 갖고와 걸고 밥을 해 줄 때부터 굶지 않고 먹었다. 이런 나였는데 아내가 멀리 가고 혼자 살면서 학무과장으로 교육장으로 승승장구하면서 살기가 조금씩 나아졌는데 지금은 어떤가?

오늘 미국에 와서 막내딸 사는 것을 보니 기쁜 마음 뭐라 표현할 수 없다. 엄마 없는 넷째와 막내를 혼자서 길러 각각 시집 보내면서 얼마나 울었던고.

막내사위는 충청도 사람으로 이민을 와서 자영업을 하여 돈을 벌었다. 우리나라 같으면 서울 근교인 판교 정도의 투기 지역인 워싱턴 근교의 대지 100평이 훨씬 넘는 땅에 연건평 300평이 넘어 뵈는 으리으리한 양옥을 지어 잘 살고 있는 모습을 보니 기특하기도 하고 대견스러웠다.

자식 자랑을 하는 사람을 일컬어 사람들은 삼불출의 하나라 하지만 나는 삼불출이 될지언정 자식 자랑을 조금 더 하고 싶다. 내 아들과 며느리, 딸들은 어떤가. 남보다 고생을 많이 한 내 아들이 SK 이사 자리를 박차고 나와서 한길텔레콤 회사를 운영하고 서울 강남에 40평이 넘는 아파트에 살면서 원주에 큰 빌딩과 치악산 국립공원 내에 별장을 갖고 있다. 나를 이젠 혼자서 고생 말고 같이 편안히 살자면서 조르나 나는 극구 사양하고 혼자 이렇게 즐겁게 살아가고 있다.

이런 나더러 지금 타고 다니는 '쏘나타 3'를 버리고 새 차를 사줄테니 타고 다니라 하나 나는 반대하였다. 나에게는 지금 내가 타고 다니는 쏘나타 3가 정이 들었고 못된 동네 꼬마가 칼이나 동전으로 자국을 내어도 크게 아깝지 않고 조그마한 접촉사고로 차가 조금 망가져도 크게 아깝지 않으니 이 얼마나 좋은가. 그러나 아들은 SM520을 사와서 그걸 타고 다니라 해서 할 수 없이 쏘나타는 남을 주고 그걸 타고 다닌다.

내 손자 손녀들도 모두 공부 잘하고 착하고 건강하니 이보다 좋은 일이 어디 있겠는가. 착한 내 아들 근태는 내년 봄쯤 동네 어른들을 한 200만원 들여 작년과 같이 봄놀이를 한번 시켜드리자고 하니 이 또한 고맙지 않은가. 번 돈을 좋은 자리에 보람 있게 쓰자는 뜻이리라.

"아버지, 돈 아끼시지 마시고 쓸 곳에 쓰십시오. 친구 만나면 술도 한 잔 내면서 말입니다." 하면서 용돈도 다달이 넉넉히 보내주고 "나이가 들면 의복을 깨끗이 입고 다녀야 합니다." 하면서 철철이 유행하는 새 옷을 며느리가 사주니 이 또한 고맙다.

딸아이 영란이가 반찬을 일주일이 멀다면서 해오고 다달이 잡비를 보내오고 영림이가 반찬, 잡비에다 보약을 지어 보내 오고 영숙이가 보약과 잡비를, 막내 혜진이가 이국천리 미국에 살면서도 유행하는 새옷이며 로얄제리를 비롯한 여러 가지 보약을 끊지 않고 보내 오니 복 덩굴에 굴러 빠진 내가 아닌가.

큰 딸애 영미가 재주가 비상하여 그림을 그리고 포오트아트갤러리 전국 회장으로 활동하고 대학과 주부교실 등에 강의를 하면서 좀빠듯이 살아가는 것이 좀 안타깝기는 하지만, 가지 많은 나무 바람 잘 날 없다던 옛말이 있지 않은가.

거기에다 달마다 연금을 받고 은행에 조금 맡겨 둔 돈에서 이자가 나오고 남에게 받을 돈도 조금 있으니 아무 걱정이 없다. 어디 좋은 자리나 행사장 같은데 나가면 찬조도 하고 친한 친구들과 만나면 차값도 내어 가면서 늘그막에 경치 좋은 곳으로 구경도 다니면서 살아가니 나보다 행복한 사람이 이 세상엔 별로 없으리라 생각된다.

그러나 돈이라는 것은 있을 때 아껴 써야 하고 쓸데만 써야 하는 평범한 진리를 잊어서는 안된다. 항상 궁했을 때와 고생했던 과거를 생각하며 나보다 곤란한 사람을 도우며 살아가야 한다. 나는 지금 불우한 노인을 돕는 복지재단에 다달이 성금으로 쥐꼬리만큼 보내는 것 외에는 아무 좋은 일도 않으니 부끄러울 뿐이다.

아끼고 저축했던 돈으로 후진 양성을 위한 장학재단을 하나 만들어야 하는데 50억이 있어야 한다. 어떻게 하나 걱정이다. 장학재단만 설립되면 편안히 쉬면서 고향에서 살다가 먼곳으로 가려고 한다.

희망을 성취하기 위하여 계속 아끼고, 모으면서 즐겁게 살려고 노력 중이다.

열일곱번째 이야기

당뇨병과의 전쟁

종합검진과 당뇨병

꽤 오래된 이야기이다. 20년쯤 전 이야기이니까.

내가 고성읍에 있는 대안교 교장으로 있다가 산청교육청 학무과장(장학관)으로 가니, 학무과에서 일하고 있는 타자수 김○○양이 서울 총각과 결혼을 한 지 한달쯤 되었다면서 매주 토요일 서울에 올라가서 부군을 만나고 내려오는 주말부부라고 하였다. 측은한 생각이 들었다. 나도 딸이 많은 사람이라 동정이 갔었고 이 주말부부를 도울 수 없을까 하고 생각하던 끝에 묘안을 생각해 내었다. 그리고는 학무과 전 직원을 과장실로 불렀다.

"여러분, 지금부터 내가 하는 이야기를 잘 듣고 이 이야기를 우리 방 사람이 아닌데는 절대로 해서는 안됩니다. 만약 내가 하는 이야기를 발설하는 자는 나와 같이 못 있습니다. 알겠습니까?"

하니 모두가 "예!" 하고 대답하였다.

"다름 아니고 우리 방에 있는 타자수 김양이 주말부부라서 토요일에 서울 갔다가 일요일에 돌아오자니 바쁘고 고달퍼 보여요. 그래서 이번주부터 금요일 오후에 일찍 퇴근해서 서울 갔다가 일요일에 내려오도록 할 예정입니다. 그러니 김양은 금요일 오후면 내 심부름을 간다면서 나가세요. 그리고 이 사실을 관리과장과 교육장님께 절대로 이야기해서는 안됩니다. 알겠지요?"

"예"라고 대답하는 것이었다. 일반직 관리는 관리과장이 하기 때문이다. 이렇게 해서 김양이 일년 가까이 다니더니 하루는 내 방에 오더니

"과장님, 관절염은 한약 한 재만 잡수시면 낫는 데가 있답니다." 한다. 그때 나는 관절염으로 오른쪽 다리를 끌다시피 하며 다닐 때였다. 그래서 나는 어디냐며 놀라 묻지 않을 수 없었다.

"남원이예요. 여기 주소하고 전화번호를 적어 왔습니다." 한다. "그래, 고맙다. 어디 보자" 하고 교육장에게 이야기하고 차를 타고 남원에 가서 한약을 한 재 지어 와서 학무과 냉장고에 넣어두고 하루 세 첩씩 먹고 있었다. 반쯤 먹고 나니 물이 켜이기 시작했다. 그래서 그 한약방에 전화를 하니 원래 그 약을 먹으면 물이 많이 먹고 싶어진다고 한다. 그런 소리를 듣고도 약을 계속 먹었는데 너무 물을 많이 켜자 그걸 본 장학사들이 약을 안 먹는 것이 좋겠다 하여 나는 먹지 않고 있었다.

그런 어느날 고향에 계시는 아버님으로부터 전화가 걸려 왔다.

"얘야, 내 속이 쓰리고 아프니 큰 병원에 가서 종합검진을 한번 받아보고 싶다."

하시기에 그 뒷날 창원으로 오시게 했고 나는 연가를 받아 아버님을 모시고 시청 앞에 있는 한서병원에 아버님을 모시고 가서 같이 다니면서 종합검진을 받았다. 내과에 가서 의사가 검진을 하고 나더니

"할아버지는 괜찮고 당신은 오늘 즉시 입원을 하지 않으면 큰일납니다."

한다. 왜냐고 물으니 당뇨가 아주 심하다고 하였다. 그때가 2월 말이라 인사이동이 곧 있을텐데 내가 없으면 인사이동에 큰 차질이 생길 우려가 있었다. 장학사들이 모두 젊고 신규자가 많아서 인사규정에 맞게 전보가 안될 것 같아 걱정이 돼서였다.

"약을 10일분만 지어 주세요. 인사이동이 끝난 후에 입원하겠습니다."

하니까 "당신 죽소!" 한다.

나는 죽어도 괜찮으니 약을 10일분만 달라고 하여 약을 받고 돌아왔다. 여기서 당뇨가 있다는 것을 내가 처음 듣고 알았는데 그 뒤에도 입원을 하지 않았다. 당뇨 관리를 위하여 온갖 약을 지어 먹었으나 오늘까지 낫지 않았고 남이 보기에는 건강하게 보이고 있는 것이다. 그래서 내 나름대로 당뇨에 대하여 관심을 갖고 당뇨 관련서적을 탐독하며 연구를 하고 이부경 내과 원장님의 지도로 치료를 받아가고 있다.

당뇨병 관리

(1) 당뇨는 어떤 병인가?

사람이 먹는 음식물의 대부분은 포도당으로 분해된 후 혈관으로 이

동되고 세포 속으로 들어가 에너지원으로 사용된다고 한다. 이때 췌장에서 분비되는 호르몬인 인슐린은 포도당을 세포 속으로 보내주는 문지기의 역할을 하게 된다. 그런데 췌장이 인슐린을 생산하지 못하거나 세포가 인슐린에 반응하지 않아 포도당이 세포 속으로 들어가지 못하고 고혈당의 상태로 혈액 내에 남아 있게 되면 건강이 나빠지는데 이런 상태의 병을 당뇨병이라 한다.

(2) 당뇨병에 대한 사람들의 생각

우리가 어릴 적에는 감기가 만병의 근원이라 했는데 지금은 당뇨병이 만병의 근원이고 합병증을 유발한다고 생각하고 있다. 이삼십 년 전만 해도 당뇨는 병으로 들어보지도 않았고 예사롭게 여겨 왔는데 음식문화의 발달과 노령인구가 많아지자 성인병으로 모두가 조심하는 병이 되었다.

(3) 당뇨병의 원인

당뇨병은 췌장의 베타세포에서 만들어지는 인슐린이 부족하거나 인슐린의 작용이 제대로 안될 때 발생한다. 당뇨병의 원인은 유전적인 요인을 가진 사람이 후천적으로 환경적인 요인에 노출될 때 발병 가능성이 높아진다.

(4) 당뇨병의 증상

① 전형적인 증상 : 다음, 다뇨, 다식

② 전신 증상 : 피로감, 시력 흐림, 상처가 쉽게 아물지 않음, 건조하고 가려운 피부, 손발 다리의 감각 저하 또는 음부 가려움증,

구내염 등

(5) 당뇨병 발생 확률이 높은 사람

① 45세 이상 된 사람

② 과체중인 사람

③ 당뇨병의 가족력이 있는 사람

④ 임신중에 임신성 당뇨병이 있었던 사람

⑤ 고혈압이 있는 사람

⑥ 콜레스테롤 수치가 높은 사람

(6) 당뇨병성 만성 합병증 예방 방법

① 혈당 조정

- 공복 혈당 80~120mg/dl
- 식후 2시간 혈당 160mg/dl
- 취침 전 혈당 100~140mg/dl

② 혈압 조절

130/80mmHg 미만

③ 콜레스테롤

- 180mg/dl 미만
- 좋은 콜레스테롤 : 남자 45mg/dl, 여자 55mg/dl 이상

④체중 조절

표준체중 ±10% 이내(복부비만 없음)

(7) 당뇨병성 합병증을 예방키 위해 힘쓸 일

당뇨병성 합병증을 예방키 위해서는 혈당 측정기를 구입하여 자주 혈당을 재고 기록해 두고 혈당 조절을 위하여 노력해야 한다.

① 식사요법

- 당뇨식을 해야 한다.
  검은콩, 노랑콩, 수수, 조, 현미 등 잡곡밥을 먹는 것이 좋다.
- 육류의 기름기 버터, 치즈, 땅콩버터 등을 삼가한다.
- 단순당은 피한다.
  캔디, 요구르트, 아이스크림, 꿀, 초콜릿, 사이다, 콜라 등
- 술은 가급적 적게 먹는다.
- 식사시간은 4~6시간 사이에 규칙적으로 하는 것이 좋다.

② 운동요법

운동을 많이 하고 1일 만보 이상 걷는 것이 좋다.

③ 약물요법

의사의 지시에 따라 약을 먹는다.

④ 기타

- 매일 발을 닦고 로션을 바른다.
- 이를 잘 닦는다.
- 금연 · 금주를 한다.
- 눈검사를 자주 받는다.

이상과 같은 당뇨병에 대한 내용을 알고 항상 즐겁게 살기 위하여 노력을 하여야 한다. 산을 타고 골프 등 운동을 많이 하며 잡곡밥을 먹으며 육식을 많이 하지 말고 식물성 반찬을 많이 먹으며 커피보다

는 녹차가 몸에 좋다.

신문을 보니 당뇨와의 전쟁을 선포한 나라도 있다고 한다. TV 같은 데서 무시무시한 당뇨병으로 인한 합병증 증세를 방영하여 사람들에게 겁을 주는데 겁내지 말고 편안하고 즐겁게 살아가야 한다.

스트레스를 느끼면 그 순간부터 건강을 해쳐가고 있다는 것을 알아야 한다. 명상, 요가, 단전호흡 등을 하며 음악감상, 독서, 여행 등 취미활동을 하며 여유로운 시간을 갖도록 노력하여야 한다.

특히 웃음은 스트레스 해소의 최고 명약이니 유머 감각을 길러 다른 사람을 많이 웃기고 자기도 많이 웃으면서 즐겁게 살아가도록 노력하여야 오래 살 수 있다.

구구팔팔사사란 말 들어보지 않았는가. 구십구세까지 팔팔하게 살다가 사흘 아프고 죽는다는 말이라 한다. 백백팔팔사사토록 노력 있길 바란다.

열여덟번째 이야기

지금은 부지런히 일할 때

내가 산청군 교육청 장학관으로 있을 때 창원에서 산청읍까지 원거리 통근을 하면서 2년을 다녔다. 그때 '이래서는 안되겠는데' 하고 고개를 갸우뚱하던 일들이 생각난다.

정확히 말하면 지금부터 16년 전 이야기다. 그때만 하여도 자동차를 가진 사람이 별로 없었고 대부분은 대중교통수단인 버스를 이용하고 있을 때였다.

경남의 수부도시인 창원도 그 당시에는 마산에 비하면 모든 면에서 뒤떨어져 있었고, 교통은 너무 불편하여 산청까지 가려면 마산으로 나가서 거기서 진주로 가고, 또 진주에서 산천행 버스를 타고 갔어야 했는데 약 3시간 반이 걸렸었다. 참으로 고된 생활의 연속이었고 먹고 살기란 이처럼 어려운 것인가 하고 느낄 때가 한두 번이 아니었다.

하루는 이런 일이 있었다.

진주와 산청과는 원지(지명) 조금 지나면 있는 고개 하나를 두고 이

쪽과 저쪽 기후가 완연히 다르다. 내가 아침 일찍 갈 때에는 괜찮던 날씨가 갑자기 눈이 내려 진주에서 산청으로 통근하는 사람들이 대부분 출근을 못했었다. 천재지변이니까 어쩔 수 없는 상황이었다. 원래 목적지가 가까운 대부분의 사람은 게으름을 피우다가 조금 늦게 오는 것이 버릇처럼 되어 있는 것이 우리들의 생활습관이다.

진주와 산청읍은 비교적 가까운 거리이기 때문에 그날도 늦게 집에서 나와 교육청으로 오다가 갑자기 내린 폭설로 되돌아섰던 것이다. 그날 아침 간부회의 때 윤규환 교육장은 먼거리에서 오는 사람은 와 있는데 가까운 데 있는 관리과장과 대부분의 직원이 안 온 것을 보고는 12시까지 전원출근토록 비상을 내려 출근케 하였다. 이처럼 교통이 불편한 곳인데 출장 이외에는 하루도 거르지 않고 2년을 꼬박 다녔으니 나도 무척 억척스러웠던 사람이었던 모양이다.

"그렇게 먼곳을 통근하면 되느냐?" 하고 묻는 사람이 있을지 모르지만 나는 그때 아내를 여의고 얼마 지나지 않은 때였고, 엄마 없이 대학에 다니고 있는 두 딸 때문에 통근을 하면서 보살펴 주지 않으면 안되었기 때문이다.

퇴근을 하다가 진주에서 술이라도 한잔 하고 고스톱이나 한판 하다 보면 버스를 놓치는 수가 많았고, 그때마다 나는 총알택시를 잡아타고 아이들이 있는 창원까지 와서 잠자는 딸아이들을 보았다. 뒷날 새벽 아이들이 일어나지 않으면 쪽지에다가 '아버지가 늦게 왔다가 너희들이 자길래 그냥 간다. 식사하고 문 잘 잠그고 학교에 다녀오너라. 저녁에 만나자' 하는 글을 써두고 출근한 때가 한두 번이 아니었다.

이때만 하여도 우리나라 사람들의 살림살이는 곤란하기 짝이 없었다. 그러나 몰지각한 일부 시민은 분에 넘치는 생활로 흥청거리고 있어 뜻있는 사람들의 눈쌀을 찌푸리게 하였다.

예를 들면 이런 것이다.

토요일이나 일요일 등 휴일이 되면, 배낭을 짊어진 사람들이 산행을 간답시고 떼를 지어 다니면서 남의 산속 밭에 길을 내고 다니는가 하면 버스도 꽉 차서 차장이 손님들을 짐짝 다루듯 하므로 손님들의 고생이 이만저만이 아니었다. 차가 만원이라 좌석에 앉지도 못하고 먼 거리를 흔들거리는 차에 서서 다녀야 하고 땀냄새로 견디지 못할 형편이었다. 그때는 차장들이 있어서 손님을 도왔는데 버스는 차장의 '오라이' 힘으로 간다는 우스운 말도 있었다. 떼를 지어 다니는 등산객 중에는 호미나 작은 삽으로 산에 있는 좋은 나무를 분재한다고 몰래 파 가는 얌체족도 있었으니 자연이 훼손된다는 것이다. 그리고 과자 등 먹는 것을 갖고 와서 먹고는 싼 껍질이나 쓰레기를 아무데나 마구 버린다는 것이다. 국민의식이 그만큼 성숙되어 있지 않았었다. 한번 반성해 볼 일이다.

산행이 건강에 좋다는 것은 누구나 다 아는 사실이지만 다른 사람에게 피해를 줘서는 안되고 자연을 훼손해서도 안된다. 산이 좋고 물이 좋고 공기가 좋고 경치가 좋으면 가보고 싶은 것이 우리 인간들의 공통된 마음이다.

아침 8시경에 마산 역전 광장에 가면 십여 대의 산행버스가 행선지를 앞에 써붙이고 산행객을 기다리고 있다. 만원만 내면 가고 싶은 곳을 골라서 타고 어디든지 갈 수 있다. 먹을 것과 마실 것만 갖고 가면 된다. 그런데 여기에도 문제가 도사리고 있다.

산행버스를 타고 도시만 벗어나면 운전석 옆에 매달려 있는 앰프에서 귀가 터질 정도로 큰 소리로 노래가 흘러 나온다. 이 노랫소리에 맞춰 남녀 등산객은 버스 통로에 나와서 춤을 추고 노래를 부르고 놀다가 기사가 싸이렌을 울리면 조용히 앉아 기다리다가 그곳을 빠져나가면 또 난장판은 계속된다. 이들 중에는 산을 타는 것이 목적이 아니고 통로에 나와서 춤을 추고 노래를 하며 차를 타고 가면서 남녀가 서로 부딪치며 흔드는 것이 산행의 중요 목적으로 되어 있는 것 같아 보였다. 엄한 남편의 굴레에서 해방이 되었으니 그럴 만도 하다. 이해가 간다. 그러나 달리는 찻속인데 얼마나 위험한가.

요사이는 단속이 심해서 이런 일이 없어졌다고 한다. 늦었지만 다행스러운 일이다. 차에 조용히 앉아 안전띠를 매고 남에게 해를 끼치지 않는 작은 소리로 정다운 친구와 정담을 나누면서 차창 밖으로 펼쳐지는 자연경관을 보며 가는 것이 좀 좋겠는가.

일반 정규 시외버스를 타고 목적지에 가서 산을 타는 사람들은 산행의 목적을 아는 것 같다.

이때만 해도 우리나라는 살기가 매우 어려웠다. 영세기업에서는 일손이 모자라 베트남이나 필리핀 등 후진국에서 일삯이 싼 노동자를 고용해 와서 일을 시키고 있는데 이런데 가서 일을 좀 도우면 어떨까? 우리나라 사람 중에는 고되고 시간이 많이 걸리며 남 보기에 추하게 보이는 일, 흔히들 말하기를 3D 업종은 기피하고 있으며 넥타이 매고 의자에 앉아서 일하는 사무직이나 대기업 직원을 선호하고 있다고 한다.

들리는 말에 의하면 대학 졸업생들이 취직이 되질 않아 놀고 있는 사람이 많으며 갈 곳이 없는 이들은 주로 오락실이나 유흥업소 등을 찾기 때문에 또다른 사회문제로 대두되고 있다고 한다. 카드로 돈을 마구 빼 쓰다 보니 불어나는 빚을 갚지 못하고 신용불량자가 속출하게 되었고, 부모와 처자를 괴롭히고 그래도 안되니까 한탕 하여 해결하려다가 형무소 신세를 지고 있는 사람도 더러 있다고 하니 걱정이 된다.

빈집 털기, 은행 털기, 싸이카 타고 달리면서 남의 핸드백 날치기 하기, 어린이 유괴, 약한 부녀자 납치 등으로 이어지는 사회 혼란은 어떻게 막아야 할지 걱정되는 바 크다.

정부가 하는 일도 잘못이 한두 가지가 아니다. 충분한 여론 수렴을 해서 행정처리를 잘해야 한다. 일례를 들어보자.

평균수명이 늘어가면 정년도 늘어가야 될 것인데 그렇지 못하였다. 교원 정년을 갑자기 몇년 당기자 당사자와 그 가족은 아무런 준비가 없었기 때문에 당혹감에 빠졌고, 수급문제도 생각 안했기 때문에 교원이 부족하여 퇴직한 사람을 다시 복직시켜 근무케 하는 웃지 못할 일도 벌어졌었다. 6개월씩 단계적으로 정년을 당기든가, 자격 소지자를 준비해 두고 단행했으면 좀 나았을텐데, 그런 건 생각지도 않았던 모양이다.

그 당시 김대중 대통령과 이해찬 교육부장관이 그런 망칙한 일을 했는데 유치원생보다 못한 사고방식이었다. 또 그런 사람을 새정부 들어 국무총리로 기용해 쓴 노무현 대통령도 문제는 있다. 결국 이해찬은 말썽으로 물러났고 노무현은 탄핵으로 시끄러웠고, 지금도 등 돌린 사람이 얼마나 많은가.

머리가 잠깐 어찌된 사람처럼 일을 할 때가 있다. 조그마한 읍 정도의 책임자로 일할 수 있는 행정력을 가진 사람을 대통령으로 선출한 우리 국민들도 문제는 있다.

정년 단축은 실업자를 양산하는 계기가 되었다. 대학을 졸업해도 취직이 안되니까 전문대학에 다시 입학해서 졸업하고 취직하는 역코스를 밟는 사람도 있다 하니 한심할 뿐이다.

취직을 한다고 고향과 처자를 버리고 무작정 서울로 올라가서 노숙자가 된 사람도 많다고 하니 걱정이다.

세상은 많이 변했다. 근래 십수 년 동안 괄목할 만큼 발전한 우리나라는 얼마나 살기가 좋아졌는가. 큰 다행이다. 얼마나 못 살았으면 '초가집도 없애자' 는 슬로건을 걸고 시작한 새마을 운동은 나라 발전의 근간이 되어 지금은 이렇게 잘 살게 되었다. 아무것도 모르고 흥청거리는 젊은이들에게 보릿고개 때의 쓰라림을 이야기해도 들으려고도 안한다.

작은 몽당연필을 시누대에 끼워서 쓰고 고무신 조각을 베어 석유에 담갔다가 지우개로 만들어 쓰기도 하고 먹을 것이 없어 쑥 버무리나 송구죽을 쑤어 먹고 물로 배를 채우던 때가 불과 얼마 전에 우리나라에 있었던 사실이란 것을 모두 알아야 한다.

새마을 운동을 일으켜 우리나라를 이만큼 잘 살게 만들어 놓은 박정희 대통령을 우러러 보아야 할텐데 잘못된 점으로 인권 탄압이니 뭐니 하면서 매도하는 것은 큰 잘못이 아닐까? 잘한 것은 칭찬하고 잘못은 이랬으면 하고 권유하는 것이 좋을텐데….

전두환 대통령 때의 삼청교육대. 억울하게 끌려간 사람에게는 참으로 죄송하나 깡패 소탕 등은 얼마나 잘한 일인가. 지금 다시 삼청교육대가 필요하다고 말하는 사람이 있지 않은가. 깡패와 사기꾼이 득실거리니까 그런 말이 나오는 것이다.

내가 초등학교 2학년 때 광복이 되었다. 일본놈들의 악질적이고 야만적이었던 행동은 모두가 다 아는 일이라 말할 것이 없고, 나는 미국 사람들에 대하여 말하고 싶은 것이 있다.

책보통이를 어깨에 둘러멘 꼬마 학생들이 신작로를 걸어 학교로 가면 트럭을 타고 가던 미국 군인들(양키들)이 우리들에게 눈깔사탕(아메다마)을 길에 던지면 철없는 우리들은 먼저 그 아베다마를 줍겠다고 야단이었다. 그걸 보고 좋아하던 양키 병사들은 겉으로는 신사처럼 보이나 일본놈 못지 않은 악질이었다.

허기진 배를 채우기 위해 쑥버무리나 송구죽을 먹고 물로 배를 채우면서 하얀 쌀밥 한번 실컷 먹어 봤으면 하고 바라던 때와 몽달연필로 시커먼 똥종이에 글씨 쓰던 때가 엊그제 같은데, 그때의 쓰라렸던 고생을 잊고 이렇게 분수를 모르고 살아간단 말인가.

있을 때 아끼고 부지런히 노력하여 잘사는 복지국가를 만들도록 우리 다 같이 노력하여야 될 줄 안다. 위정자는 정치만 잘하여 우리 국민들을 편안하게 해주고 많은 일자리를 창출하여 모두가 열심히 일하고 우수한 두뇌를 잘 활용토록 도와만 준다면 미국이 부럽지 않게 잘 살 수 있다. 이 글을 쓰고 있는 나는 어릴 적에 들은 이야기 하나가 갑자기 생각나서 여기에 소개코자 한다.

미국놈 믿지 말고
소련놈 속지 말라.
일본놈이 일어난다.
조선놈아 조심해라.

우리나라 실정에 딱 들어맞는 말 같다.

열아홉번째 이야기

이런 사람이 되어서는 안된다

새로 온 권모 교장

내가 마흔이 막 넘어 의령 지정초등 교감으로 갔을 적에 모시던 조 교장님은 교육계에 많은 업적을 남기신 어른이었다. 이분은 연세가 높아지자 학교일을 모두 나에게 맡기시고 편안하게 지내다가 퇴직하려는 그런 어른이었다.

지정보다 다니기는 불편하나 좀 큰 학교인 신방교에 가서 1년 후 퇴직하시겠다면서 가시고 그 후임으로 오신 분이 권모 교장님이었다. 이분은 마산시 교육청에 근무할 때 인사담당 장학사로서 인사 비리로 말썽이 많아지자 김해교육청 장학사로 좌천되었다가 진해 교육청 관내 초등학교 교장으로 나갔다가 또 비리를 저질러 군부郡部에 있는 지정교로 좌천되어 오신 분이라고 소문이 나신 어른이었다. 관절염으로 다리를 절면서 10시가 넘어서야 출근하면 교장실에서 신문만 읽고 오후 일찍 퇴근하는 분으로 성격이 좀 모난 데가 있었다.

아침에 출근을 하면 교장실에 있는 자기 책상 위에 학교에서 보는 다섯 가지의 모든 신문이 쭉 정돈되어 있어야 하였다. 찻물이 든 주전자와 컵이 바로 놓여 있고 그 옆에 물수건이 놓여 있어야 그날 학교가 조용하였다. 만약 그날 그런 것들이 정리정돈이 안 되어 있으면 학교 안팎이 시끄러웠다. 그래서 나는 선생님들께

"학교에 와서는 신문을 보지 마시고 집에서 신문을 보십시오. 신문 구독료가 없어서 집에서 신문을 못 볼 형편이 되면 구독료를 제가 내어 드리겠습니다."

하고 학교신문 안 보기를 부탁할 정도였다. 그리고 김양을 교장실 관리책임자로 지명하여 모든 일을 제치고 교장실을 관리토록 하였다.

그런 교장 선생님을 모시고 있던 어느 날 아침이었다.

선생님들이 모두 수업에 들어간 지 반시간이 넘었을 무렵에 김양이 내 곁에 오더니

"교감 선생님, 김BS 선생님과 김DH 선생님이 교장 선생님께 꾸중을 듣고 울고 있습니다."

하는 것이었다. 나는 속으로 '또 병이 도졌구나' 생각하면서 교장실로 갔었다. 문을 열고 들어서니 두 여선생님이 고개를 떨구고 큰 죄를 지은 사람처럼 서서 눈물을 흘리고 있는 것이었다. 나는 선생님들께

"수업에 여태껏 안 들어가고 뭣하고 있어요. 빨리 들어가세요. 선생님들 하는 일 중에 수업이 제일 중요한 일 아닙니까."

하고 조그만 소리로 나무라니 선생님들은 속으로 좋아하면서 교실로 달아나는 것이었다. 나는 교장 선생님께 조용히

"교장 선생님, 선생님들을 그렇게 볶으면 안됩니다. 좀 편안하게 대

해 주셔야 합니다."

하고는 호주머니에서 돈 만원을 꺼내어 교장선생님께 드리면서 다방에 가셔서 차나 한잔 드시고 댁으로 가셔서 쉬시라고 말하자 못 이기는 척하고 나가는 것이었다.

그런 일이 있고 나서 며칠 뒤에 교육청 이○○ 학무과장으로부터 나를 교육청으로 좀 나오라는 전화를 받았다. 뒷날 교육청에 10시경 도착하여 과장실로 가서 인사를 드리니 자리에 앉으라 권해서 자리에 앉으니 과장님 말씀이 계셨다.

"교감 선생님, 왜 교장이 아침마다 10시가 넘어서야 출근을 하고 선생님들을 못살게 굽니까? 그리고 오후 2시쯤 되면 바로 퇴근을 한다는 말이 있는데 그런 것을 상부 관청에 보고 안하는 것은 직무유기가 되는 것입니다. 교장의 동태를 교육청에 보고해야지요."

학교의 내용을 환히 꿰뚫고 하시는 말씀이었다. 그러나 나는

"그렇지 않습니다. 아침 일찍 출근하시고 사람인 이상 가끔 늦는 때도 있기는 합니다만 관절염으로 다리를 절고 다니니까 늦을 때도 있고 해서 그렇게 보이는 걸로 압니다."

"교감 선생님은 지금 나에게 거짓말을 하고 있습니다. 바른 말씀을 하셔야지요."

"거짓말이 아닙니다."

"또 선생님들을 많이 괴롭힌다면서요?"

"선생님들을 괴롭히는 교장이 이 세상 어디에 있겠습니까? 교장을 하면 밑에 있는 사람들이 헐뜯을 때가 많지요. 대통령도 없을 땐 욕설을 하는데 교장한테라고 그리 안하겠습니까?"

"그래도 너무 심하게 괴롭히니까 학교 내부 일이 밖으로 새는 것이

아닐까요?"

"그런 일 없습니다. 교장치고 그런 정도면 훌륭한 편에 듭니다."

"교감 선생님, 바른대로 이야기 하시지요. 나중에 사고가 나면 후회하실텐데…."

나와 과장은 교장 선생님의 이야기로 오전 내내 끌다가 점심을 먹고 와서 또 계속되었다. 할 수 없이 나는 과장에게 이렇게 말하였다.

"과장님, 과장을 천년만년 하실 겁니까? 과장 하다가 잘되면 교육장이 되는 수도 있고 대개는 일선 학교로 나가 교장으로 근무하는 수가 많습니다. 만약에 과장님이 학교장으로 나가시면 내가 그 학교에 희망해 가서 교장 선생님 밑에서 교감을 하고 싶습니다. 그래 가지고 교장 선생님이 하시는 일 모두를 교육청에 날마다 알리고 신문이나 방송기자들에게 알려 온 세상 사람이 모두 알도록 했으면 합니다. 과장님, 괜찮겠지요?"

하니까

"허긴 그래. 교장 이야기를 다른 사람은 해도 교감은 못 하지."

하면서

"교감 선생님, 내가 잘못 보았습니다. 교장 선생님 잘 모시고 열심히 하십시오."

하면서 오히려 격려를 해주며 돌아가라고 하였다. 그처럼 골치가 아픈 교장 선생님이셨다.

이런 일이 있고 난 두서너 달 뒤에 교장 선생님께서 갑자기 별세하였다는 연락을 받았다. 교무 선생님과 같이 마산 상가를 찾아가서 차근차근 장례 준비를 하여 3일장을 치렀다. 진동 공원묘원에 안장을 하고 나니 인생의 허무함을 다시금 느꼈다.

교장이 돌아가셨다는 말이 어떻게 알려졌던지 빚쟁이들이 학교로 모여들어 퇴직금에서 빚을 갚으라고 난리였다. 집안 형편을 살펴보니 친척도 별로 없는 데다가 아들마저 자기 아버지를 닮아 직장을 1년을 못 넘기고 나와서 실업자로 놀고 있고 퇴직금을 잘못 처리하면 당장 생계가 문제가 될 것 같았다. 모든 학교장의 뒤치다꺼리를 내가 책임지고 하였으나 매일 학교로 두서너 사람이 찾아와서 골치 아프게 굴었다. 아무것도 모른다며 미루는 상황이 한 달쯤 지나고 나니 좀 조용하였다. 그때 퇴직금을 일시불로 찾아서 사모님과 아들에게 건네주며 마산을 떠나라고 권하였더니 서울로 이사를 하였다.

무정한 인간들이라 떠나고 나서는 아직 전화연락 한 번 없다. 지금은 어떻게 사는지 궁금하고 잘 사시길 바랄 뿐이다.

욕심 많은 P장로

해마다 2월 말이 되면 교직원들 근평이 나가는데 이 근평으로 승진, 전보 등이 이루어지는 근본이 된다.

그때만 되면 권교장에게 붙들려 가서 꾸중 듣던 김BS 선생의 부군인 P선생이 4kg짜리 백설탕 1포를 사들고 우리 집으로 직접 찾아와서 자기 부인 김BS 선생의 근평을 잘해 달라고 졸랐다. 해마다 연례행사처럼 2월 말이 되면 찾아와서 부탁하는 일이 두 번이나 되풀이 되었다. 나는 그때마다

"P선생! 그만 돌아가세요. 모두 다 근평을 잘 달라고 하는데 어떻게 모두다 잘 줄 수 있겠소? 공정하게 손해 안 보게 학교장과 의논하여 할 것이니 걱정 말고 돌아가세요."

하고 타일러서 보냈다. 김BS 선생은 나와 나이가 같고 사범학교는 다르지만 나와 같은 해에 졸업하고 나와서 교편을 잡고 있었으며 얌전하고 비교적 아이들을 착실하게 가르치는 선생이었다.

세월은 지체없이 빠르게 흘렀다.

내가 산청교육청 장학관 2년을 마치고 밀양시 장학관으로 가니 P선생이 교장이 되어 관내 학교에 있었다. 이 P교장은 조선대학을 졸업하고 교편을 잡기 시작하였는데 제 자랑이 좀 많은 사람이었다. 김영삼 대통령의 부친과 같은 교회에 다니는데 같은 장로로서 아주 가깝게 지내고 있으므로 곧 창원시내 교장으로 간다고 떠벌리고 있었다. 교장경력 1년도 안되는 사람이.

아니나 다를까. 내가 남해 교육장으로 3년 6개월 있다가 창원시내 교장으로 가니 P교장이 시내 교장으로 와 있었다.

그때만 해도 창원시내 교장은 장학관 출신이나 교육장 출신이 아니면 들어오는 사람이 별로 없던 때였다. 지금은 초임 교장도 창원시내 교장으로 발령 받는 수가 있을 정도로 세상은 많이 변하였지만….

'장로' 라고 하면 믿음이 강하고 평신도들을 목사 다음으로 지도하는 자리인데 P교장은 마산의 M교회 장로로 활약 중이었다. 1999년 8월 말에 이해찬의 정년 단축으로 나와 함께 퇴임을 하였는데, P장로는 럭키아파트 옆에 있는 대지를 사서 아담하게 집을 짓고 조경을 하면서 자기가 재직시 근무하던 학교의 좋은 수목을 밤에 몰래 가서 파다가 전달부에게 잡혀 세상이 떠들썩케 했던 의리 없고 부끄러운 교장 출신이었다. 그러고도 큰 부끄럼 없이 럭키상가에 점포를 세로 얻어 복덕방 겸용 혼인중개소를 하고 있었다.

우연히 그 상가 앞을 지나다가 만났더니 복덕방에 가자고 해서 들러 차를 한잔 얻어마셨다. 그 자리에서 당장 참한 여자가 하나 있는데 한번 만나보고 재혼하라고 권하였다. 그 말을 듣고 나는 J여선생과 같이 살고 있다고 하니까 있어도 떨어져 살면 무슨 정이 있느냐면서 하도 권하길래 웃으면서 그럼 그래 볼까 하고 놀다가 집으로 돌아오고 말았다.

그 뒤 며칠 있으니 P장로로부터 선을 보라는 전화가 왔었다. 나는 바쁘단 핑계를 대고 가지 않았다. 농으로 한 말을 자기는 진심으로 생각했을까?

그 뒤 아파트 뒷산 산행길에서 P장로를 만났다. P는 나를 보고 선보게 한다고 그 여자에게 몇번 가는데 차비가 들고 했으니 소개비 10만원을 달라는 것이었다. 나는 단호히 거절했다.

"말도 안되는 소릴 말게. 자네는 돈밖엔 모르는 사람이네."

하고 만날 친구가 못 된다면서 헤어지고 말았다.

그 뒤 오랜 세월이 흘렀다. 현대아파트에 사는 나이가 나와 비슷한 노인 일곱 사람이 오후 세시 반이면 같이 뒷산을 타는데 그 중에 한 사람이 조경공사를 하다가 그만둔 장로가 한 사람 있는데 우연히 P장로 이야기가 나왔다.

"P○○ 장로 잘 압니까?"

"그 사람 잘 압니다. 사기꾼 비슷한 장로라 상대도 안합니다."

하면서 자기가 P장로에게 당한 이야기를 하는 것이었다.

이 H장로도 상처를 했고 혼자 사는데 좋은 식모 한 사람 구해 달라고 했더니 좋은 사람 구해 주겠으니 선금조로 100만원을 달라고 하더란다. 그 사람은 돈밖에 모르는 사람이라고 했다. 최고 학부를 나왔고 교육자로서 한평생을 살아 왔으며 더구나 교회 장로이다. 그런 분이

신도들을 속이고 괴롭히는 못된 사람이라면서 좋지 못한 사람이라고 말하는 것이었다. 이런 소릴 들어가면서 살아가도 될까? 생각해 볼 일이다.

돈밖에 모르는 제자

내 친구 중에 교편을 잡다가 퇴직한 친구가 하나 있는데 그 친구 이야기를 들은 대로 하고자 한다.

사범학교 동기로서 부산시내 S학교 교사로 있을 적에 3학년이었던 제자 N양이 자라서 고등학교와 전문대를 졸업하고 부산의 한 회사에 다니고 있는 청년과 3년여에 걸친 열애 끝에 결혼을 하여 행복하고 살고 있었다.

이 행복은 괴물 같아서 한 군데 오래 머물고 있는 것이 아니고 자주 옮겨 다니는 것이었다.

남편이 교통사고로 식물인간이 되다시피 되어버려서 살아가자니 가정형편이 곤란하여 한 보험회사의 설계사로 취직하여 일을 하기 시작하였다. 원래 천성이 부지런하였고 영리한 데다가 부지런히 뛰다 보니 몇년 세월이 흐른 뒤 팀장이 되어 근무하고 있었다. 조금 버는 돈으로 남편의 병구완을 하고 자식들을 공부시키다 보니 집안은 찌들릴 대로 찌들었다.

그때였다. 옛날에 직접 담임은 안했지만 자기를 무척 귀여워해 주던 K교장이 퇴직하고 놀고 있다는 말을 전해 들었다. N여사는 보험회사 팀장보다 훨씬 돈벌이가 잘된다는 ○○다단계 회사로 자리를 옮겨 팀장RS(다단계의 1급 팀장)으로 활약 중이었는데 K교장을 끌어들여 2,000

만 원의 물건 예매를 하게 하여 5급으로 근무케 하였다. 잘 알다시피 다단계 회사는 물건을 하나 팔면 자기 상급자 모두에게 이익이 돌아가고 1급이 되어 RS(팀장)가 되면 다달이 상당한 수입이 되는 자리였다.

K교장도 7급에서 2,000만 원 예매를 하다 보니 5급이 되었고, 물건을 많이 팔게 되면 4급, 3급… 이렇게 올라가는 것이다. K교장은 자기가 예매한 물건들을 아들 딸 친척들에게 조금씩 나누어 주고 남은 물건은 남에게 팔 수 없게 되자 ○다단계 회사를 그만두고 말았다. 그러나 N팀장은 K교장 댁으로 날마다 퇴근과 동시에 찾아오는 것이었다. K교장은 10여 년 전에 마누라와 사별하고 아파트를 하나 사서 혼자 살고 있었다.

미모의 N여사가 K교장 댁엘 찾아와서 같이 '고－'도 하고 놀기도 하다가 가는 사이 K교장은 그만 N여사의 미인계에 넘어가고 말았다. N여사는 남편이 교통사고 후 일주일에 한번 정도로 피를 갈아 넣어야 하고, 생계가 곤란할 뿐 아니라 성생활도 제대로 못하니 이 모든 것을 K교장을 통하여 충족시키려는 것이었다. K교장과 N여사와의 관계는 남이 보기는 사제지간이고 직장동료 같이 보였으나 실내용은 그런 것이 아니고 애정행각에 놀아나는 뒷구석 무대였다. K교장은 양심의 가책을 느낀 나머지 이래서는 안되겠다 생각하고 N여사에게 모든 일을 그만두고 대구로 이사를 하기로 마음을 먹었다고 이야기하였다. 그리고는 N여사에게 다음과 같은 이야기를 하였다.

"나는 오늘부터 자네와 모든 인연을 끊기로 하였네. 자네도 앞으로는 나를 생각지 말고 좀더 남편과 자녀들을 위하여 부지런히 노력하게. 나는 대구 사는 아들 집으로 이사를 가서 여생을 보내기로 하였으니 그리 알게.”

하고 손을 잡고 이야기를 한 후 헤어졌다. 그날 N여사도 양심은 있었던지

“선생님, 그동안 즐거웠습니다. 그리고 미안했습니다. 선생님 말씀대로 가족을 위하여 부지런히 일하고 착하게 살겠습니다.”

하고 울면서 말하더란 것이다.

N여사와 같은 못된 생각을 갖고 스승을 울리는 제자가 이 세상 어디엔가 하나 둘 있을 것을 생각하면 씁쓸한 생각이 든다고 K교장은 친구들 모인 자리에서 이야기하는 것이었다.

스무번째 이야기

익은 벼는 고개를 숙인다

사람이 태어나면 이름을 지어 부르고, 자라게 되면 별호도 있고 자字도 있으며 호號도 지어 부르기 마련이다. 대개의 사람들이 이러하거늘 나라고 해서 예외일 수는 없다.

나는 아버님과 어머님 사이에서 삼대 독자로 태어나자 우리 할머님께서는 따로 사시는 서 시모님 되시는 징조모님께 딸을 낳았다고 거짓말을 하여 꾸중을 들을 정도로 명이 길길 바랐다. 천한 점쟁이에게 팔면 명이 길어진다 하여 제일 처음 점쟁이에게 판 곳이 적량 젯골이었고 그 다음이 대냇고개 점쟁이요 세 번째가 진교 백년동에 있는 평길이의 어머님이었다. 그래서 나를 점쟁이에게 팔았다 하여 '판이'가 '폰이'로 불리게 된 아명을 갖게 되었고, 나를 끔찍이도 아끼던 할머님께서는 나의 머리에 미열이 조금 있어도 점쟁이 어머니께 치맛자락이 닳도록 찾아가서 빌었던 것이다.

이런 나를 아버님께서는 항렬(行列)에 따라 지은 이름이 종달鐘達이었고 이 이름에 따라 붙여진 별명이 '종달새' 였다. '종알 종알' 하고 울기 때문에 종달새라 불렀는데 순수한 우리 말로는 '노고지리' 라 하였다. '노골노골 지리지리 배배' 하고 울기 때문에 붙여진 이름이라 한다. 한학漢學을 하는 사람들은 이 새가 봄날 높은 하늘 구름 위까지 날면서 운다 하여 '운작雲雀' 또는 '규천자叫天子' 라 하였다. 다 같은 새이면서도 사람에 따라 이렇게 다르게 불리어졌고 따라서 나의 별명도 이렇게 다르게 불리게 되었었다.

국민학교(지금의 초등학교)를 졸업하고 부산 경남중학교 입학시험을 치러 가서 구두 시험을 치는 날 운동장에서 체육 실기고사를 볼 때였다. 선글라스를 낀 선생님이

"너는 무슨 운동을 잘하느냐?"

하고 물으시기에 나는

"예, 저는 축구를 잘합니다."

하고 큰 소리로 대답하였다. 그러자 그 선생님은 다시

"서는 자리(포지션)가 어디냐?" 하고 물으시는 것이었다. 나는 거침없이

"예, 서이(셋) 서는 가운데(중간)입니다."

하고 대답을 하였다. 그러자 선생님들은 자기들끼리 소곤소곤 이야기를 하더니 "와!" 하고 웃으시는 것이었다. 그리고는

"거기 있는 공을 한번 차 보아라."

하시기에 나는 "예!" 하고 공을 힘껏 차서 멀리 날려 보냈었다. 그때는 요사이처럼 축구놀이가 성행할 때도 아니고 월드컵 같은 이야기도 못 들어보던 때였다. 짚으로 새끼줄을 꼬아 만든 공이나 잔칫날 돼지를 잡으면 지키고 앉았다가 돼지 오줌보를 얻어 바람을 불어넣어 둥

글게 되면 차고 놀았던 그런 때였다. 선수들의 포지션(위치)을 알 리 없었고 또 몰랐던 것이 당연했는지 모른다. 그래서 '센터'를 '서이 서는 가운데'라 대답을 한 것이었다.

입시 결과를 발표하는 날 경남중학교에 가니 내가 운이 좋았던지 3등 장학생으로 합격되었다. 얼마나 좋았던지 지금 생각해도 가슴이 뿌듯하다. 그래서 내가 3반에 들어갔고 담임 선생님은 성적이 제일 좋은 나를 반장으로 임명하셨는데 만년에 서포중학교 교장으로 계시다가 퇴직하신 정동희 선생님이 그분이다.

그런데 첫 체육시간은 교실에서 하였는데 내가 새로 수업에 들어오신 체육선생님께 "차렷, 경례!" 하고 고함을 지르고 나니까 나를 바라보시던 박정균 체육선생님께서

"어이, 너, 구두시험 치던 날 '서이 서는 가운데'라 말한 놈 아니가?"

하시면서 구두시험 치는 날 있었던 이야기를 전 학급 학생 앞에서 하시는 것이었다. 그래서 그때부터 나는 '서이 서는 가운데'란 새 별명을 하나 더 갖게 되었던 것이다.

학제 개편이 되어 중, 고로 분리되었고 3학년 때 내가 기율부장이 되었다. 이때 동란이 터져 본교사는 육군병원이 되었고 우리는 운동장에 천막을 치고 공부를 하였었다. 등교 때 교문에 서서 학생들을 지도할 때 죽어가는 국군 용사들과 상이군인들을 많이 보았기에 군대에 안 가기 위하여 고등학교는 사범학교로 진학을 하였다.

졸업과 동시에 교육 일선에 나가서 학생들을 가르치면서 자字를 거암巨岩으로 하였다. 큰 바위와 같이 마음이 커서 포용력을 갖는 사람이 되어야 한다는 뜻으로 지은 것이다.

친구들이 호號는 뭐라 할 것이냐고 묻기에, 장난기 많은 나는 구름 위 하늘까지 날아가 우는 새가 종달새이니 운작雲雀이 어떻느냐 하였더니 운작은 좋지 않다기에 혜산慧山으로 고쳤다. 그리고 법명法名은 성주사 불교대학에 다닐 적에 법정 스님이 '통천通天'이라 지어 주셨으나 친구 중의 한 사람이 통천이 좋지 않다기에 지원智圓으로 고쳤다. 그리고 장난기가 많은 나는 그림으로 이름을 나타내어야 한다면서 금〔 〕과 종〔 〕과 달〔 〕을 그렸다. 김金은 반짝반짝 빛나는 황금반지의 금이요 종은 땡! 하면 서고 땡, 땡, 땡! 하면 달려서 교실로 들어가던 학교종이고 달은 초승달로 나타내었다. 초승달로 나타내게 된 이유는 백제는 만월(둥근달)이요, 신라는 상현〔眉月〕이라는 말에서 따온 것이다. 백제는 둥근 달이니까 점점 작아져서 없어질(망할) 것이고 신라는 눈썹같은 초승달(미월)이니 점점 커질 것이라는 고사에서 따온 말이다. 이와 같이 나에 대하여 내 나름대로 알려고 하였고 재미있게 나타내려 노력했었다.

남의 자손이 되었으면 조상의 묘소에도 자주 찾아가 돌보고 관리를 잘해야 한다. 제삿날도 알고 있어야 하고 또 성의껏 제수를 사서 제사를 모셔야 한다. 우리 집 제삿날은 조부님은 음력 6월 2일, 조모님은 음력 6월 13일, 부친은 음력 8월 4일, 모친은 음력 9월 13일, 아내는 동짓달 그믐인데 조부모님은 조부님 제삿날에, 아버님 어머님은 아버님 제삿날에 같이 모시기로 하였다. 그리고 정초에 성묘를 해야 하고 가을이 되면 벌초를 해야 하고 벌초가 끝나고 나면 또 성묘를 한다. 내가 벌초할 곳은

1) 통정 뒷산 한싯골에 있는 고조부님 묘소와 꽁매에 있는 고조모님 묘소(소종중에서 같이한다)

2) 증조부모님(합장) 묘소 : 안터 뒷산(자질봉 옆 세언골 공동묘지 가는 곳) 작은 증조모님 묘소(머굿골)

3) 목골산 제일 윗 조부님 묘소와 목골밭 둑에 있는 할머님 묘소

4) 아버님 어머님 묘소

5) 아내 묘소 등이다.

나는 본이 김해요, 파는 경파며 김수로왕의 72세손이다. 혹시 누가 '자네 성이 무엇인고?' 하면 '김해 김가이옵니다' 하고 겸손하게 대답할 줄 알아야 한다.

공부깨나 했다는 사람이 '김해 김씨올시다' 하고 대답하는 것을 보면 '배워도 크게 잘못 배웠구나' 하고 생각케 된다. 다시 말하면 자기 성은 씨를 붙여서는 안된다. 사람은 항상 겸손하고 자기를 낮추어서 말해야 한다. 상대방을 존경하고 나보다 못한 사람을 도와주고 존대해 주는 아름다운 마음씨를 가져야 한다는 말이다. 제가 알면 얼마나 안다고 잘난 체한단 말인가.

손아랫사람이나 동료를 꾸짖을 일이 생기면 아무도 모르게 살짝 불러서 차를 한잔 앞에 놓고 '나 같으면 그 일을 이렇게 하겠는데 자네 같으면 어떻게 생각하는가' 하고 좋게, 다정스럽게 이야기한다면 따르기 않고 고치지 않는 사람이 없을 것이다.

먼저 자기를 알고 겸손하여야 하며 자기 몸을 아끼지 말고 일을 하여야 한다. 남들이 하기 싫어하는 청소나 차를 타서 다른 사람에게 대접할 줄 아는 마음이 큰 사람이 되어야 한다. '익은 벼는 고개를 숙인다' 는 진리를 아는 사람이 되어야 이 세상을 평안하게 살아갈 수 있다.

스물한번째 이야기

배은망덕

세상의 많은 사람들은 부모님의 은혜를 입으면서 이 세상에 태어났고 자라면서 여러 사람들의 많은 은혜를 입으면서 건전하게 자랐었다.

우리를 가르치고 길러주신 스승님은 참되고 바르게 살라며 글과 행실을 가르쳐 주셨고 또 이 세상의 많은 사람들과 사귀어 가면서 잘 살아가라고 가르쳐 주셨다. 어려운 일을 당했을 때 남들의 도움을 받아 곤란을 극복해 나갈 수 있는 것도 모두 주위 사람들의 은혜를 입은 것이다.

이와 같이 이 세상을 살아가는 많은 사람들은 서로서로 도와주고 도움을 받아가면서 살아가고 있는 것이다.

이 세상 많은 사람 중에는 마음씨 좋고 착한 사람이 마음씨 나쁘고 악한 사람보단 훨씬 많기 때문에 사람들이 낙을 붙이고 살아가고 있는 것이다. 그래서 '착하게 살아라, 은혜를 갚을 줄 알아라.' 하고 외치고 있고 지금 이 글을 쓰고 있는 이 사람도 큰 은혜를 입고 갚지 못해서 이렇게 가슴 아파하고 있다.

1.

내가 12사단 52연대로 전출 가서 공민학교 교관으로 편히 있다가 제대를 하고 나왔는데 나는 그 연대장님의 댁을 제대 후 한 번도 방문을 못했었다. 참으로 죽을 죄를 지은 사람이 되었다.

이 연대장님은 친한 친구의 사촌 자형이요, 지금 순천에 살고 있는 내 고종 형수의 사촌 형부로 조영옥 대령이셨다. 지금 살아 계시는지, 어떻게 사시는지 알 길 없어 궁금하다.

2.

내가 교육장을 하고 큰 학교 교장을 하면서 살기가 좀 나아져서 다른 사람을 좀 도와줄 수 있는 기회가 있어 좀 도와주었더니 도움을 받은 그 사람이 그때는 고맙다고 야단이었고 날마다 찾아와서 아양을 떨었다. 그러나 그 사람이 돈을 좀 벌고 내가 퇴직하고 와서 아무 힘이 없자 거들떠 보지도 않고 아주 딴 사람이 되어 연락도 잘 하질 않는다. 그래서 우리말에 똥 누러 갈 때 마음과 올 때의 마음이 다르다고 한 모양이다.

S사장은 좀 도와줬더니 '아버지, 아버지!' 하며 나에게 너무 잘 따랐기 때문에 김해시와 부산의 친구들에게 연락해서 사업이 잘 되게 해주었더니 많은 돈을 벌고 또 큰 집을 지어 잘 살고 있으나 그 사람

의 잘못으로 내가 큰 손해를 보았는데 찾지도 않고 연락도 안한다. 몇 억의 큰 손해를 나에게 입혔으나 나는 아무 말을 하지 않았다. 당연히 자주 찾아와서 위로는 해줄 줄 알았는데 그렇지 않고 저만 풍덩풍덩 쓰고 다니니 한번 혼을 내어 주고 싶은 마음이 생길 때도 있다. 괘씸하게 생각한다. 그러나 참아야 한다. 몰라 그렇겠지.

3.

권모 사장도 마찬가지다. 내가 그 사람들 눈에는 바보처럼 보이는 모양이다. 자기가 곤란할 때 고향에 있는 나를 찾아와서 농협에 돈을 좀 빌려달라 하기에 내가 보증을 서고 양보농협에서 3천만원을 빌려 가면서 3개월 내에 갚는다고 큰소리해 놓고 갚지 않자 보증 선 내가 갚고 말았다. 그 뒤 100만원씩 해서 몇 번을 갚아 오더니 설과 추석 때 교장 선생님들께 인사를 해야 학교에 물건을 납품한다면서 자기 부인과 같이 집에 찾아와서 애걸복걸하고 그 부인이 울기에 불쌍해서 3백만 원을 빌려 주었으나 이것도 갚지 않았다. 거짓말을 입에 침도 안 바르고 한다.

그런 어느 날이었다. 창원교육청 장학사로 있다가 창원초등학교 교장으로 있는 조○ 교장으로부터 전화가 왔다. 조 교장은 나를 형님, 형님 하고 따랐던 소싯적 하동군 내에서도 같이 교편을 잡았던 옥종면 출신 고향 후배였다. 그런 조 교장이

"형님, 돈 5천만 원만 제 생질에게 빌려 주십시오."

하면서 애걸복걸하는 것이었다. 나는 누구냐고 물었더니 '권○○ 사장' 이라고 하였다.

"그래, 그 사람이 자네 생질인가?"

하니 그렇다고 하였다. 나는 못 받을 돈을 받기 위하여 그 돈까지 합해서 5천만 원을 만들어 줄 예정으로 조 교장이 보증을 서고 차용증을 써 오면 내가 전에 못 받은 돈과 합쳐서 오천만 원을 빌려 주겠다 하니

"그렇게 하지요. 그 대신 이자는 은행 이자로 해 주십시오."

하길래 그렇게 하자며 전화를 끊었는데 조금 있으니 권 사장이 차용증을 갖고 와 5천만 원을 다시 빌려주게 되었다.

1년 안에 갚는다더니 10년이 넘은 지금도 갚지 않고 있다. 찔끔찔끔 100만 원도 받고 200만 원도 받고 하였다. 목돈 주고 푼돈으로 받아 돈을 날린 셈이 되고 지금도 원금이 2,500만 원이나 남아 있다.

어떻게 받느냐 하고 고민을 하고 있는데 하루는 길거리에서 우연히 조 교장과 그 부인을 만나게 되었다. 내가 만난 김에

"자네 생질이 빌려간 돈을 갚지 않고 이자도 잘 안 보내오니 자네가 갚아야 하지 않겠는가?"

하니 조 교장은 대뜸 권 사장이 자신의 생질이 아니라 한다.

"뭐이라 이 사람아. 자네가 나에게 전화해서 생질이라 했고 자네 자필로 차용증을 써서 안 보냈는가?"

라고 펄쩍 뛰며 이야기하니

"아닙니다. 그놈이 내 도장을 훔쳐 가서 찍었습니다."

하며 발뺌을 한다. 그래서 어이가 없어

"에이 사람, 그런 소릴 하면 되는가? 차용증 글씨도 자네 글씨고 도장도 자네가 교장할 때 쓰던 도장이었네."

하며 조목조목 따지자

"아닙니다. 그런 일 없습니다."

한다. 그래서 내가

"그렇기 때문에 내가 통화 내용을 녹음을 해 두었네. 오늘 저녁에 녹음한 것을 갖고 자네한테 가겠네. 자네도 사기로 고발하겠네."

하니까 그때서야 미안하다며 자기가 권 사장에게 독촉하겠다 하였다. 그래서 나는 그 자리에서 이 말도 덧붙였다.

"자네가 항문암에 걸려 있기 때문에 내가 자네에게 말을 안했고 김광남 사장께서 자네를 고발한다 할 때도 내가 수습 안해 주던가. 자네는 그런 나쁜 심보를 쓰면 병이 안 낫는 것이네. 앞으로 조심하게. 내가 바보가 아니네."

하니까 굉장히 미안하게 생각하였다.

며칠 뒤 내가 권 사장을 만났다. 조 교장 이야기를 하니 자기 외삼촌이 아닌데 돈은 없고 해서 돈을 좀 주고 전화를 해달라 했더니 그렇게 하였다고 했다. 돈밖에 모르는 나쁜 사람들이다.

농협 구판장 35번 중개인 김광남 씨에게 조 교장이 급식소에 육고기를 넣는 조건으로 백만 원 팁을 받고는 시켜주지도 않고 다른 사람을 납품케 하면서 돈도 돌려주질 않자 고발한다고 야단이 났다. 내가 김 사장을 불러서 항문암으로 아픈 사람에게 그런 행동을 하면 안 된다고 타이르고 돈을 돌려받게 해 주어 해결한 사건이 있었다.

그때 가만히 놔 두었으면 사건이 터져 난리가 났을 것이다. 항문암으로 고생하는 그에게 심적 부담을 안 주게 하기 위하여 내 나름대로 도와주었고 독촉도 안했었다. 그 조 교장은 장학사 시절부터 이런 말이 돌았다. 돈만 주면 안 되는 일이 없다고. 그리고 장학지도를 나가면 학교에서 촌지를 조금 주면 그 받은 촌지를 마누라에게 주고 자기는 한 푼도 못 쓴다고 한다. 호주머니는 늘 비어 있다는 말이다. 술좌석 같은데서 자기가 돈을 낼 경우엔 마누라에게 내도록 하는 그런 얌체족이었다. 언제부터 그렇게 만들었는지 모르겠지만 집도 자기명의가 아니고 마누라 명의로 되어 있었다. 그 호주머니에 들어간 돈은 마누라 손으로 건너가서 다시 세상에 나올 줄을 모르게 된다.

이와 같이 조 교장은 자기를 도와준 사람에게 해를 끼쳤으니 뭔들 일이 잘되겠는가.

암으로 고생하다가 작년 6월경(?)에 저 세상으로 가고 말았다고 한다. 남의 돈이 욕심이 나서 어찌 눈을 감았을꼬. 불쌍한 인생 아닌가.

나는 그 돈을 못 받아도 산다. 그렇지만 교장까지 지낸 사람이 이런 사기 행각을 해서야 되겠는가. 그래도 그 마누라는 잘 살기 위하여 성당에 다니고 있고 그도 이름은 얹혀 있고 죽었을 때 성당 사람들이 와서 초상을 치렀다고 하였다. 좋은 종교를 믿기 전에 자기 마음부터 고쳐야 하는데 마음씨 나쁜 그런 사람이 좋은 종교를 욕 먹이는 격이 되어서는 안된다.

나쁜 일을 많이 했으니 나쁜 병에 걸렸었고 이 좋은 세상에 오래 살지 못하고 일찍 죽은 것이 아닌가.

배은망덕을 하는 사람이 바로 이런 사람이고 참으로 불쌍한 사람이다. 저승에 가서는 마음을 바꾸고 잘 되었으면 좋겠다. 삼가 명복을 빈다.

4.

내가 남해 교육장 시절 교통사고로 부산백병원에 입원하여 오늘내일 할 때 나와 사귀고 있는 J선생은 고성 D교에 근무하면서 하루도 빠지지 않고 부산백병원까지 와서 밤새워 간병을 하고 뒷날 새벽이면 다시 D교로 가서 아이들을 가르쳤었다. D교에서 수업을 마치고 버스를 타고 회화에 와서 다시 버스를 갈아타고 마산에 와서 다시 부산행을 타고 사상버스터미널에 내려 시내버스를 타고 백병원까지 와서 나를 간병하였다. 아마 저녁식사와 아침식사도 많이 걸렀을 것이다. 밤새워 간병을 하고 뒷날 새벽이면 나를 두고 시내버스를 타고 다시 사상터미널로, 여기서 다시 마산으로, 마산서 고성행 버스를 타고 회화에 가서 내려 D학교로 가서 근무하기를 한달 엿새. 극진한 간호로 나를 쾌유케 한 은인이시다.

또 대안교 교장 시절 같이 있으면서 마누라의 오랜 병환으로 돈이 없어 쩔쩔맬 때 고향에 계시던 어머님께서 밤실의 우리 집을 500만 원에 팔기로 하고 계약 선금을 100만 원 받았다고 연락이 왔기에 고향에 달려가서 물리기로 하고 내려와서 교감께 돈 100만 원만 빌려달라 했더니 교감이 J선생께 말을 하였다 한다. 그 뒷날 교장실로 J선생이 돈 100만 원을 갖고 와서 이걸 갖고 고향에 가서 집을 물리라고 하였다. 그 돈을 갖고 고향에 가서 집을 물렸기 때문에 지금 내가 고향에 자주 갈 수 있게 되었다. 집이 없으면 가겠는가.

봉급을 타서 100만 원을 갚으니 꼭 받지 않고 잡비로 쓰라고 하였다. 그 며칠 뒤 농협에서 적금 500만 원을 찾아 나를 주면서 이걸 갖고 학무과장 운동을 하라 하였다. 나는 극구 사양하고 진해쯤 가서 교장을 하겠다고 하였더니 그러지 말라고 하였다. 나는 그때는 돈이 있으면 있는대로 마구 쓸 때라 그 돈은 마누라의 병 치료비에 보태 쓰고 말았다.

서울대 행정연수원을 나왔기 때문에 사범학교 다닐 적 국어선생님이셨던 김동규 은사님께 세배를 가서 장학관 이야기를 했더니 얼마 안 있어 산청 학무과장으로 발령이 났었다. 승진의 용기를 안겨준 사람이 바로 J선생이었다.

과장이 되기 전 나는 돈이 없어 직행버스는 한 번도 못타 보았고 완행버스도 두 정거장 이상이 되어야만 타고 다녔다. 이걸 안 J선생은 수시로 교통비도 보태어 주었고 어느 때는 잡비를 주면서 그 좋아하는 친구를 만나면 술대접도 하면서 사교를 하라던 J선생이었다.

내가 과장이 된 뒤 산청으로 전근 오라 해도 과장에게 누가 된다고 안 가겠다고 하였고 교육장이 되고는 남해로 오라 해도 안 왔었다. 그 정도로 나를 아꼈고 보신제를 지어 와서 나에게 주었다. 너무 고마운 사람이었다. 한 집에 오래 살면서 나를 적극 도와준 은인이었다. 양복을 한 벌 맞춰 입고 오면 나 모르게 그 양복집에 찾아가서 다른 색으로 양복을 한 벌이나 두 벌을 다시 맞춰 오는 그런 사람이었다. 나를 위하여 이 세상에 태어난 사람 같았다. 내가 돈이 좀 생기자 절터도 사주고 배도 사주고 집 짓는데도 도왔으나 나에게 그가 도와준 것에 비하면 양은 많아도 질은 떨어지는 편이었다.

지금은 절을 짓고 부처님을 믿으며 나와 비록 따로 살고 있으나 그에 대한 고마움은 잊을 수 없고 조금이라도 그에게 소홀하면 나는 배은망덕하는 꼴이 되는 것이다.

지금도 틈만 나면 나에게 전화를 해 오고 반찬도 만들어 보내주는 고마운 사람이다. 비록 종교 문제로 떨어져 살고 있으나 내내 건강하고 그가 행복하기를 바라는 마음 간절하다.

스물두번째 이야기

애물단지가 된 과수원

나는 목골 우리 선산 밑에 있는 옛날 할아버지께서 생존해 계실 때부터 경작해 오던 밭과 그 옆에 있는 남의 밭 세 때기를 시가 이상으로 주고 사서 보태어 과수원으로 조성하였다.

훗날 내가 저 세상으로 가고 난 뒤라도 객지에 살고 있는 내 손자가 고향집을 별장 삼아 찾아 와서 쉬면서 밭에 가서 익은 과일도 따 먹고 옆에 있는 조부모님 산소에 벌초도 하고 성묘도 스스로 하게 만들려고 단감, 면감(드봉), 대추, 매실을 넓은 밭에 많이 심었더니 비교적 잘 자랐다. 물론 묘종 사는데 제법 돈이 들었고 나 혼자 심을 수 없어 일꾼을 데리고 심었으며 풀 베고 거름을 줘 가꾸는데 꽤 많은 돈과 노력이 필요하였다.

3년쯤 과수원을 돌보다 보니 지쳐서 그대로 두었더니 과수원이 엉망이 되었다. 위치가 많은 사람들이 오고가는 길가라 남 보기가 부끄러워 일꾼을 안 들이고 나 혼자 조금씩 정리하기로 마음 먹고 자주 고향에 가서 일을 하니 별 표가 나질 않는다.

어찌 풀은 그리 잘 자라며 칡덩굴은 그리 잘 번식을 하는지 모르겠다. 칡덩굴은 과일나무에 올라가서 나무를 죽이기 때문에 못 올라가게 만들어야 한다. 보통 일이 아니다. 칡을 걷어내고 풀을 베다 보니 피부가 약해서 그런지 포이즌 아이비(?) 피부염에 걸려 근지러워 견딜 수가 없었다. 전에도 이런 일이 몇 번 있어 혼이 났기 때문에 요사이는 긴 소매가 있는 옷을 입고 긴 바지에 장갑까지 끼고 피부에 풀이 닿지 않게 조심조심 하면서 일을 했으나 가려워 견딜 수가 없어 운암 약방에 가서 주사를 맞고 약을 사먹어도 좀처럼 낫질 않아 고생이 많았다.

내가 안하고 남에게 시키자니 끝이 없고 애물단지가 될 줄은 미처 몰랐었다. 내 생각이 큰 잘못이었다는 것을 지금에 와서야 알았으나 이미 때는 늦었다. 과일밭 조성에 든 돈으로 과일을 사서 먹는다면 내 한평생은 좋은 과일을 날마다 사먹어도 남을 것이다.

그러나 그렇게 생각해서는 안되지. '내일 지구의 종말이 와도 사과나무를 심으라' 던 성현의 말씀이 있지 않은가.

엉망이 되어가는 과일밭을 조금씩 조금씩 정리해 가면서 가꾸어 가기로 마음 먹었다.

그래도 올해는 매실이 제법 열려 따 와서 매실주도 담갔고 매실 엑기스도 만들어 두었다. 익으면 좋은 친구 불러 모아 먹으며 자랑도 하고 시조창도 하면서 즐겁게 놀려고 생각하고 있다.

감나무는 전정을 잘못 해서 그런지 약을 안 쳐서 그런지 모르지만 감이 통 열리지 않는다. 거름을 잘 하여 나무가 크게 자라면 풀은 절로 없어질 것이나 칡덩굴이 큰일이다. 나는 '칡덩굴 없애기 선전포고'

를 하고 칡 죽이는 농약을 사서 가을엔 붓으로 묻혀 죽일 예정이다.

어떻게 하면 과수원도 멋지게 조성하고 조부모님 산소도 손자들이 잘 돌볼 수 있게 만들까. 애물단지 과수원이 안 되고 애지중지하는 과수원이 되도록 만들어야 하지 않겠는가.

그러나 남들은 이곳은 감이 잘 안되는 곳이니 감나무는 베고 밤나무를 심으라고 한다. 삼밭골 산에 아버님 생존시에 심어 두었던 밤나무도 가꾸어 주지 않으니 엉망이 되어 있어 가꾸는 일을 포기하고 그대로 내어 버린 지 몇 년이 안 되었는가. 하나도 편한 일이 없다. 어중뱅이가 된 내 팔자를 탓할 수밖에 없지 않은가.

애물단지가 된 과수원을 보물단지로 만들 수는 없을까. 아무리 생각해도 걱정이고 밭 근처에 가서 보면 한숨이 절로 쏟아진다. 과일나무를 가꾸려면 재배법부터 알아야 하겠다.

때늦은 감이 있으나 과수재배에 관한 책을 사서 읽어보고 재배기술을 터득한 후에 다시 손을 보아야 하겠다고 생각하고 있다.

스물세번째 이야기

모나게 살면 안된다

내가 산호교에 근무하다 시내근무 10년이 되어 더 있을 수 없어 함안군으로 전출이 되었다. 직원을 극진히도 아끼시던 김형규 교장께서 함안 교육장에게 직접 전화를 걸어 나를 부탁하셨기 때문에 마산 나의 집에서 가까운 칠원교로 전출토록 도와주셨다.

김 교장님과 함안 교육장님과는 유별난 사이였던 것 같다. 함안 교육장께서는 칠원교 교장 선생님께 직접 전화를 걸어 '경남 제일의 큰 학교 교무가 귀교로 가니 교무를 시켜 주라' 고 하였을 정도였다. 부하를 아끼는 김 교장의 사랑의 정신은 가히 본받을 만하다. 그러나 그와 정반대의 사람도 많다.

내가 칠원교에 갔을 때의 교장은 경남교육감으로 있던 김○○ 교육감의 제매인 정○○ 교장이었다. 성격이 좀 남다른 데가 있는 분이었다. 그때만 하여도 학년초가 되면 3월 말쯤 교실 환경 심사를 하는데 정 교장은 지휘봉을 들고 심사위원들과 같이 교실에 가서 지휘봉으로 잘못된 듯한 환경물을 떼는 버릇이 있을 정도로 괴팍스러운 사람이었다.

교육장의 지시에 의하여 학교장은 나를 교무로 시키기로 하였다. 내가 가기 전까지는 나와 나이는 같지만 1년 후배인 박JO 선생이 교무를 맡아보고 있었다. 이 사람은 성격이 게으르고 잘난 체하므로 학교장과 동료교사들로부터 미움을 많이 받는 사람이었다.

교무 자리를 새로 오는 사람이 선배지만 빼앗긴다고 생각하니 학교장도 괘씸하고 나도 괘씸했던 모양이다. 나 같아도 기분이 좋을 리 없다. 학교장쯤 되면 아무리 교육장의 부탁이 있다 해도 현 교무를 두고 새로 오는 사람과 바꿔서는 안된다. 꼭 바꾸고 싶으면 교무의 이해를 받아 바꿔야 하는 것이다.

그렇게 되니까 박 교무는 교장에게 욕을 좀 보일 양으로 부산에 있던 모 신문기자에게 학교의 비리를 알려주었고 그것을 안 신문기자 3명이 짝을 지어 개학식을 하는 날 칠원에 왔었다. 이것을 모르고 부임한 나는 늦게야 이 사실을 알고 교장을 찾아가 교무를 사양하고 박 교무를 도로 교무를 시키라고 권유하였다. 그리고 박 선생을 따로 만나 크게 나무랐다.

"어이, 박 교무. 내가 교무가 하고 싶어 교장에게 부탁한 것도 아니네. 나는 경남 제일의 큰 학교에서 교무를 했는데 조그마한 이 학교에서 교무가 하고 싶겠는가. 자네가 그걸 알았다면 나를 만나서 지금까지 교무 하던 내가 밀려나면 체면이 말이 아니니 양보를 하라 하면 나는 두말 않고 자네를 도왔을 거네. 그런데 자네는 그렇게 하지 않고 기자에게 고자질해서 학교를 시끄럽게 해? 사범학교를 졸업한 사람이 그렇게 악질적으로 놀면 되겠는가?"

하고 타이른 뒤 교감과 교장께 가서 교무를 사양하고 박 선생에게 교무를 시킬 것을 간곡히 부탁드렸더니 좋게 해결이 되었다. 그렇게 되자 동료 교사들이 또 말썽을 일으켰다. 교무를 바꿔서는 안된다는 것이었다. 박 선생이 인심을 그만큼 잃었기 때문이다.

군내 보고회를 해야 하는 학교의 연구 분야도 교무가 맡게 되어 있었는데 박 선생이 교무만 맡고 연구는 내가 맡는 조건으로 일은 멋지게 처리되었다. 보고회 준비를 차근차근 추진하면서 과학전시회 작품을 만들던 나는 내 이름 밑에 박 교무의 이름을 같이 써서 공동작으로 출품해 도 2등급을 받았다. 박 교무는 이것이 첫 연구실적이 된 셈이다.

나는 여러 선생님과 아주 가깝게 지냈고 자주 술도 하였다. 지금 마산에 살고 있는 정SH 씨와 창원시장에 출마했던 김모씨, 장SH 선생들과 함께 술집에서 자주 술을 마셨다. 박 선생이 나올 때면 신을 숨기고 몰래 먹고 웃고 놀 정도로 박 선생은 동료교사들의 따돌림을 받는 사람이었다. 자기에게 득이 되면 금방 '헤, 헤-' 하고 그렇지 않으면 토라지는 그런 사람이고 욕심은 끝이 없는 사람이었다.

부마사태가 일어났었다. 대학에 다니던 정 교장의 아들과 안모 교감의 아들이 주동자로서 박 정권이 무너지는 정치 변혁을 가져온 사건이 일어났었다. 하루는 내가 교실에서 수업을 하고 있으니 소사가 와서

"선생님, 교장 선생님께서 교장실로 좀 오시랍니다"

하기에 하던 수업을 멈추고 2층 교장실로 갔더니 교장은 자리를 권하면서

"대학에 다니는 우리 애가 어제 아침에 양복쟁이 세 사람이 와서 데

려갔어요. 아직까지 연락이 없는데 아는 길이 없을까요?"

하고 물었다. 나는 교장실에서 여기저기 전화로 알아보니 부산 계엄사에 잡혀 가 있다는 것이었다. 교장은 나에게 출장을 시켜 주면서 좀 다녀오라는 것이었다. 그때 경남(부산이 분리되기 전)엔 비상계엄이 내려 있었다.

특무대에 가서 정YK 중령을 만났다. 정중령은 박달교의 내 동기며 처제뻘이 되는 따빡골 JJ의 동생이었다.

"자형, 웬일이십니까?"

"내 처남에게 부탁이 있어 왔네."

"무슨…?"

"저 – 우리 교장 아들 ○○이가 계엄사에 잡혀 있다니 좀 빼어 주게."

"안될 것입니다. 박정희 씨가 허가하면 될까 몰라도…."

하면서 상당히 어려운 표정을 지었다.

"어떻게 하든지 좀 빼내 주게. 내 처음이고 마지막 부탁이네."

"노력해 보겠습니다만…"

"높은 사람과 술을 한 잔 하고 데려 나오게."

이렇게 신신당부를 하였다. 그 뒷날 아침 여관으로 찾아온 정중령은

"자형! 나하고 같이 사령관을 만나러 갑시다. 지난밤에 술 많이 먹었습니다."

한다. 나는 정 중령과 같이 계엄사에 가서 사령관실로 들어갔었다. 그야말로 무시무시하였다. 인사를 드리니

"정 중령 자형이라 했지요? 반갑습니다. 참으로 어려운 일인데 정 중령이 하도 간곡히 부탁을 해서 특별히 내보냅니다. 집에 데려가면

똥물을 많이 해 먹이십시오."

하고 데려가라 하였다. 나는 고맙다고 인사를 하고 데리고 마산에 와서 회성동 산에 있는 정 교장 댁으로 가니 교장은 자기 아들에게

"저 문 밖에서 인사 올려라. 아버지와 같이 존대해야 한다."

하면서 문 밖에서 조부모께 드리는 인사의 예로 인사케 했다. 교장은 나를 일 잘한다고 믿고 있었지만 자기 아들 일로 확실히 믿는 계기가 되었다.

연구보고회도 무사히 마치고 근평 때가 되었는데 박 교무는 자기가 꼭 근평을 받겠다고 야단이었다. 나는 교감, 교장, 박 교무와 같이 교장실에서 만나 이렇게 건의를 했다.

"근평을 썩혀서는 안됩니다. 지금까지의 연구실적과 경력 등 모든 것을 조사해서 점수를 내 보고 교감시험을 치를 수 있는 사람에게 근평을 주어야 합니다. 박 교무가 되면 박 교무를 주고 안되면 되는 다른 사람에게 주어야 합니다."

하였더니 교감과 교장이 알아보고 나에게 근평을 줘서 교감 시험을 치를 수 있게 되었고 나는 교감 시험에 합격하여 그 다음해 봄 지정 교감으로 승진되어 나갔던 것이다. 박 교무의 욕설을 얻어 먹으면서….

나는 교감 3년을 마치고 장학사 3년 6개월을 하고 교장으로 승진되어 숭산교와 대안교에서 교장을 하고는 학무과장을 거쳐 교육장을 하고 있을 때 그때서야 박 교무는 교감이되었다. 그것도 가산점을 받아 시험을 치러 된 교감이 아니고 경력이 많은 사람이 근평을 받으면 될 때였다.

교감을 3년인가 하고 교장을 촌에서 조금 하다가 99년 8월 말에 나

와 함께 퇴직하고 998산악회에 열심히 나다니고 있다고 들었다. 사람이 많이 변하여 근래에 와서는 친구들과 잘 사귀는 편이라고 하였다. 그런데 지난해 5월 말 산을 타고 오다가 산행버스의 사고로 부상자가 몇 명 되고 한 사람이 사망했는데 하필이면 박 교장이 사망하여 신문에 나고 방송도 나왔다 한다. 나는 신문도 못 보고 방송을 못 들어 모르고 있었는데 시조회관에 나가니 같이 다니는 박 교장의 동기인 후배 김여사가

"선배님, 우리 동기 박○○ 교장 아십니까?"

하고 묻길래

"알고 말고, 나하고 같이 칠원교에서 교사로 근무했었는데 친구가 별로 없었지?"

"엇그제 교통사고로 즉사했답니다."

"아뿔사, 어째 그런 일이…?"

"그 사람 죽었다고 자기 동기인 ○○가 전화를 해 왔었는데 나는 상문을 안 갔습니다. 같이 계를 했었는데 나를 놀리기만 하고 우리 집 행사에 한 번도 안 왔어요. 그래서 나는 계에서도 빠져 나왔어요."

"성질은 좀 고약했지."

"아주 안 좋았지요."

"그래도 죽은 사람 아니요."

하고 나는 눈을 감고 명복을 빌었다.

그날 저녁 나는 집에 와서 우리가 칠원교에 있을 적 같이 있었던 정SH 선생에게 전화를 걸었다.

"박○○이가 교통사고로 죽었는데 자넨 조문 안 갈래?"

"마음씨가 좋지 않으니 그렇게 되었구먼."

언젠가는 죽고 말 인생인데 살았을 적 좀 잘 지냈더라면 모두들 아쉬워할 것인데…

아 – 박 교장처럼 그렇게 살아서야 되겠는가. 모든 사람들로부터 미움을 받으면서까지. 한번 생각해 볼 문제이다.

박 교장과 같이 남에게 미움을 사면서까지 세상을 모나게 살아가면 되겠는가. 남과 사이좋게 지내고 웃으며 살아갔더라면 사고로 죽었다고 하면 모두 애처롭게 생각하고 불쌍하게 여길 것인데 그렇지 못한 것이 참으로 안되었다.

저 세상에 가서는 남과 잘 사귀고 행복하게 살길 바랄 뿐이다.

삼가 고인의 명복을 고개 숙여 빌 뿐이다.

스물네번째 이야기

겸손의 미덕

A라는 사람은 환갑 진갑을 다 지낸 사람이지만 부지런하고 무슨 일이든지 열심히 하는 사람이다. 교장으로 정년퇴임을 하고 난 지금도 놀지 않고 열심히 일을 하고 있다.

나와는 아주 친한 가까운 사이인데 다른 몇 사람들이 이 A에 대하여 말을 많이 하므로 그 사람의 사람 됨됨을 고쳐주기 위하여 들은 대로 이야기코자 한다.

성질이 모난 데가 좀 있어서 가까운 친구가 적은 것이 흠이라지만 돈 버는 데는 비상한 재능을 가진 사람이다. 젊었을 때는 박봉에 고생을 했으나 도회지로 나온 후 부인이 살림을 잘 살고 조그마한 사업을 하여 돈을 벌자 그 돈을 부동산에 투자하여 남들이 부러워하리만큼 부자가 된 사람이다.

고스톱을 해보면 그 사람의 성격을 알 수 있다는 말이 있다. 이 A와 고를 해 보면 돈을 아끼고 부지런하다는 것을 감지할 수 있다. 친구와 장난을 하면 곧잘 화를 내고 말을 함부로 하므로 친한 친구가 별로 없다. 그래서 고향 퇴직 교원의 조그마한 모임에 A를 가입시키자고 하였더니 한 사람이 A가 들어오면 자기가 탈퇴하겠다는 통에 가입을 못 시키고 있다. 그리고 고향 사람들의 모임인 ○○○를 몇 사람이 발기해서 만들었는데 지금은 안 나온다고 한다.

A의 부인은 마음씨 좋고 인정이 많으며 얼굴도 예쁘고 독실한 불교 신자이다. A교장만 조금 잘하면 선행모범 가정이 될 만한 그런 집안이다.

돈을 모으기 위하여 얼마나 애를 쓰고 아끼던지 딸 둘을 고등학교까지만 보내고 하나도 대학을 안 보냈으니 알 만하지 않느냐고 그를 잘 아는 한 사람이 말했다.

오랜만에 내가 고향 사람들의 모임인 ○○○총회에 나갔더니 A가 보이지 않아 옆에 있는 사람에게 A가 요사이 이 모임에 안 나오느냐고 물었다. 그러자 그 사람은 요사이는 안 나온다고 하였다. 회의가 시작되자 김 모가 일어나더니

"모 그 사람 안 됩니다. 집을 멋지게 지어 집들이를 하면서 초청이 있었는데 우리 모임에서는 전임 회장이 난蘭 화분 하나를 사들고 갔고 다른 회원은 우연한 일로 아무도 안 갔더니 음식을 많이 해 두었는데 회장 혼자만 왔다면서 화를 버럭 내며 난 화분을 땅에 던져 깨었다는 것입니다."

그 일이 있고 나서 전임 회장도 이 모임에 나오지 않고 A도 안 나온다는 것이다. 그럴 수가 있느냐면서 회의록에 그대로 기록하여 남기자는 것이었다. 나는 화분을 옮기다가 실수로 떨어뜨려 깬 것이지 일부러 그러지는 않았을 것이고, 여기 잘 안 나오는 것은 젊은 사람들이

많이 나오니까 담배 피우라고 안 나오는 것이라고 둘러대었다.

나도 여기를 떠나 먼데 가 있는 때가 많고 A와 똑같은 생각으로 안 나오다가 총회 때만 이렇게 나왔다고 했다. 그러나 참석한 많은 다른 회원들도 그렇지 않다는 것이었다. 그래서 이래서는 안되겠다 싶어 젊은 회원들에게 나는 이렇게 타일렀다.

당사자가 없을 때 그 사람의 비행이나 잘못을 이야기하는 것은 야비한 짓이니 그렇게 하지 말고 그 사람의 장점만 이야기하여야 하고, 잘못이 있으면 그 사람을 직접 만나 나는 그 점을 이렇게 생각하고 있는데 당신은 어떻게 생각하느냐며 웃으면서 이야기하는 것이 버릇을 고쳐주는 좋은 방법이라고 타일렀다. 그리고 오늘 이 시간 이후에는 그 A의 집들이에 대한 이야기는 절대로 하지 말고 그 사람에 대하여 좋은 이야기만 하자고 신신당부를 하였다.

사람들은 신이 아닌 이상 실수가 있기 마련이고 이 실수를 어떻게 슬기롭게 해결하느냐에 따라 그 사람의 인간됨이 나타나는 것이다. 돈이 좀 있다고 돈 없는 사람을 깔보아서는 절대로 안 되는 것이기 때문에 우리나라에서는 옛날부터 이런 말이 전해 오고 있다.

'삼대 부자 없고 삼대 거지 없다'

맞는 말이다. 좀 가졌다고 자만하질 말고 겸손해야 된다고 타이르는 말이다. 그런데 내 아는 사람 중에 참으로 존경할 만한 사람이 하나 있다.

이 사람 B는 술집에 같이 들어가 술을 먹게 되면 친구들이 모르게 소변 보는 척하고 살짝 나가서 술값을 치르고 어떤 친구라도 곤란하면 곧잘 도와 준다. 지금은 서울에서 한 회사를 운영하며 남이 부러워할 만큼 잘 살고 있다.

이 친구가 대학을 졸업하고 4급 공채에 합격하여 서울에서 우체국에 근무하고 있을 때 이야기다. 고등학교 동기생이 찾아와서 돈 200만 원을 빌려 달라고 하자 집에 연락하여 아무 말 않고 빌려 주었다. 그때 200만 원은 꽤 큰 돈이었다.

이 친구는 그 돈 200만 원을 갖고 가서 밑천 삼아 장사를 시작하여 꽤 많은 돈을 벌었고 지금은 회사가 세 개나 되는 거부가 되었다 한다. 번 돈으로 자기가 졸업한 모교에 기숙사를 지어 주고 좋은 방향으로 번 돈을 쓰고 있다고 한다. 그리고 시간만 나면 B 내외를 불러내어 같이 구경도 가고 식사도 하는 좋은 사이가 되었다는 것이다.

B는 좋은 친구 하나 얻었다고 흐뭇해 하고 돈 준 이야기는 아무에게도 하지 않고 있다. 두 사람이 아주 친하게 되었다고 좋아할 뿐이다.

또 B는 초등학교 동기가 찾아와서 돈 500만 원을 빌려달라 하자 돈 500만 원을 주면서 이 돈은 내게 갚으려고 하지 말고 밑천하여 조그마한 장사라도 하여 잘 살라고 이른 후 앞으로 절대로 찾아오질 말라고 타일렀다. 그 친구는 다른 친구들에게도 찾아가서 급하다며 돈을 빌려쓰고 갚지 않고 있으며 사기꾼처럼 살아가고 있으나 B에게는 워낙 큰 돈을 얻어갔기 때문에 나타나질 않는다고 한다.

B는 자기 고향의 어른들을 위하여 하루관광을 시켜 드렸다고 신문에 보도된 일도 있다. 그리고 자기 회사에 고향 사람을 몇몇 데리고 와서 쓰고 있으며, 부모님에 대하여도 효성이 지극하고 편안하게 모시려고 노력하고 가난한 사람을 도와주고 친구들과 잘 사귀는 착한 사람으로 널리 알려져 있다.

A와 B 중 어떤 사람이 이 사회가 요구하는 사람인가 한번 생각해 보고 앞으로 자기는 어떻게 살아가야 다른 사람들에게 보탬이 되고

쓸모 있는 사람이 되는지 생각해 가며 살아가는 것이 좋을 것이다.

그리고 사람은 자만심을 버리고 항상 남을 조금이라도 도와 준다는 마음으로 이 세상을 살아가면 남들이 많이 따르기 마련이고 성공할 수 있다고 본다. 그렇게 하기는 참으로 어려운 일이나 그렇게 하도록 노력하면 될 줄로 안다.

스물다섯번째 이야기

즐거운 광박회 모임

때와 장소를 가리지 않고 세 사람 이상만 모이면 고스톱판이 벌어지고 있는 것이 우리 주변에 있는 많은 사람들의 생활 모습이다. 그래서 그런지 비만 오면 모여서 고스톱으로 시간을 보내는 사람들이 많이 있는데 광박회도 그런 모임 중의 하나이다.

이 광박회는 비가 오는 날이든 안 오는 날이든 회원 상호간에 서로 연락만 되면 모여서 고스톱으로 시간을 보내고 있는데 이걸 보는 사람들의 시선은 별로 좋지 않은 것 같다.

대부분의 사람들은 고스톱이라면 옛날 유행하던 '짓고땡' 처럼 생각하여 무조건 나쁜 놀이로 알고 있는데 그렇지만은 않다. 점잖은 사람들의 놀이가 아니라고 말하는 사람도 있다. 그런데 바둑과 장기, 마작은 점잖은 양반들의 놀이라고 말을 하는데 이것은 크게 잘못된 생각이다. 바둑과 마작, 장기도 내기를 하고 있고 시간을 쓸데 없이 보내는 것은 고스톱판과 마찬가지이다. 그리고 바둑과 장기, 마작은 두 사람만이 놀 수 있어 대중놀이가 아닌데 고스톱은 내기는 같은데 남녀노소를 막론하고 여러 사람이 자연스럽게 놀 수 있는 대중놀이이다. 두뇌를 쓰는 것도 '바둑' 이나 '장기' '고스톱' 놀이가 모두 같아 치매 예방도 할 수 있어 '치매 예방약' 이라 할 수 있고 학자나 늙은이나 젊은이나 누구나 할 수 있으니 '대중놀이' 또는 '선비놀이' 라 할 수 있다. 큰 돈을 걸고 하는 것은 절대로 안된다. 고스톱도 그렇고 바둑도 장기도 모두 그렇다.

광박회는 오랫동안 공직에 몸담고 있다가 나이가 많아 퇴직하고 나와서 집안일을 돕고 있으나 일이 몸에 배지 않았기 때문에 오랫동안 힘든 일을 할 수 없어 쉬기 위해서 한 번씩 모여 웃고 놀면서 스트레스를 해소하고 일할 힘을 재충전하고 놀다가 헤어지는 놀이모임이다.

3점에 천 원씩 하여 삼오칠구로 돈이 올라가고 수입이 오천 원이 되면 천 원씩 떼어 점심과 술을 사 먹는다. '고스톱' 에는 광박이 있고 피박이 있으며 열박도 있다. 광과 피, 열로 점수가 났을 때 광, 피, 열을 정한 숫자만큼 진 사람이 갖고 있지 않으면 박을 당하게 되는 것이다. 그래서 모임 이름을 이중 하나인 광박에다 회를 붙여 광박회라 정하였고 회장도 있다. 누가 언제 모이자는 발의를 하면 연락이 전 회원에게 전하여지고 정해진 시간까지 아무리 먼 곳에 가 있어도 대부분이 정해진 장소에 와야 한다.

오늘 모임은 오후 3시 반에 운암 송죽식당에 모여 고스톱을 하기로 했으므로 2시경에 나는 창원을 출발하면 된다. 내가 목적지에 닿으니 시간이 좀 이른데도 불구하고 벌써 회원들이 몇명 와 있었다.

이런저런 이야기를 하고 놀다가 정해진 시간이 되면 차를 한 잔씩 하고 화투로 앉는 자리를 정한다. 앉는 자리에 따라 승패가 많이 좌우

되기 때문이다. '첫 판은 계집애 판' 이라 하면서 안 치고 들어가는 사람도 있다.

어쩌다가 화투를 치게 되면 이기려는 사람에게 "3점만 하라"면서 져 주는 척한다. 이긴 사람은 "나는 첫판 먹는 날은 꼭 돈을 따더라" 하고 진 사람들은 이긴 사람을 보고 "오늘 누가 봉이 되겠는지 알겠다" 하고 놀려댄다. 그러면 이긴 사람은 "아니다, 나는 첫 판에 이기면 그날은 꼭 돈을 따는 힘을 갖고 있다"면서 의기양양하게 대어든다.

고스톱을 하다 보면 광박과 피박을 당하는 수가 생긴다. 그때 이긴 사람이 기분이 좋아 피박만 치고 광박 이야기는 안 하고 점수를 계산하여 돈을 요구한다. 진 사람은 얼른 돈을 던져 준다. 이긴 사람이 돈을 받고 화투를 섞으면 아무 말도 안하고 있던 진 사람이 "축구가 따로 있나. 광박도 모르고." 하면서 이긴 사람에게 약을 올린다. 화투를 섞으면 그 판이 끝난 것으로 정했기 때문이다. 상대방의 기를 죽이기 위하여 일부러 말하는 것이다.

어느 때는 화투를 나누어 주고 치다가 먼저 치는 사람이 화투를 탁 들셔 놓으면서 "아나, 이것 먹고 설사나 해 버려라" 하면 "오냐, 먹고 말고. 설사를 세 번 할꺼마. 그놈 효자다." 하고 치다가 설사를 하는 수가 있다. 그러면 "봐라, 죽을려면 무슨 짓을 못해. 왕비 ○○도 만지는데." 모두가 "와!" 하고 자지러지게 웃는다.

또 화투를 치면서 "아나, 이것 먹고 설사나 해버려라." 하면 "네 꼬치다." 설사를 세 번 하면 3점 한 것으로 치고 돈도 따고 그 판은 끝이 나는 것이다.

화투를 쳐 3점을 하여 "스톱, 친선이다!" 하며 놀이를 끝을 내면 "3점은 자는 놈을 깨워서 3점 돈을 주둥이에 물려 준다" 하며 괜찮은 표정을 하면 "그래도 지는 놈이 손핸 걸…" 하고 웃으며 돈을 받는다.

고스톱을 하면서 먼저 광을 먹는 사람을 보면 "광 좋아하는 놈 촌놈 아니가!" 한다. 쌍피를 먹으면서는 "쌍피는 비행기를 타고 가면서도 뛰어내려서 먹는다." 하고 자랑스럽게 이야기하며 먹는다. 화투를 나누어 줄 때 받는 사람이 같은 장이 넉 장 들면 모두에게 3천 원씩 받는다. 그리고 넉 장이 들면 대운이라고 떠든다.

화투를 쳐서 져도 돈을 잘 안 내는 사람이 있다. 이런 사람을 '있다 사장' 이라 한다. 있다 사장에게는 "현금 박치기, 주고 받는 현금 속에 웃고 노는 고도리 판" 하면서 돈을 내라고 독촉한다.

내가 ○○시 학무과장을 할 때의 이야기이다. 중학교 교장 몇 명과 교육장, 그리고 나와 함께 고스톱을 하는데 재미가 없었다. 왜냐구? 교육장이 지면 돈을 안 내기 때문이다. 그래서 내가 교육장께

"있다 사장 되지 마이소. 교육장 체통에 관계됩니다."

하였더니 미안해하며 그 뒤부터는 돈을 잘 내었다. 교육장들이 교장들과 고스톱 놀이를 할 때 대개가 이런 버릇이 있기 때문에 교장들로부터 욕을 얻어 먹는 것을 많이 보았기 때문에 내가 교육장할 때는 낱돈(천 원권)을 넉넉히 갖고 다니면서 '있다' 는 소리를 한 번도 한 일 없고 그 버릇은 지금까지 갖고 있다.

내가 진해교육청 장학사 시절 김○○ 장학사와 정○○ 교감, 나와 세 명이 고스톱 놀이를 하는데 김 장학사가 '있다 있다' 하면서 진 돈이 만 원이 넘어도 돈을 안 내놓기에 좋게 충고를 하다가 화가 난 내가 화투를 김 장학사 머리통에 던지고 뺨을 한 차례 때렸다. 김 장학사가 섧게 울므로 사과하고 돈 안 내는 버릇을 고쳐 주었다. 지금은 김 장학사와 친한 친구가 되었지만 지금 생각하면 그때 내가 좀 심했

던 것 같다. 그래서 내가 치는 고스톱판에서는 '있다' 소리 두 번 이상 하면 패를 안 주기로 아주 정해 버렸다.

이런 일도 있다. 고스톱판에서 돈을 많이 잃으면 누구나 기분이 나쁘므로 시작할 때 모두 5만 원씩 내놓고 치다가 운이 나빠 일찍 5만 원 다 잃으면 5만 원까지 한번 더 내놓고 칠 수가 있다. 한 번 더 치고 싶으면 일어서서 바지의 허리띠를 풀고 바지를 무릎 밑까지 내리고 고추를 모두에게 세 번 보여주면 칠 수 있다. 얼마나 우스운고! 앉아 있기가 심심하니 고추를 보이고도 치는 사람이 있는 것이다.

화투를 잘못 내어 상대가 먹고 3점이 되어 '고'를 부를 수 있게 만든 사람에게 "아이고, 저런 사람 낳고 아들 낳았다고 미역국 먹었을까?" 하면 화투 낸 사람이 "아니다. 미역은 돈이 없어 못 사먹고 씨락국 끓여 먹었다더라." 하면 "신라국은 뭘라고 먹어. 백제국이나 먹지." 한다.

이긴 사람이 그 다음 패를 잡고 치다가 지면 "여당을 했으면 야당할 각오를 해야지." 하면서 "만년 여당이 있나?" 한다.

화투패를 받아들고 화투를 치면서 끙끙 앓는 소리를 하는 사람이 있다. 그 사람을 보고는 "끙끙 앓는 소리 조심해라. 화투패가 좋다는 말이다." 하면서 화투 치는 두 사람이 합심하여 그 사람에게 이기자면서 재미있게 화투를 친다.

화투를 치면서 몸이 아프다고 하면 "그만 죽어버려라. 나는 같이 논 죄로 문상이나 가야 되지 않느냐? 문상 갈 때 화투 한 벌을 사가서 관 속에 넣어 줄꺼마." 하면 "그래도 의리는 있네? 그때 화투 살 돈을 오늘 달라." 하면 "아니다. 가서 맛있는 돼지고기 한 점하고 탁배기도 한 잔 하고 줘야 되지 않는가?" 한다.

몸이 아픈 사람도 고스톱을 치면 아픈 것을 잊는다. 고스톱에 신경을 쓰기 때문이다. 그래서 고스톱을 '단방약' 이라 하지 않는가. 옆에 있는 사람이 몸이 아팠다던 사람을 보고 "자네 몸 안 아프재? 약값이나 톡톡히 내게." 하며 재미있게 논다.

고스톱을 하다가 '쓰리 고' 까지 불러 돈을 많이 따게 되면 "기분이다" 하고 천 원을 휙 던지기도 하고 화투 안 치고 옆에 앉았던 구경하는 사람에게 " 기분이다." 하면서 천 원식 주고 같이 화투 친 사람에게는 한 푼도 안 준다. 그리고는 "많이 따기만 해라. 또 줄꺼마." 하면서 약을 올리고 자기 이마를 '탁!' 치기도 한다. 쓰리 고를 하면 돈을 배로 준다.

또 이런 일도 있다. 고스톱을 하다가 광 다섯 장을 다 따게 되면 15점이 되고 광박을 씌우면 30점이 된다. 그렇게 되면 만 원을 잃게 된다. 아무리 점수를 많이 해도 '만방' 이라 하여 만원 더는 안 준다.

늘 모여 같이 화투 치는 사람을 '평생 동지' 라 하고 점수 계산시 흔든 것, 각종 박 쓴 것, 고 한 것 등을 잊지 않도록 머리를 써야 하니까 '치매 예방약' 이라 한다. 화투를 들고 앉아 고스톱을 하면 돈이 나오니 '도깨비 방망이' 라고도 하고 즐거움에 빠져 아프다는 말을 안하니 '단방약' '만병통치약' 이라 한다. 세 사람만 모이면 하니까 '대중 놀이' 라고도 하고 어른이나 아이나 남자나 여자나 모두가 하니 '국민운동' 이라고도 한다. '건강놀이' , '민속스포츠' 라고도 하고 화투는 '교과서' 오락교재' '책' 이라고 부르기도 한다.

고스톱을 하다가 마지막 2장이 남았을 때 합의 도출을 위하여 '쇼당' 을 부르기도 한다. 지는 친구를 보고는 "너는 내 찰밥이다." 하고 놀리기도 하고 고스톱을 할 줄 모르는 친구를 보고는 "자네 죽어 저승에 가면 염라대왕이 고스톱을 배워 오라면서 돌려 보내겠네.” 한다.

여하튼 고스톱은 대인관계에는 참 좋은 놀이다. “이 친구야, 고스톱 한번 안 할래?” 만날 때마다 친구끼리 주고받는 인사말이다.

“고스톱을 누가 지어냈을까? 우리 서너 푼씩 모아서 제사나 한번 지내주자” 하는 사람도 있다. 이와 같이 재미있는 유머를 써가면서 하는 고스톱은 재미도 있으려니와 골프나 생일잔치, 제사 등을 하고 난 뒤에는 반드시 따르기 마련이다. 두뇌가 비상한 사람이 창안했으리라.

그러나 고스톱을 좋아하는 사람들에게 한마디 하고 싶은 말은, 많은 돈을 걸고 하지 말 것이며 너무 자주 하지 않는 것이 좋다고 본다. 오래 앉아 있으면 다리가 아프고 관절염이 생기기도 한다. 한 2~3만 원 잃어 준다고 생각하고 고스톱은 재미있게 해야 한다.

그런데 이런 재미있는 고스톱은 남자들만의 전유물이 아니다. 나와 좀 가깝게 지내는 여자친구가 몇 명 있는데 그들 중 두 사람이 창원까지 왔다가 가는 길에 나를 찾아 주었다. 그들이 차를 드는 사이에 나는 혼자서 있는 화투로 고스톱을 하고 있으니 그중 한 친구가 같이 치자고 하였다. 내가 고스톱을 할 줄 아느냐고 물으니 가족끼리 모이면 자주 한다면서 한번 해보자고 하였다. 1점에 200원씩 내기 고스톱을 하였다. 고스톱은 내기가 아니면 재미가 없고 딴 돈을 돌려주면 재미가 없다.

그 중 한 친구는 화투를 칠 줄 몰라 옆에서 구경을 하고 둘이서 치니 아주 재미가 있었다. 그는 나보다 훨씬 잘 쳤다. ‘쓰리 고’ 도 하고 ‘피박’ 도 슬기롭게 넘겼다. 그는 나를 손에 넣고 마음대로 주무르는 것이었다. 내가 운이 좋았던지 우리 집에서 칠 때도 돈을 좀 땄었고 뒷날 내가 차로 친구 집에 데려다 주고 그 집에서 놀게 되었는데 여기서도 밤 늦도록 고스톱을 해서 내가 주머니에 동전을 가득 땄고 지폐도 조금 땄다.

10만원을 따야 된다면서 흔들어 보이고 놀려대었다. 돈지갑을 동전 소리가 나도록 탈탈 쇠 소리가 나도록 흔들며 놀려도 아무 말을 하지 않고 다음에 한번 붙어 달란 소리뿐이었다.

그 친구, 나와 어찌 그리 취미가 같을꼬! 문인은 아니지만 글 짓는 솜씨도 대단하여 내가 쓴 글을 이렇게 고쳤으면 더 좋겠는데 하고 지도 조언을 해 주는 고마운 사람이다. 젊었을 적 만났더라면 동거동락하면서 멋지게 살 수 있는 사람인데 나이 들어 만났으니 남과 자식들 보기 부끄러워 같이 살 수 없는 형편이라 아쉬워만 할 뿐이다.

떠나는 나를 보고 다음 만나서 밀방석 펴놓고 자연을 벗삼아 고스톱이나 실컷 하고 전화연락이나 자주 하고 한 번씩 만나자는 약속을 하고 떨어져 오기 싫은 발길을 창원으로 옮겼다. 친구끼리 만나 고스톱을 하다가 돈을 잃은 채 그 자리를 일어서야 할 때는 인사말이 걸작이다.

“내가 오늘은 바빠 그냥 떠나는데 다음 만날 때까지 죽지 말고 돈 잘 보관하고 있거라.”

한다. 그야말로 재미있는 고스톱이다.

이와 같이 고스톱은 남녀와 노소를 가리지 않는 대중놀이로 굳어져 가고 있다. 시도 때도 없이 고스톱을 해서는 안되지만 의자에 앉아서 건강을 해치지 않게 하여야 하고 적은 돈으로 시간을 보내는 친구끼리 노는 고스톱은 권장할 수는 없지만 괜찮다고 본다.

그런데 나는 광박회에서 이틀 계속해서 밤샘을 하면서 놀았더니 다리가 아파 병원에 갔더니 관절염이 도져 그렇다면서 무릎에서 물을 한 컵 정도 빼내고 며칠 치료를 받아 나았다. 보름쯤 뒤 다시 고스톱으로 오래 놀았더니 다시 다리가 아파 병원에 가서 물을 빼고 치료를 받았었다. 의사가 하는 말이

“교장선생님, 고를 안 하셔야 하겠습니다.”

하시기에 그때부터 나는 고스톱을 될 수 있는 한 안 하기로 마음을 먹었으나 잘 되질 않는다. 심심하면 시조창이나 하고 글이나 쓰면서 시간을 보내고, 어쩌다 친구들을 만나면 어쩔 수 없어 잠깐 고스톱은 한다. 건강을 위하여 오래는 할 수 없는 것 아닌가! 다리가 안 나으면 고스톱은 나를 두고 영원히 ‘고’ 할지도 모르겠다.

스물여섯번째 이야기

스승을 존경하는 마음

–초등학교 학예회 때 한 '검사와 선생님' 내용 중심

자기를 가르쳐 주고, 지금이 있도록 도와주신 스승님에 대하여 존경하는 마음은 요사이 사람보다는 옛날 사람들이 훨씬 많았다. 그래서인지 우리가 어릴 적만 하여도 '스승의 그림자도 안 밟는다'는 말을 자주 들을 수 있었다. 그러나 요사이는 어떤가? 생각해 볼 일이다.

내가 이 글을 쓰려고 펜을 들자 어릴 적에 선배들로부터 들은 이야기 하나가 생각났다. 하루는 봄 소풍을 바닷가로 갔는데 선생님께서 한쪽으로 가시더니 바다 쪽을 보고 소변을 하고 있다. 그것을 본 학생이 "야, 선생님도 소변을 하시는구나!" 할 정도로 선생님은 보통 사람들과 다르고 우상시할 정도였다.

그런데 세상이 왜 이리 되어 가는지 모르지만 그때만 하여도 학생이 잘못을 저지르면 사랑의 회초리로 매를 맞았다. 요사이는 회초리로 때리지도 않고 때릴려는 선생님도 없다. 이와 같은 사랑의 회초리 교육은 사라진 지 이미 오래되었다고 우려하는 목소리가 나올 정도니 선생님의 그 다정했던 모습은 찾아보기조차 어렵고 선생님을 존경하는 풍습이 점점 사라져 가고 있는 실정이다. 심지어는 선생님을 천대시하는 풍습이 생기기까지 하였다.

그러면 나는 어떤가? 스승님들에 대하여 어떻게 하고 있는가? 나를 가르쳐 주신 선생님들에 대하여 한 번도 제대로 대접도 못하고 그냥 보내고 있다. 마음은 갖고 있으면서 뜻대로 안되는 것이 현실이다. 기껏한다고 해봤자 생각나는 날에 전화나 한 번 하고 편지나 한 장 보내는 그런 사람으로 살아가는 내가 부끄러울 뿐이다.

나를 가르쳐 주신 선생님들은 모두가 훌륭하신 분들이셨고 무척이나 나를 아껴주시던 어른이셨는데 심히 미안하게 생각할 뿐이다.

지금도 그렇지만 우리가 어릴 적에는 선생님들께서 어린이들의 꿈을 키워 주기 위하여 학교에서 학예회란 것을 해마다 하였다. 그날 어린이들의 재능활동이나 작품활동한 것을 공개하여 오시는 학부모들께 구경시키셨다. 물론 지금도 그렇게 하고 있는 학교가 많지만….

독창, 시낭독, 무용, 체조, 뜀틀놀이, 악기 연주 등으로 그동안 학교생활에서 배우고 익힌 것들을 보여 주었다. 특히 기억나는 한 가지는 스승의 은혜를 잊지 않고 열심히 노력하는 사람이 성공한다는 것을 보여주는 연극이었다. 4학년 때인가 5학년 때인가 기억이 흐릿한데 제목이 '검사와 선생님' 이었다.

어느 산 높고 물 맑은 깊은 두메 산골에 일찍 남편을 여읜 젊은 어머니가 허리가 굽고 걸음도 제대로 잘못 걸으시는 연세 높은 시어머니를 모시고 초등학교에 다니고 있는 꼬마 학생을 데리고 가난하나마 단란하게 살아가고 있었다.

이 어린 꼬마는 할머님과 어머님의 따뜻한 사랑을 받으면서 자라서 조그마한 산을 두 개나 넘고 내를 건너 가야만 있는 학교를 하루도 걸르는 일 없이 다니며 열심히 공부를 하고 있었다. 손에는 항상 책이 들려 있었고 식사를 할 때나 심지어는 변소에 앉아 변을 보면서도 책을 보는 열성이 대단한 학생이었는데 이름하여 황창호라 불렀다.

초등학교 다닐 적부터 공부를 잘 하고 우스갯소리를 곧잘 하여 친구들을 잘 웃겼고 뛰어나게 운동을 잘 하여 아이들의 인기가 대단하였다. 그런 황창호가 하루는 수업시간에 선생님께서 소의 되새김질 이야기를 하시다가 "이 세상에 '이' 없는 동물이 없을까? 하자 그 소리가 끝나기가 무섭게 창호가 "예, 있습니다. 우리 할머니입니다." 하여 전 급우들의 폭소를 자아내게 한 일이 있을 정도로 유머 감각이 뛰어난 창호였다.

이런 창호가 무럭무럭 자라서 국민학교(지금은 초등학교)를 졸업하고 중학교도 졸업하여 고등학교 2학년 때였다. 이젠 소견이 날대로 난 청소년 창호였다. 집안이 가난하다 보니 학교에서 돌아오면 창호는 뒷산에 가서 땔나무를 해와서 읍내에 지고 나가 판 돈으로 학비를 마련하면서 고등학교에 다니고 있었다.

그런 어느 날이었다. 창호는 아침 일찍 산에 가서 땔나무를 한 짐 해와서 사립문 옆 길가에 받쳐 두고 식사를 하는 둥 마는 둥 하고 책보퉁이를 챙겨 지게를 지고 읍내 시장에 가서 팔고는 학교로 가는 길이었다. 변전소 옆을 지나다가 보니 옆에 있었던 집이 엊저녁에 난 불로 다 타고 그 집에 살던 아버지와 어머니는 넋을 잃은 채 앉아 있고 국민학교에 다니던 꼬마 아들은 학교도 못 가고 그대로 있었다. 아침 식사도 안한 모양이었다. 그걸 본 창호는 자기가 그날 땔나무감을 지고 와서 판 돈을 다 내어 주면서 '쌀을 사서 식사를 해 먹으라' 하고는 추위에 떨고 있는 국민학생에게는 자기의 내의를 벗어 입히고 나서 학교로 갔다.

오전 수업을 마치고 오후 체육시간이었다. 모두가 체육복을 입고 나왔고 체육복을 못 입고 나온 두서너 사람은 윗옷(상의)을 벗고 웃내의 차림으로 나와 열을 서 있는데 창호는 체육복도 안 입었고 그렇다고 해서 속내의도 없으니 교복을 입은 채로 열 중에 서 있었다. 체육선생님께서 오시더니 왜 창호는 교복을 입은 채로 서 있느냐고 물으셨다. 그러자 창호는

"체육복을 못 입고 왔습니다."

한다. 그러자 선생님께서는

"교복 상의를 벗고 내의 차림으로라도 체육을 해야 되지 않느냐?"

하면서 교복 상의를 벗으라고 졸랐다.

창호는 고개를 푹 숙이고 한참 있더니 선생님을 바라보면서

"선생님, 이대로 하면 안되겠습니까?"

하니 선생님께서는

"안돼, 교복을 입은 채로 운동을 하다니 빨리 벗어라."

하시면서 나무라듯 말씀하셨다. 그러자 창호는

"선생님, 만년 셔츠도 좋습니까?"

한다. 어리둥절한 선생님은

"만년 셔츠라니?"

하고 되묻는다. 창호는 상의의 단추를 하나하나 풀면서 내의도 입지 않은 벌거숭이 맨몸을 선생님께 보여드리면서

"만년 셔츠올시다."

선생님은 깜짝 놀랐다. 이 추운 날 내의도 안 입고 맨몸으로 학교에 나온 창호가 측은하였다.

"아니, 창호야. 이렇게 추운 날 내의도 안 입고 맨몸으로 학교에 나오다니 어떻게 된 일이냐?"

하고 되묻자 창호는 그때까지 있었던 모든 일을 그대로 자세히 이야기하는 것이었다. 창호의 이야기를 자세히 들은 선생님은 창호의 착하고 아름다운 마음씨에 감탄을 했고 그때부터 창호에 대하여 특별한 관심을 갖고 보살펴 주었다.

어느 누가 세월을 전광석화와 같다고 하였던고! 세월은 빠르게 흘러 창호가 고등학교를 졸업하고 대학에 다니기 위하여 서울로 올라갔다. 고학을 해서라도 대학을 다니겠다는 일념으로 서울에 왔으나, 마땅한 취직자리가 없어서 '아이스케키' 통을 둘러메고 다니면서 팔기도 하고 새벽엔 신문 배달도 하였다. 그리고 장삿집에다 달걀을 배달하면서 어렵게 공부하며 대학을 졸업하고 그 다음해 사법고시를 쳐서 당당하게 합격의 영광을 얻었다.

실무 연수를 마치고 조그마한 한 고을의 검찰청에 검사가 되어 일하고 있을 때였다.

같이 있는 다른 한 검사가 맡은 사건이 옛날 고등학교 다닐 적의 자기 담당 체육 선생님이 관련된 사건임을 알게 되었다. 만약 이 사건이 잘못 되면 체육선생님은 중형을 받을 그런 사건이라 아무에게도 말하지 않고 창호는

'선생님은 절대로 진범이 아니야. 진범이 반드시 따로 있을 거야. 그 착하고 인정 많은 선생님께서 그런 일을 하실 분이 아니지. 내가 진범을 잡아야지'

하고 매일 동분서주하며 범인을 잡기 위하여 노력을 하였다.

몇 달이 흘렀다. 언도공판을 하는 날이었다.

그날도 창호는 진범을 잡기 위하여 헤매다가 우연히 그 진범을 잡게 되어 쇠고랑을 채우고 재판정에 들어서는데 검사의 구형이 막 끝나고 재판장의 언도가 내려지고 있었다. 재판장이

"피고 김석범! 피고는 형법 ○○○조에 의하여…"

바로 이때다. 황검사가 범인을 끌고 법정으로 들어서면서

"재판장님, 진범을 잡았습니다. 이 자가 진범입니다. 김석범 씨는 누명을 쓰고 있었던 것입니다."

하면서 재판장 옆에 가서 자세한 이야기를 하자 그 자리에서 김석범은 누명을 벗고 무죄로 풀려나게 되었다. 관계자들도 모두 놀랐고 방청석에 있던 많은 사람들도 놀랐다.

법관들이 퇴장하고 방청석에 있던 사람들도 모두 나가고 없는 법정에는 김석범 씨와 황검사만이 남아 있었다. 김석범 씨가 힘없는 걸음걸이로 황검사 옆으로 걸어 와서 고개를 푹 숙인 채로

"영감님, 감사합니다. 누명을 벗겨 주시고 제 생명을 구해 주신데 대하여 깊은 감사를 드립니다."

하고 머리를 조아리자 황검사가 깜짝 놀라며

"아니, 영감님이라니요? 선생님, 저를 모르시겠습니까?"

"예, 잘 모르겠습니다."

"선생님 자세히 보십시오. 옛날 학교 다닐 적의 만년 셔츠입니다."

하니까 그때서야 선생님은 창호를 알아보고

"아, 만년 셔츠, 황창호! 황창호 만세!"

하는 소리와 함께 막은 조용히 내렸다.

우리가 국민학교 다닐 적에 학예회에서 한 연극의 줄거리는 대강 이러했다. 요사이 초등학교에서는 이런 학예회를 잘 볼 수 없으니 아쉬울 뿐이다.

이 연극은 우리들에게 진실은 반드시 밝혀지기 마련이고, 남에게 도움을 줄 줄 아는 사람이 되어라, 고생스럽더라도 열심히 노력하면 반드시 성공할 수 있다, 스승의 은혜에 보답하라, 열심히 살며 노력하는 것이 은혜에 보답하는 길이 된다는 등 이런 것들을 은연 중에 가르쳐 주고 있다.

공부를 열심히 하여 사회에 쓸모 있는 인간이 되는 것이 부모님과 스승님의 은혜를 갚는 길임을 알아야 한다. 이와 같이 사람은 꿈을 먹고 사는 동물이다. 여기서 꿈이라는 것은 희망이요, 장래에 하고 싶은 바람인 것이다.

젊은이들이여! 꿈을 갖고 열심히 살아라. 부모님의 은혜와 스승의 은혜를 잊어서는 안된다. 항상 고마워하는 사람이 되어라.

스물일곱번째 이야기

숯내와 삼천 갑자 동방삭

사람은 누구나 건강하게 오래 살기를 원한다. 그러나 염라대왕은 저승사자에게 암과 질병 등을 주면서 사람들을 하나하나 저승으로 데리고 오라고 일렀다. 의술의 발달과 건강식품의 생산으로 사람들은 저승사자에게 잡혀 가질 않고 오래 살기 때문에 노인 인구가 점차 늘어가고 있는 추세이다. 조금이라도 건강하게 살며 남에게 수고와 피해를 끼치지 않고 오래 살기를 바라는 것은 모든 사람들의 공통된 희망 사항이 되었다.

그런데 삼천 갑자 동방삭은 18만 년이나 살았는데도 저승사자에게 잡혀 가질 않았고 오래 살았는데 모든 사람이 다 그렇게 오래 살면 조그마한 이 지구는 사람에 쌓여서 걸어 다니지도 못할 것이다.

옛날 중국 사람들은 우리나라 같이 살기 좋고 경치가 좋다는 금수강산에 한 번 가서 살아봤으면 하고 바라던 나라다. 그 금수강산이 지금은 묘지강산이 되어 가고 있다니 한심하기 짝이 없다. 어떻게 하면 그놈의 저승사자를 오지 못하게 하여 건강하고 행복하게 오래 살다가 갈 수 있을까 하고 궁리하던 우리 조상들은 삼천 갑자 동박삭에 대한 유머스런 구전설화를 만들었으니 그 재치가 얼마나 자랑스러운가.

경기도 용인에서 근원하여 한강으로 흘러 들어가는 숯내(탄천)라는 하천이 있는데 숯내라 부르는 이유는 이러하다.

옛날 강원도에서 잘 자란 나무를 벌채하여 뗏목으로 만들어 뚝섬으로 싣고 와서 여기서 숯으로 구워 한양(서울)에 팔았다. 이 숯 때문에 강물이 새까맣게 되어 흐른다 하여 숯 탄炭자와 내 천川자를 써서 탄천炭川이라 부른다는 하천 이름에 얽힌 재미난 이야기가 있다. 여기에 곁들인 이야기가 삼천 갑자 동박삭과 관련되어 전해 오고 있다.

하루는 염라대왕이 저승사자를 불러 하는 말이

"너 지금 어디 가서든지 삼천갑자三千甲子(60년×3000)가 되도록 오래 살고 있는 동박삭을 잡아 오너라."

하고 명을 엄하게 내렸다. 그러자 저승사자는 잡아오겠다며 곧장 길을 나섰는데 제일 먼저 온 곳이 경기도 용인이었다.

며칠을 다니면서 동방삭을 찾아봐도 찾을 길이 없었다. 고민하던 끝에 한 꾀를 생각해 내었다.

'듣는 말에 의하면 동방삭은 호기심이 많고 이상한 행동을 많이 하고 다닌다 하는데….'

여기까지 생각하던 저승사자는

'아, 됐다. 내가 보통 사람들이 하지 않는 이상한 일을 하면 동방삭이 그 소릴 듣고 찾아오겠지.'

하고 그날부터 숯을 갖고 와서 흐르는 시냇물에 씻기 시작하였다.

며칠을 계속하여 숯을 씻자 지나는 사람들이 이상히 여겼고 '저 사람 머리가 좀 돈 사람 아니야?' 하고 말을 하며 지나들 갔다. 그리고 이 소문은 널리 전해져서 동방삭도 듣게 되었다.

"왜 그럴까? 가서 알아나 보자."

하고 동방삭이 저승사자가 숯을 씻고 있는 곳에 가서 한참 동안 저승사자가 숯을 씻고 있는 모습을 보고 있다가 동방삭이 저승사자를 보고

"노인장, 왜 검은 숯을 그렇게 물에 씻고 있소?"

하고 묻는 것이었다. 저승사자는

"예, 이 검은 숯을 하얗게 만들기 위하여 이렇게 씻고 있는 중이요."

하니까 동박삭이 하는 말이

"내 삼천 갑자나 살아도 검은 숯을 하얗게 만든다고 씻는 사람은 오늘 처음 보았소."

하면서 껄껄 웃고 지나가려는 것이었다.

저승사자는 '아! 삼천 갑자나 살았다?' 이 사람이 동방삭이 틀림없구나 하고 날쌔게 그 자리에서 잡아 저승으로 데리고 갔다 한다.

이렇게 해서 세상에서 가장 오래 살았다던 동방삭은 저승사자에게 잡혀서 염라대왕 앞에 가서 죽임을 당한 것이다.

동방삭을 잡기 위하여 저승사자가 숯을 씻은 하천이라 하여 숯 탄자와 내 천자를 써서 탄천이라 부른다는 구전설화이다. 이와 같은 재미난 구전설화를 지으면서까지 오래 살기를 바라던 우리 조상들의 유머스런 재치에 다시 한번 놀라지 않을 수 없다.

스물여덟번째 이야기

민정이한테 들었던 옛날 이야기

그리움을 삭여 온 옛 친구를 오랜만에 만났더니
얼굴은 찌그러지고 백발이 성성하네
헤어진 지 오십여 년 세월은 흘러 갔고
나이 들어 만나니 옛 생각 절로 나네.
동구 밖 물레방앗간에서 누룽지를 나누어 먹으면서
민정이는 할머니로부터 들은 이야기를 우리들에게
곧잘 들려 주었는데 오랜만에 민정이를 만나니
어릴 적에 들었던 그 이야기가 새삼스레 떠오르네.

1.

'이야기는 거짓말이 많지만 노래는 참말이 많단다' 하면서 시작한 이야기는 다음과 같다.

옛날 옛적에 호랑이가 담배 피우던 때 코끼리와 개미가 결혼을 하여 재미있게 살아가고 있었다.

산덩이 같이 큰 몸뚱이를 가진 코끼리와 바늘 구멍에도 드나들 것 같이 몸체가 작은 개미의 결혼생활은 하루하루가 즐거웠고 깨가 쏟아졌는데 그것도 잠깐이었다.

어느 날 코끼리가 시름시름 앓다가 죽고 말았다. 개미가 너무 슬퍼하며 소리내어 울고만 있을 때 개미 친구들이 조문차 찾아와서 개미에게 말하였다.

"얘야, 너무 슬퍼하지 말아라. 지난 일은 다 잊어버리고 새 친구를 만나 사귀어 결혼하여 살면 안 되느냐?"

하며 달래주려 해도 개미는 더 슬피 우는 것이었다. 옆에서 친구들이 계속 위로를 하니까

"흑흑, 언제 묻을꼬. 묻을 일이 걱정이네."

하더란다. 다른 말로 알기 쉽게 말하면 몸통 큰 코끼리가 죽어 슬퍼 우는 것이 아니고 언제 흙을 물어 날라 저 큰 코끼리를 묻느냐? 그게 걱정이 되어 운다는 유머스런 이야기이다.

2.

옛날 옛적에 개미와 지네가 만나 아주 사이좋게 친하게 지내고 있었다.

그런 어느 날 개미와 지네가 시골 어느 빈집으로 여행을 가서 재미있게 지내고 있었는데 갑자기 눈이 많이 내려 한 길이나 쌓였다. 빈집이라 먹을 것도 없고 배가 고파서 견딜 수가 없었다.

둘이는 서로 동네 앞 점방에 가서 먹을 것을 사 오겠다고 하였다. 개미가 먼저 "내가 가서 먹을 것을 사올테니 지네 너는 여기서 기다리고 있거라." 한다. 그러자 지네는 "내가 눈 위로 살살 기어 가서 사올테니 개미 너는 집에서 기다리고 있거라." 한다. 둘이서 한참 서로 갔다오겠다고 승강이를 하다가 지네가 갔다 오기로 하고 개미는 방에서 기다리고 있기로 하였다.

지네는 문을 열고 나가면서 얼른 먹을 것을 사서 오겠다면서 나갔다.

개미가 방에서 혼자 지네가 오기를 몇 시간이나 기다려도 지네는 오지 않아 지쳐버리고 말았다. 하마나 올까, 올까 하고 기다려도 오지 않아 지친 개미가 방문을 열고 나가니 지네가 마루에 앉아서 그때까지 신을 신고 있었다. 발이 너무 많으니까 발마다 신 신는데 많은 시간이 걸렸다는 유머스런 이야기였다.

이 밖에도 들었던 재미난 이야기는 많았지만 오랜만에 만난 두 사람은 그동안의 자기들 이야기 하기에 바빴다.

스물아홉번째 이야기

복잡한 計寸 오촌 오누이

강효설과 김민정은 이웃동네에 살면서 오촌 오빠와 오촌 누이라며 가깝게 지내는 사이였다. 사람들은 "오촌이면 숙질 간인데 이상한 계촌이다." 하고 의문을 갖고 있었는데 한참 뒤에 알고 보니 사랑하는 사람들의 관계를 일컫는 은어라는 것을 알게 되었다.

오촌 오빠와 오촌 누이의 전화 거는 내용이 재미있다.

오후 6시 10분, 오촌 오빠가 오촌 누이에게 전화를 건다. 벨을 한참 눌러도 전화를 받지 않는다. 오촌 누이가 직장에서 돌아오지 않은 모양이다. 6시 20분에 다시 전화를 걸어도 마찬가지이다. 6시 30분에도 신호만 가지 전화를 받지 않는다. 오촌 오빠의 가슴이 탄다. 사고는 아니겠지? 왜 여태 안 올까? 걱정이 되고 궁금하다. 6시 40분, 신호를 또 보낸다. 숨을 헐떡이며 전화를 받는다. '대문에 들어서니 벨이 울어서 뛰어 와서 급하게 현관문 열쇠를 따고 전화를 받는다'는 오촌 누이의 말이다.

"오늘 직장에서 재미있게 보냈어요?"

"응, 재미있었어요. 나는 행복을 만드는 사람이거든요. 행복해야만 재미가 있는 것 아니어요? 오늘 당신도 시조회관에 나가서 재미있게 놀다 왔어요?"

"그럼 재미있게 놀다 왔지요. 차도 끓여서 손님들께 접대하고 시조창도 하고 그런데…."

"그런데 뭣인데요?"

"내가 좋소?"

"좋고 말고요. 어찌 오늘은 그 소릴 안하는고 싶었어요. 친구로서 참으로 좋지요."

"친구만 되나요? 애인도 되고 사랑하는 사람도 되지."

"아니 친구로서 나는 당신을 무척 좋아하고 있어요."

"내가 친구인가요? 오촌 오빠가 아니고?"

"허기야 오촌 오빠도 되지."

오촌은 숙질 간이다. 그걸 모르는 두 사람이 아니다. 친한 친구로서 동창으로서 무척 서로 좋아하는 사이이다. 어릴 적에는 이웃 마을에 살았으나 서로 몰랐고 소꿉장난을 한 일도 없다. 좀 자라서 같이 ○○교에 다니다가 학구개편으로 △△교로 전학 와서 공교롭게도 같은 반에 있었으나 그냥 덤덤하게 지냈고 졸업으로 헤어졌다가 나이 들어 동창 모임에서 만나니 감개가 무량할 수밖에 없다.

"내일은 뭐할 것입니까?"

"나는 내일은 방콕 할겝니다."

"방콕이 무엇이요?"

"여태 방콕도 몰라요? 방콕은 방에 콕 박혀 두문불출한다는 말이예요."

핫핫하고 자지러지게 웃는다.

오촌 오빠와 오촌 누이는 취미생활이 비슷하고 유머스럽게 농을 하다 보니 서로 친하게 된 것이다. 비록 멀리 떨어져 살고 있지만 하루라도 소식이 없으면 궁금해서 못 견디는 두 사람 사이이다. 전화로 연락하면서 오래오래 행복하게 살다 갔으면 하는 것이 두 사람의 공통된 바람이다.

새벽 일찍 일어난 오촌 오빠는 아침운동을 마치고 나서 오촌 누이에게 또 전화를 건다. 잠에서 막 깬 오촌 누이동생이 반가이 전화를 받는다.

"잘 잤나요?"

"응, 잘 잤어요. 당신도 잘 잤어요?"

"응, 잘 잤지요. 자면서 날 생각했나요?"

"응, 생각했지요. 꿈에 당신이 보이더군요."

"그래? 고마워요. 항상 나를 생각해 주세요. 만약 나를 생각 않고 다른 사람을 생각하면 재미 없소. 알겠어요?"

"응, 알았어요. 친구로서 참 좋으니까 항상 생각할게요."

"애인은 아닙니까?"

"애인은 아니고 친구지요."

"그래, 친구고 애인이고 무조건 항상 나를 생각해 주세요."

"응, 알았어요. 좋아할게요."

지금까지 계속되던 존댓말이 반말로 바뀐다.

"잘 먹고 잘 살아라."

"그래, 당신도 잘 먹고 잘 살아라."

잘 먹고 잘 살자고 해야지, 잘 먹고 잘 살아라 하면 갈라서는 사람들이 화가 나서 하는 말 같잖아?"

"당신도 잘 살아라 했지, 잘 살자고 안했잖아?"

"그래, 잘 먹고 잘 살자이."

두 사람의 전화 내용은 누가 들어도 재미있어 보인다.

"어이, 당신 딸 들어왔나? ㅇ양 말이야."

"아니, 오늘은 ㅇㅇ갈 일이 있다면서 외박한다고 전화가 왔어."

"그래? 그 ㅇ양 보고 싶다. 당신보단 훨씬 예쁘단 말이야. 아주 재미있는 농을 잘하고 명랑하고 싹싹하단 말이야. 내가 나이가 비슷하면 빼앗아 와서 행복하게 같이 살고 싶단 말이다."

"아, 그래? 당신이 내 사위가 될 뻔했네?"

"지랄한다. 그건 농이고 참 ㅇ양이 좋단 말이다. 당신보다는 훨씬 예쁘고 귀엽거든. 재주도 있고 못하는 것이 없으니 얼마나 좋으냔 말이다."

"어디 좋은데 있으면 중매나 하여라."

"오냐, 알았다. 내 딸로 생각하고 노력할꺼마."

"저번에 당신 집에 가서 보니 집이 너무 멋지게 꾸며져 있더라. 그림같이 말이다."

"아니다. 잘 꾸미지 못했다."

"아니, 내가 거기 가서 살고 싶을 정도로 멋지게 꾸며 두었더라."

"아이구, 미안해라. 집은 누추하고 접대도 잘못해서 미안해 죽겠더라."

"오니, 접대 잘 받았고 '고스톱' 얼마나 재미있었는지 모른다."

"재미있었어?"

"내라, 내라. 빨리 화투를 쳐라. 뭣하고 있니? 하던 말 생각 나나?"

"생각 나지, 그래서 나는 진작 만나서 화투를 치지, 늦게사 와서 바쁘게 화투를 치라 하니 정신이 없드라 하지 않드냐?"

"잔소리 말고 빨리 쳐. 얼른 치란 말이야. 그 소린."

"생각해 가면서 쳐야 화투 치는 재미가 있지."

그렇게 말했다.

"오늘 십만 원을 따야 하는데 그리 느리게 치면 언제 십만 원 따느냐? 하고 졸랐지."

"다음에 또 와서 하면 되지. 무슨 걱정이야. 내가 너 보고 그렇게 말 안 하더냐?"

두 사람의 농 섞인 이야기는 계속된다.

"이렇게 재미있고 사이좋게 전화하고 지내다가 한 사람이 만약 어찌 되면 골치 아프겠다이."

"생각만 해도 머리가 띵하다."

"건강하게 둘다 오래 살아야 할텐데…."

"당신이 여기에 와서 하루 쉬어 가고 내가 당신이 있는 곳에 가서 하루 놀다가 오고 그렇게 살면 안될까?"

"될 때가 있겠지. 그리 생각만 하면 돼."

"알았다."

화난 소리였다.

"우리 건강하게 오래 살자."

두 사람은 건강하게 오래 살면서 자주 전화하고 한 번씩 만나서 그간의 이야기도 하며 살고 싶은 게 바람이다. 이 두 사람들의 바람이 이루어지길 바랄 뿐이다.

서른번째 이야기

지성이면 감천

정성이 지극하면 하늘도 감동하여 좋은 일이 생긴다는 말로 '지성이면 감천' 이라는 말이 옛날부터 우리 사람들에게 널리 쓰여 왔는데 여기에 대하여 전하여 오는 이야기는 다음과 같다.

옛날 옛날 아주 먼 옛날, 지성이라는 사람과 감천이라는 사람이 살고 있었는데 두 사람 모두 독실한 부처님 신봉자였으나 불구자들이었다.

지성이라는 사람은 걸음을 제대로 못 걷는 지체 부자유자였고 감천이란 사람은 아무것도 볼 수 없는 눈 먼 장님이었다.

그러나 이 두 사람은 아주 사이가 좋아 감천이가 걸음을 잘 걸으니까 감천이에게 눈이 좋은 지성이가 업혀서 이리저리 가자고 길을 안내하여 절에 잘 다니고 있었다. 절에 가서는 부처님께 두 사람 모두 건강하고 행복하기를 빌었다.

착하디 착한 두 사람은 늘 같이 절에 가서 불공을 드렸는데 이 절의 주지스님은 절에 범종이 없기 때문에 범종을 만들 마음을 갖고 있었으나 시주가 많지 않아 범종 만들기에 고민하고 있었다.

주지스님이 고민하고 있는 내용을 알게 된 지성이와 감천이는 자기 둘이 주지스님을 도와 범종을 만드는데 일조하고 싶었다. 그리하여 지성이와 감천이는 그때부터 마을마다 다니면서 놋그릇을 시주받아 모았다. 마을 사람들은 감천이를 업은 지성이가 감천이의 이리 가자 저리 가자 하는 말에 움직이면서도 범종을 만들기 위하여 놋그릇을 모으는 그 정성에 감탄하고 불심이 깊은 사람들이라 부처님께 시주하기 위하여 갖고 있는 놋그릇 모두를 내어주는 것이었다. 그때는 집집마다 있는 것들 중 가장 귀한 그릇이 놋그릇이었다.

일년 가까이 다니면서 모은 놋그릇이 범종 한 개를 만들 수 있을 만큼 많이 모아졌다. 주지스님은 이것을 종 만드는 곳에 갖고 가서 녹여 범종을 만들게 되었고 4월 초파일 부처님 오신 날을 맞아 타종식을 갖기로 정하였다.

타종식이 열리는 4월 초파일이었다. 지성이와 감천이는 타종식에 참석하기 위하여 아침 일찍 잘 걷는 감천이에게 지성이가 업혀 절로 올라가다가 발을 잘못 디뎌 두 사람은 수십 길이 넘는 낭떠러지에 떨어지고 말았다. 천길 지옥으로 떨어지는 그런 찰나에 눈이 잘 보이지 않는 감천이는 천지신명과 부처님께 눈이 잘 보이게 해 달라고 빌었고 잘 걷지 못하는 지성이는 다리를 잘 걸을 수 있게 해 달라고 빌었다. 이게 어찌된 영문인지 두 사람이 정신을 차리니 두 사람 모두의 소원을 이루게 되어 감천이는 잘 볼 수 있게 되었고 지성이는 혼자서 마음대로 걸을 수 있게 되었다.

지성이와 감천이는 늦었지만 정신을 차리고 범종을 보기 위해 절로 가자고 하여 손을 잡고 절로 가니 스님이 범종 앞에 엎드려서 부처님께 보이지 않는 지성이와 감천이를 위하여 눈을 뜨고 잘 걷게 해 달라고 사람이 오는 줄도 모르고 빌고 있었다.

지성이와 감천이가 스님 옆에서 스님의 빌고 있는 모습을 보고 놀라지 않을 수 없었다. 지성이와 감천이를 위하여 빌고 또 빌고 끝날 줄을 모르고 빌고 있었다. 지성이가

"스님, 지성이는 눈이 잘 보입니다."

하니까 감천이도

"스님, 감천이는 잘 걸어 다닐 수 있습니다."

하는 큰 소리에 스님이 놀라 일어나니 지성이와 감천이가 건강한 사람으로 변하여 옆에 서 있는 것이 아닌가! 부처님의 가호로 모두 온전한 사람이 되어 있는 것이었다. 그래서 그때부터 '지성이면 감천이다'라는 말이 고사성어로 만들어져 오늘날까지 쓰여 오고 있는 것이다. 매사를 성의껏 노력하면 안 되는 일이 없다는 말로 널리 쓰여지고 있다.

이 이야기는 내가 무척 좋아하는 보살 중의 한 사람이 독실한 불교신자로서 남을 돕고 보살피면서 착실하게 살아가고 있는데 시조창 또한 잘하여 전국대회에서 대상을 받고 나서 상턱 하는 자리에서 TV를 보며 들었다고 하면서 하는 이야기를 내가 듣고 여기 소개한 것이다.

이야기
셋

서른한번째 이야기

두 가지 수수께끼

옛날 옛날 아주 옛날 한 고을에서 사또가 생사여탈권을 모두 갖고 있을 때의 이야기이다.

어느 조그마한 한 고을에 새로 부임해 온 사또가 있었다. 이 사또는 예쁘고 착한 자기의 부인이 있으면서도 남의 잘난 여자를 보면 침을 줄줄 흘리는 그런 못된 사람이었다.

이 고을에 일찍 마누라를 여의고 예쁘고 총명한 딸 하나를 기르면서 남 부럽잖게 살아가고 있는 홀애비 영감이 있었다. 이 영감은 심성이 착하고 부지런히 일하며 남을 도와주며 살아가고 있었다. 딸 금년이는 효성이 지극하고 얼굴이 아주 예뻤고 총명하여 남들이 모두 부러워하였다.

하루는 사또가 행차를 하다가 홀애비 영감님의 딸인 금년이를 우연히 보게 되었다. 사또는 첫눈에 그 미모에 놀라 수행하는 사람들에게 물어서 금년이에 대하여 잘 알게 되었고 어떻게 하면 금년이를 자기

품안으로 데리고 올까 하고 연구를 하게 되었다.

그런 어느 날, 사또는 이방을 불러 금년이의 아버지를 관가로 불러올 것을 하명하였다. 금년이의 아버지는 영문도 모르고 관가로 불려가서 형틀에 묶이고 몰매를 맞게 되었다.

"네 죄를 이실직고하렸다."

한다. 금년의 늙은 아버지는

"죄라고는 지어 본 일이 없습니다."

하니까

"저놈이 그래도 거짓말을 하는구나. 바른말이 나올 때까지 매우 쳐라."

한다. 그래도 금년의 아버지는 볼기짝이 터져도 죄 지은 일이 없다고 우기니까 사또는

"그 영감쟁이를 옥에 가두어라."

하고는 어디론가 가버린다. 영문도 모르는 금년의 아버지는 감옥 신세를 지는 수밖에 없었다. 금년이는 아버님이 왜 안 올까 하고 기다려도 오시지 않으니까 사또를 찾아 관가로 갔다. 사또는 아버지를 찾아온 금년이를 보고

"네 애비는 죄를 짓고 옥에 갇혀 있다."

고 하는 것이었다. 금년이는 그런 아버지가 아니라고 극구 변명을 했으나 통할 리가 없었다.

계속해서 아버지의 억울한 사연을 이야기하면서 아버지의 석방을 요구했으나 사또는 이런저런 핑계를 대면서 석방할 수 없다는 것이었다.

그래도 금년이는 끈질기게 아버지의 무죄함을 이야기하니 사또는

"그럼 좋다. 네 정성이 대단하니 죄는 고사하고 내가 수수께끼 두 문제를 낼테니 답을 다 맞히면 너의 아버지를 모시고 가고 못 맞히면 너는 내 색시가 되겠느냐?"

하고 묻자 금년이가 조금 생각하더니

"나의 아버지를 위하여 맞춰보겠습니다."

하니까 사또는 수수께끼 문제를 내었다. 첫째 문제는

"너희 집 마당에 큰 감나무가 서 있지? 그 감나무 가지마다 까치가 날아와서 앉으면 몇 마리가 앉을 수 있느냐?"

하였다. 그리고 두 번째 문제는

"하룻밤에 둥근 달이 몇 리나 가느냐?" 한다.

금년이는 조금 생각하더니

"사또님 1999마리가 앉을 수 있습니다."

하니 사또는 어떻게 1999마리란 것을 알았느냐? 하니까 금년이는 머뭇거리지 않고

"예, 작년에 감이 가지마다 열려서 그 감을 따서 시장에 내어 팔기 위하여 세어 보니 1999개였습니다. 그러니 그 감이 열렸던 가지마다 까치가 날아와서 앉았으니 1999마리입니다."

하니까 무릎을 탁 치면서 맞았다고 하면서 두번째 문제에 대해 다시 물었다. 그러자 금년이는

"사또님, 사십 리 갑니다."

한다. 사또는

"왜 사십 리밖에 안 가느냐?"

하고 되묻자 금년이는

"아버님께서 먼 길을 떠나시어 돌아오시지 않아 마중을 가려고 나

서면서 동산을 보니 달이 뜨더군요. 걸어서 가다가 지쳐서 큰 나무 아래에 좀 쉬었는데 달이 져서 더 못 쉬고 걸어왔습니다. 집에서 큰 나무 있는 데까지가 사십 리 됩니다. 그러니 달은 사십 리 간다고 봅니다."

하니까 사또는

"맞아, 처녀의 말이 맞아." 하고는 칭찬을 하면서

"네가 답을 모두 맞췄으니 아버지를 모시고 가거라."

하는 것이었다. 금년이의 재치 있는 답변에 사또를 감탄시켰고 사또의 잘못을 뉘우치게 했다는 유머스런 이야기이다.

서른두번째 이야기

나는 이렇게 해서 교육장이 되었다

내가 어릴 때는 자라면 선생님이 되고 싶었던 것이 꿈이었고, 선생님이 되고 나니 교감이 얼른 되고 싶었다. 그러나 어쩌다가 아는 사람의 덕택으로 무종과 병종을 받아 군대에 안 가고 있다가 군사혁명 후 군대에 안 가면 파면이 된다 하여 재검을 받아 갑종을 받고 입대하였으나, 교육청 당무자들의 사무 착오로 입대확인서를 보냈는데도 미입영자로 간주되어 하동에서 같이 간 여섯 교사들이 모두 파면이 되었다.

그때 내가 근무하던 곳이 하동 교육청 관내학교인 횡천교에서 진교교로 옮긴 지 얼마 안 되었고 하동교육청 학무과 초등계장이 강 모씨였으며 실무자는 김연수 씨였다. 단기복무 제대를 하고 복직을 하려할 때에야 해임된 것을 알고 순위고사를 치러 교사에 재임용이 되어 우복교에 복직하였다. 천성이 부지런한 탓에 열심히 아이들을 가르쳤다. 그때만 하여도 하동군 내에서 양복중학교에 들어가기는 참으로 어려웠는데도 희망자 전원이 입학시험에 합격하였다. 서부경남에서 제일 들어가기 어렵다는 진주중학에도 몇 명 들어갔었다. 이렇게 되니까 줄곧 6학년 담임을 학교 측과 학부형들의 요구에 의하여 3년을 계속 하고 나니 입시공부를 잘 시킨다는 소문이 군내에 널리 퍼졌었다.

그때 노량국민학교(지금의 초등학교)에서는 이광진 교장님과 전정문 교감이 계셨다. 정남구 교사가 담임한 6학년 학생이 부산 시내 중학(부산이 분리되기 전) 입시에서 전패를 하자 국회의원의 아들이었던 강영묵 씨와 강채묵 씨, 하동 제일의 갑부인 신태정 씨 등이 김용규 인사담당 장학사에게 부탁하여 나를 스카우트하기 위하여 떼지어 우복으로 왔었다. 노량교에 와서 6학년을 1년 담임하면 부산으로 영전시켜 주며 매월 봉급의 배로 수당을 지급하겠다는 조건이었다. 그 당시 우복교 교장은 부산에서 온 고희석 씨였다.

고 교장께서 나를 은밀히 불러 장래를 위하여 그렇게 하는 것이 좋다면서 권유하기에 승낙을 하고 노량교로 갔었다. 6학년 담임을 하고 나니 학생이 98명이나 되어 겨우 교실에 전원을 수용할 수 있었다. 부지런히 가르쳤다. 밤에도 교실에 불을 밝혀놓고 가르쳤다.

입시의 그날이 왔다. 개성중학, 남성여중 등에 시험을 치른 아이들이 거짓말 같이 전원이 입학하자 학교에서는 경사가 났었다. 1년만 더 담임을 해달라는 학교 측과 부형들의 간청을 못 이기고 60명의 진학반을 다시 맡았다. 소문이 나자 인근 학교에서 진학을 희망하는 학생이 전학을 와서 우리 집에 기거를 하면서 공부를 할 정도였고 나는 열심히 가르쳤다.

그해 입시에서 경남중학교 1명, 부산여중에 2명이 가서 모두 합격되고 특히 신태정 씨의 딸 신혜옥이가 400점 만점에 400점을 받아 부산여중 입시에서 톱을 하였다. 그리고 개성중학에 5명, 진주중학에 6명이 가서 지각한 학생 하나가 떨어지고 진교중학 톱 등 나도 놀랄 정도로 성적이 좋았다. 그때 나는 입시예상문제집을 내는 부산 교학사의 출제위원으로서 여기서는 봉급 수준의 수당을 받았었다. 그렇게 되니까 도내에서는 입시의 대가로 널리 알려졌다.

그 다음해에도 6학년 담임을 한해 더 하고 성적이 좋을 때 지겟자리를 마산으로 옮겼다. 마산에 와서도 열심히 뛰었다. 과학자료전시회에 자주 출품했고 연구논문도 썼다. 문교부 연구학교 연구주임으로 보고회도 하고 교무도 하고 내 나름대로 열심히 뛰어 일찍 교감 시험에 합격하여 지정 교감을 3년 하다가 합천 장학사로 발탁되었다. 김해, 진해 장학사로 3년 6개월 하다가 승산 교장으로 나가서 서울사대 행정연수원 6개월을 수료하고(그 당시는 6개월) 고성 대안 교장으로 갔다가 산청 장학관으로 갔다. 이런 과정에서 교원 복지를 위하여 노력을 게을리하지 않았었다.

그런 어느 날이었다. 병고에 시달리던 사랑하는 아내가 대학에 다니고 있는 미혼의 두 딸과 나를 남긴 채 멀리 가고 말았다. 하늘이 무너지는 아픔이었다. 그래도 참고 이를 악물고 열심히 근무를 하고 있는데 하루는 과장실 전화벨이 요란하게 울었다.

"김 과장이요?"

"예, 그렇습니다만…."

"김종달 과장 맞지요?"

"예!"

"나 신태정인데…."

“아, 형님 오랜만입니다.”

“지금 빨리 진주 ○○으로 오게. 꼭 만나야 하네.”

하고 전화를 끊는 것이었다. 뒤에 알고 보니 신태정 씨는 교육위원이 되었고 사방으로 나를 알아보니 과장으로 근무 중이란 것을 알았다 한다. 나는 윤규환 교육장님께 자초지종을 말씀드리고 진주의 정해진 장소로 찾아가니 그 자리엔 신위원, 교육감, 진주상공회의소장, 고영진 비서(현 경남교육감), 또 모르는 한 사람이 술을 나누고 있었다. 나는 그때 강신화 교육감을 처음 뵈옵는 자리였다.

“산청 학무과장 김종달입니다. 만나뵈옵게 되어 영광입니다.”

하고 인사를 올리고 다른 모든 사람들과도 인사를 나누었다. 교육감께서는 한참 나를 관찰하신 후

“아, 신위원 말씀과 같이 아주 똑똑하군요. 하동군 교육장감이군요. 하동 교육장을 해 보고 싶은 마음 없소?”

라고 묻기에 나는 황당해져

“여러 가지로 부족한 저를 그렇게 잘 봐주시니 고맙습니다. 시켜 주시면 열심히 해 보겠습니다.”

하니

“그럼 부지런히 하세요.”

이것이 이야기의 모두였다. 그리고는 술을 마시고 놀다가 헤어졌다.

창원서 산청까지 그 먼 길을 지각 한 번 없이 2년을 다니다 보니 지쳤는데 들리는 소식에 의하면 진해 과장으로 있는 전성렬 과장이 창녕 교육장으로 영전된다는 소리가 들리길래 통근하기가 좋은 진해교육청으로 내신을 냈었다. 교육장은 너무 어려운 관문이기 때문에 가까운 진해는 안 보내 주겠느냐 하는 기대심리에서였다.

그런데 인사이동 개봉이 되고 보니 나는 밀양시 과장으로 발령이 났었다. 서운했다. 통근거리는 많이 줄어졌으나 교육장은커녕 가까운 곳 과장도 안 되니 섭섭할 수밖에. 에미 없는 두 딸과 고향의 노부모 양위를 모시고 있는 과장으로서 통근을 하면서 나름대로 부지런히 일하였다. 1년은 잠깐이었다. 그런데 하루는 교육감으로부터 전화가 왔다.

"김 과장이요? 나 교육감인데, 남해 교육장으로 갈 의사 없소?"

하는 것이었다. 나는 황당해서

"예, 30분만 생각할 기회를 주십시오. 30분 후에 대답해 올리겠습니다."

하고는 경남교육청 관내에서 일 잘하고 인사에 밝은 김강석 후배에게 자문을 받기로 하고 전화를 냈다. 남해는 군민이 배타심이 강하고 애향심이 많아서 타군 출신은 1년을 넘기는 사람이 없다는 이야기가 많았다. 그래서 망설인 것이다.

"형님, 간다고 하세요. 1년 후에 하동교육장이 될 거라고 누가 보장합니까? 거기 있으면서 하동으로 전근운동을 하는 것이 좋습니다."

하는 후배 김강석 씨의 말이었다. 나는 그 말이 옳다고 생각하고 교육감님께 전화를 내어 남해로 가겠다고 했더니 잘 알겠다고 하였다. 교육감이 이렇게 나를 챙겨주는 것은 신태정 위원의 덕택이었다.

신태정 위원은 부산여중 입시에서 만점을 받아 수석입학을 하고 지금 미국에서 박사가 되어 대학교수로 있는 자기 딸 신혜옥이의 이야기를 하는 중에 담임이었던 나를 어떻게나 선전을 했던지 그 당시(1대) 교육위원 중에서는 내 얼굴은 몰라도 이름을 모르는 사람이 없었다고 한다. 그리고 교육감이 의리 있고 활동력이 있는 신위원과 친하여 자주 노량 신위원댁에 들르기도 하고 주석을 같이 할 때마다 신혜옥이의 이야기와 내 이야기를 했기 때문에 귀에 못이 박히도록 들어 나를 잘 알고 있었기 때문에 남해교육장으로 발탁된 것이다.

남해에서 2년을 근무하고 하동교육장으로 자리를 옮기기로 약속이 되어 있었는데 그해 1월 15일에 교통사고로 옮기지 못하고 남해에서 1년 6개월 더 있다가 창원시내 교장으로 옮겨 왔다.

다른 사람들은 6개월이라도 더 교육장을 하려고 하는데 나는 6개월 임기를 남겨두고 교육감을 찾아 뵈옵고

"교육감님, 저를 창원시내 교장으로 보내 주시면 좋겠습니다."

하였더니 교육감님께서도

"다른 사람들은 더 교육장을 하겠다고 부탁하는데 김 교육장님은 그만두고 교육 일선으로 나가겠다니 참 이상하군요. 좀 더 있으세요."

하는 것이었다. 나는 다시 간곡하게 부탁하여 시내 교장으로 자리를 옮겼다.

어떤 사람들은 강 교육감을 욕하는 사람도 있었으나 나는 그렇게 생각하지 않고 의리 있고 행정력이 있는 대단한 사람이라고 생각하고 있으며 지금도 고마워하고 있다.

서른세번째 이야기

시어머니 버릇 고치기

옛날에는 시집살이하는 며느리에 대하여는 고생문이 훤히 열렸다고 할 정도로 시집은 고생을 하는 것으로 생각하였다.

어느 시골 동네에 착한 아들 내외가 과수 시어머니와 같이 살고 있었다. 시어머니는 아들 내외가 사이좋게 지내는 것을 시기할 뿐만 아니라 며느리가 조금만 잘못하면 눈을 부릅뜨고 고래고래 고함을 질렀다. 그리고는 장독대에 있는 작은 사기 장독 그릇을 방망이로 내리쳐 깨면서 며느리를 꾸짖으면 며느리는 큰 잘못이 없어도 시어머니에게 쩔쩔 매면서 잘못했다고 빌어야만 했던 것이다.

이러기가 몇번 계속되니까 며느리는 이웃 사람들 보기도 부끄러웠고 깨어진 사기그릇도 아까울 뿐만 아니라 시어머니가 밉고 원망스러웠다.

하루는 며느리가 혼자서 곰곰이 생각해 보니 지금까지 시어머니가 자기를 꾸짖고 나무라는 것은 사람 되라고 한 짓으로 억지로 생각하면 되지만 깨어진 장독 그릇은 값으로 따지면 얼마 되지 않았으나 아까웠다. 깨어진 그릇 모두가 하잘것없는 조그마한 사기그릇이었으나 이 그릇 깨는 버릇만큼은 어떻게 해서라도 고쳐야 되겠다는 생각을 하면서 고칠 수 있는 기회가 오기를 벼르고 있던 어느 날이었다.

며느리는 동네 사람들과 같이 시장에 갔다가 장을 보고 점심 때가 조금 늦게 집에 오게 되었다. 시어머니는 시장에서 돌아오는 며느리를 보고

"씨에미(시어머니의 사투리) 점심 굶길려고 저년이(저 여자가) 일부러 늦게 온다."

하면서 온 동네 사람들이 다 알게 고함을 지르고 또 방망이로 장독대에 있는 조그마한 장독 단지를 하나 내리치는 것이었다.

'기회는 왔다' 라고 생각한 며느리는

"어머니, 또 장독을 깹니까? 그 장독이 무슨 죄가 있습니까? 오늘 시장에 간 동네 사람 모두가 같이 왔으나 아무도 말이 없는데 어머니만 유독 야단입니까? 옆집 숙이 엄마도 같이 왔고 뒷집 질부도 같이 왔으나 시어머니들 모두 아무 말이 없질 않습니까? 그런 사람들 본 좀 보이소. 나도 이젠 못 견디겠습니다."

하고는 시어머니가 들고 장독을 깨던 그 방망이를 받아들고 그 집에서 제일 큰 간장독을 내리치니 장독이 박살이 나고 깨어진 장독에 들어 있던 간장이 마당에 쏟아지는 것이었다. 그렇게 되자 간장 냄새가 코를 쏘고 깨어진 그릇이 널려 있어 난리가 일어난 뒤 같았다. 그렇게 만들어 놓고는 며느리가

"어머니가 깨는 그릇 나는 못 깹니까? 나도 이젠 가만 있질 않을 겁니다."

한다. 시어머니는 놀라서

"얘야, 내가 잘못했다. 다시는 그릇을 깨질 않을 꺼마."

하면서 며느리의 손을 잡고 자기의 과거에 있었던 잘못을 뉘우치는 것이었다.

이 일이 있고 나서 시어머니의 장독 그릇 깨는 버릇이 없어졌고 시어머니와 며느리는 모녀 간처럼 잘 지내게 되었다고 한다.

서른네번째 이야기

구형왕릉 이야기

내가 교장으로 봉직하다가 낯선 산청교육청 장학관으로 갔을 때가 1990년 9월 1일이었다.

나는 가야국 김수로왕의 72대손이었으나 가야국의 멸망에 대하여는 잘 몰랐었고 그저 안타까워했을 뿐이다.

그런데 장학관으로 왔으니까 관내 학교의 사정을 잘 알아야 하기 때문에 장학사 한 사람을 대동하고 초도 순시를 하는 중에, 금서면에 있는 경호중학교와 금서초등학교를 거쳐 오다가 가야국의 마지막 왕인 구형왕의 능이 있다기에 참배하게 되었다.

왕산 자락에 있는 전국 최대 규모이며 유일한 돌무덤 한 기인데 가야국 구형왕의 무덤이라고 하였다. 이 무덤은 7단으로 쌓였으며 한 단의 너비가 약 20미터이고 전체의 높이가 7.15m인 피라미드형 적석총이다. 사적 214호로 지정되어 있는데 이 능에 대하여는 우리들이 배울 점이 많다. 싸움이나 전쟁에서는 누구나 이기려고 하는 것이 모든 사람들의 한결같은 염원이지만 백성을 돌보기 위하여 싸우지 않으려는 임금이 있었으니 이가 바로 가야국의 마지막 왕인 구형왕이었다. 신라의 도발이 심하자 가야국의 백성들이 밤마다 물금 앞강을 건너 신라로 귀순을 해 감으로 구형왕은 강을 건너 신라로 귀순하지 말라는 금지령까지 내렸지만 아무 소용이 없었다.

이런 절호의 기회를 맞은 신라의 법흥왕은 서기 532년에 대군을 보내 가야를 침공하였다. 이때 구형왕은 싸우느냐 항복하느냐의 기로에 서게 되었는데 백성의 안위를 위하여 무릎을 꿇어야 되겠다고 마음을 다져먹었다. 피 한 방울 안 흘리고 곡창지대인 김해평야를 빼앗은 법흥왕은 이 승전보에 만족해 하며 이에 대한 화답으로 구형왕을 임금의 자리를 양위한 '양왕'으로 봉하고 구형왕의 자녀들과 신하들에게도 능력에 걸맞는 직책을 주었다.

신라의 국운은 더욱 흥성하여 가고 있었다. 그렇지만 구형왕은 선왕의 위업을 잇지 못하고 나라를 내어 준 죄인이라 자책하면서 가족들을 거느리고 정처 없는 유랑의 길을 떠났는데 산청군 금서면 왕산의 북쪽 기슭에 와서 조그마한 암자를 짓고 칩거하시다가 한 많은 삶을 마감하였다 한다.

칩거한 세월이 헛되지 않아 양왕의 어린 손자인 유신은 할아버지의 가르침을 받으며 글공부와 활쏘기, 창 던지기 등의 무예를 익혀 삼국통일의 위업을 이룩하게 되었다. 만약 신라의 침공 때 죽음으로 항전을 했다면 김유신과 같은 불세출의 영웅이 태어나지 못했을지도 모르고 지금처럼 번창한 김해 김씨가 못 되었을지 모른다.

이처럼 양보할 줄 알고 백성을 사랑하던 구형왕의 무덤조차 부끄러움을 이기지 못한 죄인처럼 숨어 있었는데, 지금부터 약 100여 년 전에 산청고을에 가뭄이 극심하여 고을 원이 왕산에 올라가 기우제를 지내고 나니 갑자기 천둥 번개가 일고 단비가 쏟아졌다. 갑자기 쏟아지는 비에 일행이 근처 대왕암에 들려 하룻밤을 묵게 되었는데 원님이 방에 누워 잠을 청하다 보니 시렁 위에 검은 보자기로 싼 상자가 눈 안을 간지르기 시작하였다.

하도 두 눈이 간지러워 뽀얗게 먼지가 앉은 상자를 열려고 하자 스님이 깜짝 놀라면서 만류를 하였다. 그래서 더 궁금하게 여긴 원이 상자를 꺼내 보니 놀랍게도 양왕릉의 소재가 기록된 두루마리가 그 속에서 나왔다. 이 사건으로 왕산의 북쪽 중앙에서 왼편으로 뻗은 산자락에 7단으로 쌓은 피라미드형의 적석총이 양왕의 무덤인 것으로 밝혀졌다고 한다.

지금 우리나라의 형편을 좀 살펴보자.

북한의 김정일 같은 분이 구형왕의 본을 받아 핵을 만들지 않고 배고파 허덕이는 북한 동포를 위하여 남한에 손을 든다면 만세에 빛날 제2의 구형왕이 되리라 생각된다.

서른다섯번째 이야기

안과 밖의 다른 호칭

나이 40여 세에 과수가 된 G는 어릴 적에 가정형편이 곤란하여 큰 학교는 제대로 다니지 아니하였으나 여자로서는 그 당시로 봐서는 다니기 어려웠던 중학교를 졸업하였다. 결혼하여서는 부부간에 금슬이 아주 좋았으며 아들 하나와 딸 둘을 낳아서 채 기르기도 전에 병환으로 고생하던 남편을 여의고 혼자서 아들 딸들을 잘 길러 모두 대학까지 졸업시켜 좋은 집안과 사돈을 맺었다. 며느리도 잘 봐서 집안이 화목토록 하였으니 대단한 여장부였다.

집안이 평온을 찾자 서실에 나가서 서예를 공부하여 좋은 작품을 서예대전에 출품하여 입상도 하여 즐거운 나날을 보내면서도 시조창을 연습하여 명창이 된 뒤로도 연수를 게을리하지 않고 특히 광주에 있는 우리나라 제일의 시조창 대가이신 이상술 씨께도 많은 경비를 들여가며 여러 번 찾아가서 직접 지도를 받아 진해시 시조회의 사범으로 활약하였고 전국시조가사가곡대회에서 대상을 받은 바도 있다.

그뿐만 아니라 봉사정신이 투철하여 노인복지회관에 나가서 장애노인들을 돕고 있으며 민요창 공부도 하여 회원들과 함께 발표회도 갖고 그야말로 몸 쉴 줄을 모르고 바쁘게 살아가는 사람이다. 가정에 돌아와서도 초등학교 2학년짜리 손녀와 유치원에 다니는 손자를 직접 돌보고 있다. 맞벌이하는 며느리를 조금이라도 돕겠다는 마음을 가진 가정적인 늙은이로 살아가고 있는 것이다.

그런데 우연히도 전직 고위관료로 있다가 퇴직하여 시조창 공부를 하고 있는 고희를 지낸 한 노인이 경창대회에 나가 명인부 도전을 하였으나 세번이나 낙방당하자 시조창을 그만두려 했다. 그러자 그 노인에게 한 지회장이 계속 시조창 공부를 하도록 권유하게 되고 그 권유를 받은 노인, 즉 김 시조인은 이 G사범의 권유로 시조창 공부를 계속하기로 하였고 같은 시조 동호인이라 대회 때나 모임 때마다 자주 만나게 되자 G사범의 착실하고 우아한 인간미에 김 노인은 그만 빠져들고 말았다.

김 노인은 15년쯤 전에 사랑하던 아내와 사별하고 한 여교사와 재혼하여 살았으나 이 여교사가 퇴직하고 나서 부처님을 믿으면서 신앙에 도취되어 혼자 집을 나가서 조그마한 암자를 짓고 부처님을 모시고 신앙에만 몰두하자 혼자 살아온 지 3년이 넘어 외롭게 지내던 터에 G사범을 만나게 된 것이었다.

두 사람은 자주 만났다. 30여 년을 남자를 모르고 굳건히 혼자 살아오던 G사범은 김 노인의 정감 넘치는 사랑에 조금씩 빠져들어가게 되었다. 그리고 김 노인은 전화로 같이 살던 J보살에게 같이 살려면 암자를 팔고 집에 와서 살자고 다그쳤으나 J보살은 자기는 부처님만 믿고 살아갈 터인데 좋은 여자를 구해봐도 없으니 아무 사람이나 친척을 통하여 좋은 여자를 구해 살기를 바란다고 한다.

"그럼 할 수 없군. 이젠 우리 둘의 관계를 완전히 끊자. 그리고 부처님 믿고 행복하게 살기를 바란다" 하였다. 그러자 J보살도

"잘 알겠습니다. 건강하고 행복하게 사세요." 한다.

이렇게 하여 두 사람은 완전히 이별을 선언하고 남과 남이 된 것이다. 여자의 마음이란 갈대와 같다더니 그런가 보다.

그렇게 되고 나서 G사범에게 마음이 더 쏠렸고 더 사랑하게 된 것이었다. 실제로 김 노인은 G사범과 오순도순하고 행복하게 살아가고 싶었다. 그래서 자주 G사범을 만나기 위하여 노력을 하였고 오후 늦게면 G사범이 사는 진해로 달려가서 G사범을 만나서 이야기도 하고 놀다가 오는 것이었다.

그런 김 노인을 G사범은 오랫동안 접촉해 보니 착실해 보이고 자기를 극진히 사랑하는 것 같아 은근히 자기도 좋아하게 되었고 두 사람 사이는 점점 가까워만 갔다.

G사범은 진해에 살고 있고 김 노인은 창원에 살고 있는데 김 노인이 차로 진해에 가서 G사범을 만나 두 사람이 같이 만남의 광장 등으로 가서 시조창 공부도 하고 유명한 식당으로 가서 저녁 식사도 같이 하고 놀다가 밤늦게 창원으로 오곤 하였다. 이런 일은 사흘이 멀다하고 계속되었다. 매일 몇 차례씩 전화를 주고받는 사이가 되었다.

그리고 김 노인은 하루도 거르지 않고 아침 7시 30분에 G사범에게 전화를 걸어 두 사람이 그날의 일과를 서로 상의하는 것이었다.

어느 때는 G사범이 버스로 창원에 와서 김 노인이 사는 아파트에 와서 시조창 공부도 하고 재미난 이야기로 놀다가 진해까지 김 노인이 데려다 주고 오는 것이었다. 두 사람은 서로 굳게 믿고 사귀고 있

는 것이었다. G사범은 기차게 창을 잘하고 이론도 밝은 편이다. 대단한 사범이다. 그러나 이 두 사람은 만나도 악수를 하는 것 외에는 일체 다른 행동을 안 하며 그야말로 신사적인 사랑으로 사귀는 것이었다.

김 노인은 G사범을 아들과 며느리에게 알리고 떳떳하게 재혼을 하자고 하니 G사범은 펄쩍 뛰는 것이었다.

그런 어느 날 서울 아들 집으로 제사를 모시기 위하여 김 노인이 가게 되었다. 저녁 늦게 제사를 모시고 나서 김 노인은 아들과 며느리를 앞에 앉혀 놓고 G씨에 대한 이야기를 하였다.

"내 나이가 일흔이 넘었으니 이젠 살면 얼마나 살겠느냐? 너희들이 잘해 주니 아무 탈 없이 잘 지내고 있다만 나는 며느리가 늘 서울에 와서 같이 살자고 하나 그 성의만은 고마우나 그렇게 하기가 어렵구나. J선생이 이삼년 전가지만 하여도 나를 잘 도와주고 살림을 잘 살았지만 퇴직을 하고 나서 절을 지어 완전히 여승처럼 지내면서 오지 않고 나를 다른 여자를 얻어 살라고만 하니 헤어지기로 하였다.

내가 나다니는 시조회 회장이 좋은 여자를 소개한다면서 한 사람을 소개하였는데 이분은 예순이 조금 넘었고 남편과 사별한 지 삼십여년이 넘었고 아들 하나와 딸 둘이 있었는데 약한 여자 혼자서 길러서 대학까지 마치고 모두 결혼시켰다. 현재 아들한테 딸린 손녀가 초등학교 2년생이고 손자는 유치원에 다니는데 며느리가 직장에 나가기 때문에 유치원에 다니는 손자가 초등학교 입학할 때까지는 돌보아 주어야 한다고 한다. 그리고 네 여동생 영란이가 전에 살던 아파트에 지금 살고 있으며 아들 딸은 모두가 네 대학 후배라 하더라."

하고 말하자 착한 아들과 며느리는

"아버님이 좋으시다면 좋은 대로 하시지요. 같이 두 분이 사시면서 서울 오셔서 있기도 하고 더울 때나 추울 때는 원주 별장에 오셔서 몇 달 계시다가 가셔도 되고요. 창원 아파트는 좀 정리하고 수리해야 합니다."

하고 나더니 덧붙여

"아버님, 우리는 돈 걱정 안 하고 잘 사니 아버님께서는 돈도 좀 쓰고 세월이 흘러 아버님이 만약 돌아가신다면 우리는 돈 한푼 안 갖고 올 것입니다. 고생하신 분을 좋도록 해 드릴 겁니다. 맛난 것 사서 잡수시고 즐겁게 사십시오. 두 분이 같이 여행도 다니고 친구들에게 차도 사드리고 술도 한 잔씩 사세요."

라며 적극 동의해 준다.

"오냐, 알겠다. 좀더 겪어보고 너희들과 의논해서 결정할꺼마. 그리고 참, 동네 노인들 일일관광 하라던 것 말이다. 어떻게 하면 좋겠느냐?"

하자 아들이

"아버님, 버스 한 대를 대절해서 원주까지 그분들을 모시고 오면 잘 데가 좀 곤란하고 너무 거리가 멀어 노인들이 오다가 무슨 사고라도 날까 겁이 납니다. 그래서 하동 가까운 곳에 1일 관광을 하는 것이 제일 좋습니다. 지금 돈을 2~3백만 원 드릴까요?"

한다. 김 노인은

"오냐, 알았다. 한번 연구해 보고 연락할꺼마."

하고 이야기의 끝을 맺었다.

김 노인은 뒷날 일찍 KTX를 타고 내려왔다. 집안 재당숙께서 돌아가셨다는 연락을 받고 초상을 치르기 위하여 급하게 내려와서 초상을 치르고 쉬는 날을 맞아 사랑하는 G사범을 만나서 서울에서 있었던 이야기를 하였다.

"내 서울 가서 아들과 며느리에게 당신 이야기를 자세히 하였소. 대환영이었소."

"아니, 그런 소릴 했어요? 하지 말라고 그만큼 부탁을 드렸는데 하였소?"

"아니 7월 17일 제헌절에 우리 약혼식 하기로 안했소?"

"아니, 지금처럼 사귀다가 2년 후에 하기로 안했어요? 꼬마들 문제가 해결되고 나면."

"아니 무슨 소리요? 전에 2년이라 약속했는데 석 달이 흘렀으니 1년 9개월 남았어요. 그러니 아무도 모르게 사귀면서 왔다갔다 합시다."

"아니 사귀어도 귀신도 모르게 사귀자고 안했어요? 시조계에 그런 소리가 나는 것을 나는 환영 안합니다."

"그러면 결혼해서 어떻게 살거요?"

"시조계를 은퇴해야지요."

"아니 같이 다니면서 시조도 하고 놀면 되지."

"보기 흉해요. 남들이 잘 모르게 살아야 해요. 집에 와서는 내 남자, 내 여자이고 집을 나서면 시조 동호인으로서 김 선생님 G사범이예요. 알겠지요? 그렇게 하겠다는 각서를 써 주면 결혼하고 살겠어요."

"그럼 좋소. 각서를 써 주지."

하고 종이에다 각서를 써 주고 나서 두 사람은 같이 그 각서를 읽으며 자지러지게 웃었다. 김 노인은

"나는 어떤 일이 있어도 G씨와 하루라도 살 것이요."

"못난 내가 어디가 좋아서 그렇게 살겠다고 야단이요?"

"옷깃을 스쳐도 인연이라고 부처님께서 말씀하셨는데 우리는 이 정도로 깊이 사귀었으니 인연이고 하느님의 명령이요."

"내가 그렇게 좋아요?"

하고 G사범은 김 노인을 사랑이 가득찬 눈을 흘기면서 바라본다.

서른여섯번째 이야기

사랑과 이별

세상의 많은 사람들은 사랑을 위하여 태어난 것 같고 또 사랑을 위하여 일들을 하고 있는 것 같다. 어릴 적에는 아버지와 어머니의 사랑을 받으며 자라고 좀 자라서는 친구와 이웃의 사랑을 받으며 살아간다. 성인이 되어서는 이성의 한 사람과 결혼하여 사랑하며 살다가 자식을 낳고 나서는 그 자식을 사랑하며 살아간다. 그래서 사람을 일컬어 사랑을 먹고 살아가는 동물이라고 말하는 것 같다.

세상을 놀라게 했던 대개의 큰 전쟁은 남정네의 한 영웅이 일으켰고 그 영웅을 움직인사람은 여자였던 것이다. 그 여자의 짧은 혓바닥 하나 때문에 세상이 시끄러웠던 것인데 예를 들면 이런 사건들이다.

당나라 현종은 양귀비에 빠져서 나라를 망치고 피난 가면서 신하들의 간곡한 청원을 받아들여 양귀비를 죽이기까지 하였다. 우리나라를 비롯한 다른 나라에서도 그와 비슷한 일이 비일비재하였다.

한 남자가 자기 부인을 두고 다른 여자를 좋아하다가 가정불화를 가져 오고, 한 여자가 자기 남편이 아닌 다른 남자를 사랑하다가 가정파탄과 죽고 사는 일이 있어 온 것을 우리는 많이 보아 왔다. 사랑은 고귀한 것인데 이렇게 불건전하게 변해 가서는 안 된다.

남남이었던 남녀가 서로 만나 좋아하다가 결혼을 했으면 검은 머리가 파뿌리 되어 생명이 다하는 날까지 변함 없이 서로 사랑하며 살다가 오지 못하는 길로 함께 가는 것이 좋겠지만 그렇게 잘 안 되는 것이 우리 인생이다.

N교장은 어쩌다가 그렇게도 아끼고 사랑하던 아내를 먼저 저 세상으로 보내고 슬픔과 고독 속에서 세상을 살아가고 있었다. 아내가 살아 있을 적에 아내 몰래 다른 사람과 잠깐 외도를 한 일은 있으나 조금이라도 아내를 괴롭힌 일은 없었다. 사랑싸움 한 번 안 하고 잉꼬처럼 살아 왔기에 아내를 잃고 더 슬프기만 하였다.

자식들이 아무리 잘해 주어도 아내만큼은 못하다. 그래서 옛부터 우리 조상들은 '악처가 효자보다 낫다' 고 하였는가 보다.

현대의학이 고도로 발달하였다고 하나 간경화로 고생하던 아내의 병은 고치지 못하였다. 만성간염으로 처음 앓을 때부터 큰 병원을 다니며 고치려 했으나 어찌 그리 낫지 않는지 고심이 컸다. 마산의 큰 병원에서 치료를 받다가 부산의 대학병원과 백병원에서도 완치가 안 되어 대구의 저명한 병원을 돌다가 세브란스와 서울대 부속병원까지 가서 오랫동안 특실에 입원하여 진료를 받았으나 낫질 않았다. 살림을 다 날리고 사람까지 잃고 말았다.

원래 병은 그런 것 아닌가!

사랑하던 사람과 사별하고 혼자 살아간다는 것은 참으로 고되고 처량하고 괴로운 일이다.

N교장은 오십대 초에 K고을에 있는 D초등학교 교장으로 근무하고 있었다. 그 이듬해 3월 초에 M시에서 전입해 오는 한 여선생이 있었는데 아주 예뻤다. 양귀비가 하도 어여뻐 당나라 현종은 자기 아들이 총애하는 양귀비를 빼앗아 자기 후궁으로 삼고 방탕하게 놀며 국사를 돌보지 않아 나라까지 망쳤다. 결국 신하들이 양귀비를 없애자고 간곡히 주청함으로 죽이기는 하였다. 그러나 양귀비가 살았을 적 비익조니 연리지라는 신조어를 만들 정도로 교장에게는 그 여선생이 예뻤고 아름다워 보였다. 자기가 교직에 몸 담고 있으면서 만났던 많은 여선생님들 중 이만큼 예쁜 사람은 처음 보았었다.

우리말에 제 눈에 안경이란 말이 있다. 홀애비인 자기의 마음에 드니 그렇게 예쁘게 보였는지도 모른다. 이 여선생은 얼굴만 예쁜 것이 아니었고 마음씨도 예쁘게 잘 썼고 아이들도 착실하게 잘 가르쳤으며 다른 사람들의 마음을 사로잡는 그런 매력을 가진 사람이었다.

이 미모의 여선생이 부임하고 나서는 학교의 분위기가 완전히 달라졌다. 학교 부근에는 식당이 없어서 점심시간이 되면 차를 타고 읍 중심부에 있는 식당가에 가서 점심을 사먹었다. 그런데 이 여선생이 부임하고 나서는 집에서 솥을 갖고 와서 직접 밥을 짓고 찬을 만들어 직원들이 읍 중심부까지 가지 않고 학교에서 식사를 하도록 하였다. 점심을 같이 들면서 이런 이야기 저런 이야기로 웃어 가며 식사를 하다 보니 가족적인 분위기가 형성되었고 점심시간이 기다려지곤 하였다.

거기에다 이 여선생은 배구를 잘하고 좋아하였기 때문에 그때까지 하지 않았던 직원체육이 부활될 정도였으니 그 여선생의 인간됨을 알 수 있다.

이런 마음씨 착하고 어여쁜 여선생님이었지만 남편과는 갈라서기 일보 전으로 별거 중이었다.

남편은 마산수출자유지역에 있는 현대전자상사의 사장이었는데 의처증이 있어 아내를 매일 때려 패 눈퉁이가 밥퉁이가 되어 있었고, 연모를 돌고 달려들어 패기도 하는 것이었다. 거기에다 자기 회사에 있었던 여종업원 한 사람과 눈이 맞아 바람을 피우더니 이젠 아주 드러내 놓고 집을 얻어 살림을 하고 있는 것이다. 그래서 이혼을 하는 조건으로 갈라서서 따로따로 살고 있었다.

착하고 어여쁜 이 여선생은 마산에서 D학교까지 통근을 하고 있었다. N교장도 창원에서 K고을의 D학교까지 통근을 하고 있었는데 두 사람이 마산의 고속버스 터미널에서 만나 같이 출근할 때도 종종 있었다. 그때만 하여도 요사이처럼 자가용으로 통근하는 사람이 별로 없을 때였다. 털털 버스를 타고 K고을까지 와서 다시 버스나 택시로 D학교까지 함께 다니기도 하고 어느 때는 코스모스가 한들거리는 들길을 나란히 걸어 D학교까지 오가다가 모르는 사이에 정이 들고 말았다. 남녀 관계란 참 묘한 것이다.

N교장은 그 무렵 착한 아내를 잃고 재산을 날리고 빈털털이가 되어 금전적으로 상당히 고초를 받고 있을 때였다. 그 딱한 사정을 눈치 챈 J선생은 남몰래 잡비도 주었고, 보약도 지어 주면서 N교장을 격려하고 보살펴 주었다.

여선생들 이야기에 의하면 N교장은 미남인데다 기분파로 친구들에게 돈도 잘 쓰고 놀기를 좋아하는 인기 있는 교장이었다고 한다. 특히 논문이나 과학전시회에 많은 '출품을 하여 많은 상을 받았고 연구 실적을 쌓으려면 N교장의 지도를 받으라는 말이 나올 정도로 잘 알려져 있었는데 부인이 오랜 병마로 고생하다 죽고 난 뒤로는 이렇게 궁색하게 지내고 있다는 것을 알았다.

모든 일을 자포자기하고 근근히 살아가는 N교장에게 J교사는 삶의 용기를 불어 넣어주는 희망이었다. 친구들에게 술도 살 수 있도록 하고 교육청으로 다니면서 사교도 하게끔 잡비를 대어 주었다. 그렇게 되니까 N교장이 열을 내어 학교 일을 잘하기 시작했다. 이때다 싶어 J교사는 학무과장을 한번 해 보라고 졸랐다. 용기를 얻은 N교장은 서울사대 행정연수원 연수를 희망하여 수료하고 돌아오더니 그 다음해 곧바로 ○○군 학무과장으로 가더니 곧이어 M시 과장을 거쳐 E군 교육장으로 승진하는 것이었다. J교사가 N교장을 돕기 전에는 큰 도회지(창원, 마산) 교장은 못 되는 것이고 진해쯤 가서 교장을 하는 것이 소원이란 말을 자주 하였는데 J교사의 도움으로 한 고을 교육 수장이 되어 말기를 멋지게 장식하게 된 것이다.

N교육장이 교통사고로 부산 백병원에 입원했던 적이 있었다. J교사는 K고을의 조그마한 벽지 학교인 R교의 분교에 근무하고 있을 때였다. 학교 수업이 끝남과 동시에 분교장에게 이야기하고 거기서 K읍으로 와서 다시 마산으로 와 부산 백병원까지 그 먼 거리를 버스로 와서 밤잠을 설치면서 간병을 하고 이튿날 새벽에 다시 여기서 R교로 가서 학생을 가르쳤다.

버스 속에서 자고 식사를 거르기를 여러 번 하였으리라 생각된다. 지극 정성으로 간병한 결과 한 달이 조금 넘어 N교육장을 퇴원하게 만들었다.

N교육장이 J선생을 E군으로 오라고 졸랐다. E군은 벽지가 많고 자기와 결혼하여 살자고 했으나 J선생은 같이 살아도 E군으로 안 간다

고 하였다. 교육장과 같이 살면서 벽지로 가서 근평을 받아 교감이 되면 남편 되는 N교육장에게 큰 욕을 얻어 먹이게 되니 자기는 자기 나름대로 살면서 부과점수를 받아가겠다고 하였다. 그 마음씨는 참으로 고마웠고 착했다.

J선생에게는 아이가 넷이 있었다. 큰 아이는 결혼하여 마산 시청에 근무 중이었고 둘째 아이는 마산 삼성병원 내과의사였고 셋째 아들은 서른이 넘었는데도 결혼을 못하고 마산의 S병원에서 행정요원으로 근무하고 있었다. 딸은 스물여덟이나 되는데 교회 권사로 있으면서 교회에서 찬송가를 가르치고 있는 독실한 크리스찬이었다. J교사, 다시 말하면 강 권사 어머니는 딸과는 달리 독실한 불교 신자였다. 자기 집 방 하나에 부처님을 모시고 지극정성으로 부처님을 섬기는 것이었다. 토요일이나 일요일은 전국의 유명한 사찰을 찾아 부처님께 빌고 시주를 하는 것이었다.

학교 일과 부처님 믿는 일이 아니면 아무것도 안 하는 사람이 되었다. 자연적으로 N교육장에게도 소홀해지기 시작하였다. 가끔 집에서 N교육장과 같이 있게 되면 부처님께 공양도 올리고 불경을 읊도록 하였다. N교육장도 옛날부터 불교에 가까운 사람으로 예수교와는 담을 쌓은 그런 사람이라 자연히 독실하게 불교를 믿었다. N교육장은 J선생에게 절터를 사 줄 터이니 퇴직하고 나서 절을 짓고 거기에서 같이 살자고 하였다.

전 남편과도 자식들 때문에 이혼은 안 했지만 딴살림을 차렸던 남편이 어느 날 아픈 몸을 이끌고 마산의 J의 집으로 J선생을 찾아온 것이다. 원래 첩살이하는 여자들은 남편이 돈이 떨어지고 병이 들면 몰래 도망하기 마련이다. J선생은 찾아오는 남편에게 "나와 당신은 이혼한 사이인데 뭘라고 찾아 왔소?" 하고 대문을 닫고 들어와 버리자 남편은 아무 말 없이 아픈 몸을 끌고 뒤돌아 보지도 않고 물러가는 것이었다. 이것을 우연히 알게 된 큰아들이 그날 저녁 동생들을 데리고 어머니 앞에 꿇어 앉아서

"어머니, 좋아도 우리 아버지요, 궂어도 우리 아버지 아닙니까? 중고등학교 다닐 때까지만 해도 아버지가 미웠는데 이젠 동정이 갑니다. 병까지 들었고 새어머니마저 도망가고 없는 판에 우리가 모시고 병이나 고쳐 드리면 어떻겠습니까?"

한다. 생명 부지의 남도 도와주는 J선생인지라

"너희들의 의견이 그렇다면 그렇게 하자. 그러나 나와는 남남이다. 너희들이 모두 결혼할 때까지는 그냥있겠다."

하더니 너희들이 알아서 하라는 어머니의 허락이 떨어지자 큰아들이 "어머니 고맙습니다" 하고는 아버지를 찾아 나갔다.

반 시간 가량 있으니 큰아들이 자기 아버지를 모시고 오는 것이었다. 큰아들 석근이가 그날 따라 우연히 집에 오다가 어머니한테 구박을 받고 떠나는 아버지를 만나 여관에 들어가게 하고 곧바로 집에 와서 자기 어머니께 간청하여 오도록 만든 것이었다.

J의 집에 남편이 큰아들과 함께 들어오자 J선생은

"아이들이 하도 당신을 도와 주자 해서 그냥 두니 오늘부터 저 부처님 방에 가서 쉬시요. 그리고 석근이는 내일 네 아버지를 삼성병원에 데리고 가서 입원시켜라."

하고는 자기 방으로 가는 것이었다.

그 뒷날 곧바로 큰아들 석근이는 연가를 내고 아버지를 모시고 병원에 가서 입원시켜 극진히 돌보았고 둘째 아들은 내과 의사라 직접 아

버지를 돌보았으나 너무 늦게 서둔 탓에 병세는 차도가 없었다. 그리고는 형에게 살짝 말하였다.

"형님, 아버지는 간암 말기입니다. 온몸에 퍼졌어요. 며칠 더 못 살겠어요."

한다. 그래도 아들이 의사니까 좋은 약을 써서 그런지 한달 가량 견디다가 세상을 떠났다.

J선생은 전 남편과 자주 싸우긴 하였으나 너무 불쌍하였다. 그것 살고 말 것을 그렇게 나를 못살게 볶았구나 하면서 인생의 허무함을 느꼈다. 마음을 돈독히 먹고 부처님께 명복을 빌었다. 그리고는 자식들과 의논하여 성대히 장례를 치렀다. 이승에서 누리지 못한 사랑을 저승에 가서는 누려야 되겠다는 생각에 정든 고향땅 푸른 바다가 보이는 금오산 중턱에 고이 묻어 주었다.

사십여 년을 몸 담아 온 교직생활을 그만두고 퇴직한 J보살은 이젠 자유로이 아무 구속도 안 받고 부처님만 믿을 수 있다면서 좋아하였다.

N교육장은 '저 사람은 부처님을 믿기 위하여 이 세상에 태어난 사람' 이라면서 이젠 마음대로 한번 살아 보라면서 자기 집에 있던 J보살의 소지품을 다 챙겨 가지고 보살이 살고 있는 금오산(소오산) 밑에 있는 집으로 갔다. 그날 저녁 N교육장은 그동안 같이 재미있게 살아 온 이야기를 밤새워 하였다.

뒷날 아침밥을 먹고 떠나오려 하니 어떻게나 섭섭한지 발걸음이 떨어지질 않는 것이었다. N교육장은 J보살을 보고

"그동안 나를 보살펴 준다고 고생이 많았소." 하면서 봉투 하나를 내어 J보살에게 주면서 "내 조그마한 성의요. 이 오천만 원으로 바다

가 내려다 보이는 좋은 곳에 터를 사서 조그마한 암자를 짓고 부처님을 모시고 건강하게 잘 사시오. 나는 이젠 집으로 가면 글이나 쓰고 시조나 읊으며 살 작정이요. 가끔씩 보고 싶으면 찾아오리다. 우리 극락세계에서 다시 만나서 행복하게 오래오래 삽시다."

하니 보살은 N교육장의 손을 꽉 잡으면서

"잘 가이소. 보고 싶으면 언제든지 찾아 오이소. 그리고 건강하게 살아야 합니다. 돈 아끼지 말고 먹고 싶은 것 사먹고 갖고 싶은 것 사면서 사이소. 그리고 파출부 데리고 집 청소도 하고 식사도 해 달라 해서 잘 먹으며 즐겁게 사이소. 이 돈으로 절을 짓고 절 이름은 당신의 이름자와 나의 이름자를 한자씩 따서 '달휘암' 이라 하겠소."

하면서 눈물을 주룩주룩 흘리는 것이었다.

N교육장은 J보살을 한번 힘껏 안아주고는 차를 몰고 한참 와서 차를 세우고 내려서 J보살이 있는 집 쪽을 보니 J보살도 아까 헤어졌던 그 자리에 그대로 서서 N교육장이 가는 쪽을 보고 있는 것이었다. N교육장은 J보살을 보고 손을 흔드니 그쪽에서도 손을 흔들었다. 사랑이란 묘한 것이라 같이 있을 때는 그리 좋은 줄 몰랐는데 나이 많아 뜻하지 않게 서로 갈라서려 하니 이렇게 섭섭한 것이었다.

'잘 사시오. 또 만납시다.'

마음속으로 되뇌이며 차를 몰고 그 자리를 떠났다.

서른일곱번째 이야기

좋은 사람들 사이

움트는 첫사랑

장엄한 지리산 줄기가 사정없이 뻗어 내려 오다가 우뚝 멈춰선 이명산 상봉에서 남서쪽으로 쭉 내려오면 오백여 년의 수령을 자랑하는 느티나무가 있고, 졸졸졸 실개천이 흘러가는 개울 양편의 기름진 평야를 안고 퇴봉재 언덕배기에 조그마한 초가지붕들이 이마를 맞대고 오순도순 이야기하듯 모여 있는 아담한 마을이 있다.

이 평화스러운 마을에 강효설이라는 조그마한 꼬마 학생이 살고 있었다. 이 학생은 어떻게나 영리한지 하나를 들으면 능히 열을 알았고 통솔력이 있고 어떻게나 몸이 날랜지 못하는 운동이 없으며 또래 친구들 사이에서는 당해내는 아이가 없었다. 책보퉁이를 둘러메고 굴렁쇠를 굴리며 학교에 오고 갔으며 엽전에 미농지를 끼워 감아 만든 제기(어린아이들의 놀이기구이 일종)를 백 개 넘게 차고 헌 책을 뜯어 만든 딱지치기는 당해내는 아이가 없을 정도로 다재다능한 아이였다.

학교를 마치고 집에 오기 바쁘게 동네에 있는 십여 명의 또래 친구들을 불러 모아 장군놀이를 하면서 온갖 재작을 부리고 다녔다. 이 산에서 저 산으로 이웃 동네까지 다니면서 갖은 놀이를 다 하고 남의 수박밭과 참외밭에 들어가 설익은 수박과 참외까지 따서 친구들에게 먹이고 밭두렁에 있는 하얀 박과 호박에 말뚝을 박고 가지를 따서 던지는 등 온갖 짓궂은 장난을 하는 그런 아이였다. 동네 어른들도 이런 효설이를 크게 꾸짖지 않고 슬슬 달래야만 하는 형편이었다. 잘못 건드리면 자기 농작물에 해를 끼치기 때문이다. 그리고 이 꼬마들의 노는 모습이 재미있고 귀엽게 보여 구경을 할 정도로 잘 놀기 때문이었다.

이런 효설이가 6학년이 되더니 철이 들고 공부를 열심히 하며 전교 어린이회장 선거에 출마하여 당선되고 나서부터는 모든 행동거지가 다른 어린이들의 모범이 되었다. 특히 부산의 명문중학교인 경남중학 입시에서 장학생으로 합격되어 1학년 3반 반장을 하였고 우등생이 되었다. 이렇게 열심히 공부를 하던 중 6 · 25사변이 터졌고 학제가 개편되어 중 · 고등학교로 분리되자 촌놈인 효설이가 부산의 도시출신 학생들을 제치고 기율부장이 되어 활동하였다. 3학년 때에는 경남중학교는 육군병원이 되었고 교실은 군인들의 입원실이 되었다.

학교 측은 운동장에 천막을 치고 가교실을 만들어 수업을 하다가 얼마 뒤에 지금의 경고 자리인 구덕산으로 학교가 옮겨 갔다. 토성동의 본교사에 있을 때는 군 보초와 기율부원들이 같이 교문에 지켜 서서 출입을 통제하고 교기와 풍기를 잡기도 하였다.

효설이는 이때 부상을 당하여 입원해 있는 많은 군인들과 죽어 나가는 많은 병사들을 보고 얼마나 가슴 아파하였는지 모른다. 그리고는 동족간의 상쟁으로 저렇게 개죽음을 하는 사람이 많은데 나도 저렇게 되면 어쩌나 하고 생각하다가 어떻게 해서라도 군에 안 가야겠다고 마음을 먹었다.

그때 효설이가 하숙하던 곳은 고향 하동 박달에 살던 고종 형의 집이었다. 낙양중에 다니는 국교 동기인 인수와 같이 하숙을 하고 있었는데 거기가 아미동 체신청 뒤였다. 여기에서 부산여중에 다니고 있는 한봉자라는 참한 소녀를 만나게 되었다. 봉자는 충청도에서 이사를 왔었고 아버지가 피난 온 건국대학의 교수였는데 1년 전에 돌아가시고 어머님 밑에서 국민학교에 다니는 남동생과 세 식구가 단란하게 살아가고 있었다. 봉자의 어머님은 얼굴이 아주 곱게 생겼고 마음씨가 착하였다. 충청도 사람이라 말씨 또한 너무 상냥하여 동네 사람들의 존경을 받고 있었으며 특히 자녀 교육에 관심이 많았다. 어머니를 닮아 봉자도 마음씨가 곱고 착하고 얼굴이 예뻐 모두가 좋아하였다.

그런 봉자는 효설이보다 2년이나 늦은 학년이라 그 어머니는 공부 잘하고 착한 효설이를 자기 집에 와서 놀게 하였고 영어와 수학을 봉자에게 좀 가르쳐 달라고 하였다. 마음씨 착한 봉자도 효설이를 '오빠, 오빠' 하면서 따랐고 공부도 열심히 하였다. 겨울방학 때 봉자는 어머니의 허가를 받고 효설이를 따라 효설이의 고향에 가서 며칠 쉬고 올 정도로 친한 사이였다.

그런데 효설이와 봉자가 사는 이 아미동에는 봉자와 같은 학교에서 같은 학년 같은 반에 다니고 있는 옥자라는 학생도 살고 있었다. 이 옥자도 마음씨가 좋고 착한 아이라 봉자와 친하였고 봉자 집에 와서 같이 공부도 하는 잘 어울리는 사이였다. 그런데 효설이는 옥자보다는 봉자를 훨씬 좋아하였고 한창 사춘기 때라 연정으로 봉자와 사귀어 가고 있었다.

하루라도 안 보면 못 견디리만치 보고 싶어 하였고 더 자주 만나고 싶어하게 되었다.

그러나 이런 좋은 사이를 하느님이 시샘을 했는지 효설이가 고3이 되고 봉자가 고1이 되었을 때 봉자가 부산을 떠나 충청도 고향으로 돌아가게 되었다. 효설이와 봉자는 영원히 만나지 못하고 헤어지는 것 같아 섭섭해 하였다. 이 다음에 성인이 되어 만나 결혼하여 멋지게 살자며 변치 말 것을 손가락을 걸어 약속을 하고 헤어졌다. 옥자만 내심으로 좋아할 뿐이었다. 효설이를 두고 눈에 안 보이게 서로 경쟁을 했기 때문이다.

그때만 해도 전화가 집집마다 없고 우체국에 가서 전화를 해야만 하는 때다. 소식을 자주 전하려면 편지로 연락을 하는 수밖에 없었다. 사흘이 머다하고 편지로 서로의 소식을 연락하였다.

봉자네는 청주시내 변두리로 이사를 가고 얼마 안 되어 어머니가 시름시름 앓기 시작하여 병원에 입원하였다. 가정형편이 너무나 쪼들리기 시작하였고 봉자는 다니던 학교마저 그만둘 수밖에 없게 되었다. 그렇게 환경이 바뀌니까 그 좋아하던 효설이에게 편지도 자주 못하였고 또 편지를 받아도 답장도 제대로 보내지 못하는 안타까운 신세로 전락하였다.

몸져 누웠던 어머니는 입원하여 치료를 받았으나 낫질 않고 오랫동안 병과 싸우다가 다시는 오지 못하는 먼 길을 떠나고 말았다. 하늘이 무너지고 땅이 꺼지는 그런 시련이었다. 이웃에 살던 삼촌 내외의 도움으로 어떻게 장례를 치렀는지도 모르리만큼 장례를 치르고 나니 봉자와 어린 동생은 고아가 되어 삼촌 내외의 사랑을 받으며 살아가게 되고 말았다.

세월은 흘러만 갔다. 효설이에게 이런 딱한 사정을 알리지도 못하였고 이젠 편지도 끊기고 소식도 두절이 된 가운데 봉자는 나이가 스물이 가까이 되었다.

꽃은 새로 피더니

그리움에 쌓여 살아온 몇년. 봉자는 스물이 넘자 이젠 다 큰 처녀가 되었다. 삼촌 숙모는 과년한 조카딸을 그대로 둘 수 없다며 시집 보낼 준비를 하기 시작했다. 손가락을 걸며 장래를 약속했던 효설이 이야기는 해 봤자 소용 없고 할 수도 없었다. 봉자는 마음속으로 효설이를 그리워하며 이게 다 운명이거니 하고 생각할 수밖에 없었다. 삼촌 내외의 시키는 대로 할 수밖에 없는 형편이었다.

그때만 하여도 오늘날처럼 처녀 총각이 연애를 하여 자기들 마음대로 결혼하는 것이 아니었다. 어른들이 중매쟁이를 통하여 선을 보고 궁합이 맞으면 당사자들의 의사와는 상관없이 결혼시키던 그런 때인지라, 봉자는 삼촌 내외의 지시에 따라 부근에 사는 총각과 선을 보았다. 총각은 키가 크고 후리후리한 데다 말도 잘하고 미남이었다. 겉으로 보기에는 착하고 건실해 보였으나 말하는 것을 들으니 학교는 별로 다니지 않은 것 같았다. 양가 모두 큰 준비 없이 결혼식을 올리기로 하였다. 깨가 쏟아지는 신혼생활이 시작되었다. 새신랑은 그냥 부모님 슬하에서 더구나 시내 변두리에서 농사나 짓고 살 그런 위인이 아니었다. 그런데다가 저녁이면 봉자가 남편을 졸라 시내 중심부에 가서 장사나 하며 살자고 졸랐더니 그렇게 하기로 되었다.

중앙동 시장 옆에 가서 조그마한 전셋방을 얻어 이사를 하고 조그마한 점포 하나를 세 내어 옷장사를 시작한 것이었다. 가까운 집안 일가가 중앙시장에서 의류상을 제법 크게 하고 있었다. 신랑은 총각 때 여기서 일을 거든 일이 있어 옷장사에 대하여는 좀 알고 있었고 장사를 잘 하는 일가는 남편에게 좋은 길잡이가 되었다.

신혼의 단꿈도 계속되었고 장사도 부지런히 하였다.

마음씨 좋고 인상 좋은 봉자 내외는 점포를 찾아 아는 손님에게는 다른 점포를 찾는 손님의 열배 이상으로 환대하여 줌으로써 한번 들른 사람은 다른 점포로 안 가고 다시 찾아올 뿐만 아니라 다른 손님도 데리고 찾아오므로 점포는 항상 손님으로 들끓었다.

첫딸을 낳았다. 남편은 딸을 엄마 닮았다고 하여 너무 좋아하였다. 쌩긋쌩긋 웃어가며 자라는 딸은 너무나 엄마를 닮았고 예뻤다. 연년생으로 머스마를 또 낳았다. 얼마나 신랑이 봉자를 좋아하는지 밥도 신랑 자신이 짓고 설거지도 직접 남편이 다 하였다. 그야말로 봉자는 호강스레 살아가고 있었다.

아들과 딸을 곱게 기르면서 재미있는 나날을 보내고 점포도 조금씩 조금씩 키워 나갔다.

재미있는 결혼생활이 계속되는 가운데 세월은 자꾸자꾸 흘러가고 있었다. 봉자의 나이가 쉰이 다 되어간다. 여자 나이가 쉰을 바라보니 이젠 '늙는구나' 하는 생각이 들었다. 아들 딸이 무럭무럭 자라 모두 대학을 졸업하고 딸아이는 교대 졸업과 동시에 초등학교에서 부부 교사로 봉직하고 있다. 아들은 한국은행에 취직하여 누나의 소개로 초등학교 여교사와 결혼하여 따로 살림을 꾸렸다. 그렇게 되고 보니 봉자 내외만 고스란히 남아서 집을 지키고 장사에만 재미를 붙이며 살아가고 있었다.

그런 어느 날 남편이 점포에 왔다가 몸이 아프다며 견디기 어려워하더니 병원에 가서 검사를 한번 해 봐야겠다고 하였다. 청주에서 제일 유명하다는 '안아파 병원' 에 가서 검사를 받았다. 그러나 만성간염이라며 입원을 하여 치료를 받으라는 것도 뿌리치고 통원치료를 받았다. 그러나 낫질 않고 한동안 병과 싸우더니 간경화가 되었다는 소릴 듣고 부랴부랴 입원을 하여 치료를 받았으나 별 효과가 없었다. '서울대 병원' 으로 옮겨 특실에 들어가서 치료를 받으니 엄청난 치료비가 들었다. 죽을 때 갖고 가는 재산도 아닌지라 아까워하지 않고 계속 치료를 받았으나 병세의 차도가 없었다. 다시 '세브란스 병원' 특실로 옮겨 치료를 받으니 좀 나은 것 같았다. 병원에 따라 차도가 있는 법이다. 완치가 된다는 것은 어려운 일이라는 의사의 말을 듣고 고향으로 내려왔다.

그해 따라 겨울은 어찌 그리도 추웠던고!

남편은 독감에 걸리고 말았다. 간이 나쁜 데다가 독감에 걸렸으니 독한 약을 먹지 못하고 고생을 하다가 안 되어서 다시 '세브란스 병원' 으로 옮겨 가서 치료를 받았으나 효험이 없었다.

하루는 담당의사가 봉자를 불러 이젠 안되겠다며 초상 치를 준비를 하라고 했다. 할 수 없는 일 아닌가. 며칠 후 남편은 영원히 오지 못하는 길로 떠나고 말았다. 하늘이 무너지고 땅이 꺼지는 그런 슬픔이었다.

화장을 해서 고향 청주로 내려왔다. 어떻게 초상을 치렀는지도 모르고 울며불며 나날을 보내었다. 아들과 며느리, 딸과 사위는 서로 자기 집에 와서 있으라고 조르나 가질 않겠다고 우겼다. 목구멍이 포도청이라더니 그냥 있을 수 없어 다시 점포로 나가 장사를 시작하였다. 장사는 옛날 같지 않았다.

'약한 자여! 그대의 이름은 여자이니라' 하던 햄릿의 대사와 같이 여자 혼자 살아가기는 참으로 어려웠다. 장사가 전과 같이 안 되고 여자 혼자 하기는 너무나 벅찼다. 죽는 사람은 자기가 번 돈을 다 쓰고 간다더니 남편도 그랬다. 소도 논두렁이 있어야 머리를 비빈다는데 가진 것이 크게 없으니 장사하기가 곤란하였다. 심사숙고한 끝에 점포를 정리하고 딴 일을 하기로 했다.

고달프고 외로울 때는 먼저 간 남편 생각이 절로 났다. 어느 때는 옛날 학창 시절의 첫 사랑이었던 효설이가 생각날 때도 있었으나 이를 악물고 참았다.

지독스레 복도 없는 자기라 편히 살려고 해서는 안되니 일자리를 구하여 돈을 벌면서 살아가야지 하는 마음으로 일을 시작키로 했다. 자식들에게 부담을 주기는 죽기보다 싫었고 그래서 구한 일자리가 '안아파 병원' 의 간병인 자리이다. 여기에 나가서 환자의 뒷바라지를 하였다.

한 젊은 부인의 간병인으로 일을 하는데 이 젊은 부인은 자궁암 말기 환자로 오늘내일 하는 그런 처지였다. 남편을 여읜 자기인지라 성심껏 보살폈다. 그러나 며칠 안되어 그 젊은 부인은 그만 먼 세상으로 갔다. 너무 가슴이 아팠다. 그 다음은 연세 높은 한 할아버지의 병간호를 하게 되었다. 성심성의껏 5달을 간병하고 나니 그 할아버지도 노병인 탓인지 세상을 떠났다.

일찍 부모님을 여읜 봉자인지라 자기 부모처럼 여기고 간병하였으나 죽는 것을 보고 인생이란 참으로 허무한 것이며 죽어가는 사람만 돌보니 자신이 있을 곳이 이곳은 아니라고 생각되었다. 그래서 '안아파 병원' 에서 나와 친구의 소개로 한 부잣집 파출부로 들어갔다. 아침 일찍 가서 저녁 늦게까지 일을 하고 돌아와서 곤한 몸을 녹이고 살기를 한 달쯤 하니 그 집에서는 봉자를 아주 믿고 자기 집에 와서 같이 있자고 했다. 그러기로 하고 그 집에 가 있으니 점잖아 보이던 그 집주인 남정네가 혼자 있는 날이면 괴롭히고 겁탈까지 하려 하였다. 여기 있다간 큰일 나겠다 생각되어 그 집에서 나오고 말았다.

세상 일이란 하나도 편한 것이 없었다. 집에서 쉬면서 다른 일자리를 구하고 있던 중 진주에 사는 이종사촌 언니를 우연히 만났다. 이야기 끝에 진주에서 그리 멀지 않은 사천 완사에 자기가 잘 아는 사람이 살다가 아들 따라 부산으로 간다면서 집을 내어 놓았다. 그 집 여주인이 옆에 있는 전자부품회사에 나가면서 살았는데 참 좋다고 하더란 이야기를 들었다고 하였다. 가서 알아보고 연락해 준다는 약속을 하고 헤어졌다.

그런 며칠 뒤에 전화가 왔다. 한번 와서 직접 보고 가라는 것이었다. 오랜만에 나들이를 했다. 진주 언니 집에 가서 하루를 쉬고 뒷날 언니와 같이 완사에 가보니 진주에서 그리 멀지도 않고 회사에도 다닐 수 있고 집도 괜찮았다. 즉시 올라와서 집 정리를 하고 완사로 이사를 하였다. 이 완사는 진주에서 그리 멀지도 않을 뿐만 아니라 지금은 소식도 모르지만 효설이의 고향에서도 그리 멀지 않아 진작 와서 살고 싶은 그런 곳이었다.

봉자가 새로 산 완사의 집은 기차역에서 얼마 떨어지지 않은 곳이었다. 산 밑 길가의 조그마한 오두막집이라 마당에 길을 남기고 좋은 나무를 사와서 심고 돌도 좋은 것 몇 덩이를 사와서 세우고 조그마한 남새밭을 만들어 씨 뿌리고 거름 주고 물 주어 가꾸는 재미는 아주 일품이었다.

낮에는 전자부품회사에 나가서 일을 거들고 월급을 조금 받아 살림살이에 조금씩 보태며 살아가는 재미는 대단하였다. 나이 많은 사람이 집에서 놀면 병만 나기 쉬우니 이렇게라도 하면 건강에 좋지 않을까 생각되었다. 세월은 기다려주지 않고 자꾸만 흘러가고 있었다. 환갑을 지나고 나서부터는 하루가 다르게 몸과 마음이 허약해져 가는 것을 느낄 수 있었다. 잊으려고 노력하던 효설이가 머리에 떠오르는 날이 많아지기 시작하였다.

한편 마산시청 서기로 취직한 효설이는 근면성실하고 맡은 바 직무에 충실하면서 야간대학과 대학원을 졸업하고 경남도청으로 자리를 옮겨 과장, 국장으로 승승장구하더니 창녕군수로 나가서 근무하다가 정년퇴임을 하였다. 퇴임 후에는 창원에 아파트 하나를 사서 살면서 고향 하동의 선산 밑에 밭을 사고, 있는 밭과 함께 감, 대추, 매실을 조금씩 심어 가꾸면서 창원과 고향을 자주 오가며 살고 있었다.

이런 효설이도 쓸쓸하긴 마찬가지다. 사람이 살아가는 데는 좋은 일만 계속 있는 것이 아니다. 효설이가 창녕군수로 있을 적에 그렇게도 사랑하던 아내가 간경화를 앓다가 저 세상으로 가고 십년이 지난 지금도 혼자 살고 있으니 마음이 편할 리 있겠는가.

다행히 아들의 사업이 잘 되고 시집 간 딸들이 잘 사니까 큰 걱정은 없고 착한 아들과 며느리가 서울 와서 같이 있길 바라나 혼자 이렇게 바쁘게 살아가고 있다. 어느 날 효설이에게 고향의 농협 조합장의 부친 별세 부고를 받고 상문을 갔었다.

가장 재미있는 초등학교 동기회

자동차를 몰고 고향 산길을 달려 상문을 갔었다. 상가에서 오랜만에 국민학교 동기생 몇 명을 만나 어릴 적 이야기를 하며 놀다가 한 친구가

"효설이 자네가 국민학교 다닐 적에 전교 어린이 회장을 하였고 1반 반장을 안했는가. 우리 동기회를 한번 해 봄세."

하니까 거기 있던 친구들이 모두 그렇게 하자는 것이었다.

2반 반장 승삼이는 저 세상 사람이 된지 이미 오래되었고 그 사람 말고도 많은 친구들이 저 세상 사람이 되어 때늦은 감이 있으나 서둘러 동기동창회를 해 보는 것이 옳다는 의견이 모아졌다. 그날로 운암에 있는 양보교에 가서 졸업대장을 복사해 와서 몇몇 친구들과 같이 친구들 주소를 하나하나 조사하여 동창회 개최 발기문을 띄웠다.

모교인 박달교가 폐교되고 운암교가 양보교로 개명되었기 때문에 모교가 사실상 없어진 마당에 동기회는 가락에서 염소농장을 하고 있는 동기생의 집에서 2002년 12월 8일에 개최하였다. 염소 한 마리와 토종닭 다섯 마리를 잡았다. 예상외로 많은 동기생들이 모였다. 98명의 졸업생 중 그 3분의 1인 삼십여 명이 벌써 오지 못하는 먼 길로 떠났고 참석한 친구들도 대부분 머리는 백발로 변하였고 얼굴은 쭈글쭈글, 걸음걸이는 어슬어슬렁… 왜 이리 늙었을꼬 한심스러울 뿐이다.

옛 어른들의 말씀이 생각났다. '너도 나이 먹어 봐라' 하더니 이 말이 지금의 우리들에게 맞는 말 아닌가.

효설이가 회장으로 추대되었다. 당선 인사를 마치고 회칙을 통과시키고 나서 토의사항을 마치고 음식판이 벌어졌다. 효설이는 남자친구

방에서 이야기를 좀 하고 놀다가 여자친구들이 있는 작은 방으로 가서 인사를 하였다. 모두가 반가워하며 악수를 하였는데 특히 2반에 있던 연순이는 효설이에게

"효설아! 내가 옛날 너를 짝사랑하였는데 너는 그걸 알았느냐?"

하고 묻는 통에 당황하기도 했다. 나이가 많아지니 부끄러움도 없어졌는지 못하는 말이 없었다. 옛날 효설이가 좋아했던 민정이도 그날 왔었다. 옛날 국민학교 다닐 적에는 남학생과 여학생이 아무리 좋아해도 말 한마디 건네지 못했다. 그만큼 친구들의 놀림이 무서웠었다. 효설이와 민정이는 졸업과 동시에 헤어졌다가 오늘 만나게 되니 참으로 반가웠다. 손을 잡고 그동안 어떻게 지냈냐고 묻기도 하였다. 효설이가 혼자 되고 나서 민정이가 혼자 있다는 말을 전해 듣고 얼마나 만나 봤으면 하던 사람인가. 그리고 효설이는 민정이를 보는 순간 옛날 중학교 다닐 적 사귀었던 봉자가 생각났고 봉자는 어떻게 살고 있을까 하고 생각이 나기도 하였다. 그런 중에 오늘 민정이를 만나고 보니 봉자가 더 보고 싶었다.

민정이는 고향에 온 김에 친정에 들른다면서 몰래 살짝 빠져나가고 말았다. 고인이 된 남편의 산소에 가서 슬피 울고 있는지도 모른다. 효설이는 미안하게 생각할 뿐이었다.

이 날은 이렇게 놀다가 헤어졌고 남자친구들만 몇 사람 남아서 고스톱을 하다가 밤늦게 헤어졌다.

그 뒤 효설이와 연순이는 서로 전화 연락도 하였고 만나서 같이 사귀기도 하였다. 그러나 재미있게 지내던 연순이가 갑작스레 죽었다. 아쉬웠다. 다른 친구들과는 자주 전화 연락을 하면서 즐기고 있다.

그 다음해에는 진주에서 동기회를 가졌다. 해마다 동기회는 개최하

건만 회원은 해가 갈수록 하나 둘 줄어들었다. 하나씩 하나씩 먼 세상으로 떠나기 때문이다.

세번째 모임은 부산의 해운대에서 가졌다. 생존해 있는 동기생 거의 반이 부산에 살고 있기 때문에 그들의 편의를 봐 주고 많은 동기생을 모으기 위하여 부산을 모임 장소로 회장단에서 정한 것이었다.

재미있게 놀았다. 노래방에 모두가 가서 노래도 부르고 남녀가 어울려 춤도 추고 즐겁게 놀다가 헤어졌다. 동기생들이 이렇게 많이 모이게 된 것은 회장인 효설이의 노력의 덕택이라 모두들 생각하였다. 효설이가 군수를 지낸 티를 조금도 안 내고 서민적으로 행동하여 누구나 똑같이 좋아하고 농도 잘하며 직접 친구들에게 전화를 해서 동기회에 나오도록 종용하고 있기 때문이라고 생각하고 있었다.

효설이는 부산에 온 김에 낙양공고에 다니던 인수와 같이 하숙하던 아미동의 고종 형수댁을 찾아갔다. 고종 형수는 효설이와 인수를 보고 너무 반가워하는 것이었다. 고종 형수는 옛날 이야기를 하면서

"아재는 공부도 잘했고 여학생이 많이 찾아왔건만" 하더니

"참, 옥자가 이 위에 지금도 살고 있소. 전화나 한번 해서 만나 보소."

한다. 효설이는 수첩에 전화번호를 적고는 옥자에게 전화를 걸었다.

"여보세요. 이옥자 씨 댁입니까?"

"예, 제가 이옥자인데요."

"아, 그래요. 나 강효설인데 기억하시겠어요?"

"아, 알구 말고요. 옛날 중학교 다닐 적에 오빠, 오빠 하면서 얼마나 따라다녔다구요. 참 좋아했는데…."

이렇게 되어 그날 즉시 세 사람이 만났고 저녁 식사를 같이 하면서

흘러간 옛날 이야기와 지금의 이야기를 했다. 옥자는 몇 년 전 진주 개천예술제에 가서 우연히 봉자를 만났고 그때부터 두 사람은 서로 오고가며 잘 지내고 있다고 하였다.

새로 만난 세 사람

봉자는 어릴 적 학교 다닐 때에 같은 반의 옥자와 아주 친하였는데 둘다 키가 작았고 공부 성적도 비슷하며 마음씨도 착하였기 때문이었다. 봉자가 충청도로 이사를 하고 또 나이가 들어 시집을 감으로써 서로 연락이 끊겼는데 그때부터 서로 잊고 살다가 우연히 봉자를 만났다고 한다.

옥자도 십여 년 전에 남편을 여의고 자식들과 떨어져 아미동 옛날 살던 곳에 와서 혼자 살고 있으면서 가끔씩 봉자가 사는 완사에 가서 놀다가 오곤 한다고 하였다.

봉자는 옥자와 아주 친하였는데 옛날 학교 다닐 때와 같이 효설이를 만나 가깝게 지내고 싶다고 하더란 이야기도 하였으며 지금은 남편을 여의고 혼자 외롭게 살아가고 있다고 하였다.

옥자는 자기보다 나이가 한살 아래인 봉자가 자기보다 훨씬 앞서서 남편을 여의고 혼자 살고 있으니 측은한 생각이 들었고 효설이 또한 마누라를 일찍 여의고 혼자 외롭게 살고 있으니 같은 짝 없는 신세라 동정이 가는 것 같았다.

옥자가 봉자에게 효설이의 이야기를 전화로 안 알릴 리 없었다. 그런 어느 날 봉자가 하루는 옥자에게 전화를 걸어 봉자네 집에서 효설이와 자기 세 사람만이 조용히 만나서 하루를 즐겁게 놀자고 하였다.

옥자도 적적하였던지 그렇게 하자고 하였다. 옥자가 효설이에게 연락하여 봉자가 회사에 나갔다가 일찍 돌아오는 토요일 오후에 만나 진주시와 남강댐 부근, 그리고 완사의 여기저기 구경을 다니고 재미있게 놀다가 저녁에는 세 사람이 1점에 100원씩 주고 받는 고스톱을 하고 놀다가 밤늦게 한 집에서 잤었다.

아주 재미있는 날이었다. 농담 잘하는 효설이는 옛날의 애인이었던 봉자와 옥자에게 "과부 둘을 데리고 자자면 골치가 아프네. 하나는 오른팔 베이고 또 하나는 왼팔 베이고 자면 되는데 정력이 부족해서 큰일났네." 하니까 옆에 있는 옥자가 "그렇게 잘 될까?" 하자 봉자가 "나이 칠십이 넘은 영감쟁이가 그런 소릴 하는 걸 보니 대단하구만!" 한다. 옥자는 효설이와 봉자의 옛날 관계를 눈치 채지 못하였고 모르고 있었다.

그 뒷날 오후 늦게까지 재미있게 놀다가 그들은 헤어졌다.

그런 일이 있고 난 뒤 두 주일 뒤 창원에 사는 효설이 집으로 다시 세 사람이 모였다. 재미난 이야기를 하다가 효설이가 "나는 참 행복한 사람이네. 의자왕만큼은 못하지만" 한다. 봉자가 "왜?" 하니까 효설이는 "의자왕은 삼천 궁녀를 거느리고 살았지만 나는 이천 궁녀를 거느리고 있으니까 말이다." 한다. 세 사람은 한꺼번에 "와-" 하고 웃었다. 그러자 효설이는 또 "너희들 나를 오촌 오빠라 불러라. 옛날 학교 다닐 적에도 오빠라 안 불렀느냐?" 하니까 옥자가 "아니다. 내가 오촌 누님이다. 오촌 누님이라 불러라." 한다. 그러자 봉자가 "오촌이면 숙질 간인데 어찌 오빠가 되고 누님이 되느냐?" 하니까 효설이가 "참 바보들이네 애인이니까 오촌 오빠라 하는 것이지." 한다.

그런 이야기를 하다가 고스톱이나 하자 하여 몇 판 치고 놀다가 세 사람은 시내 구경을 나갔다. 저녁 식사는 버섯구이를 잘 하는 곳이 있다면서 걸어가서 버섯구이로 때우고 들어와서 밤새워 놀다가 뒷날 오후에 하나는 부산으로, 하나는 사천 완사로 돌아갔다.

참으로 재미있고 사이좋게 지내는 세 사람이다.

이 일이 있고 나서 2주일 뒤다. 이번에는 부산에 살고 있는 옥자네 집에서 세 사람이 다시 만났다. 자갈치에 나가서 바다 구경도 하고 생선회도 실컷 먹고 재미있게 놀다가 뒷날 오후에 헤어졌다. 이들은 남이 보면 시기라도 하리만큼 자주 만나 이렇게 정답게 놀다가 헤어지곤 한다.

끝내 사랑은 이루지 못하고

사랑이란 참으로 묘한 것이다. 한 남정네가 두 여자를 사랑할 수 없는 것 같다. 정은 한 쪽으로만 가는 법이다. 효설이는 옛날 어릴 적부터 봉자를 좋아하였고 지금도 봉자를 좋아하고 있다. 효설이와 봉자는 자주 전화를 주고 받으나 옥자에겐 그런 말을 일체 안하고 비밀로 하고 있다. 옥자 몰래 효설이와 봉자가 몇번 만났지만 만난 사실과 내용은 조금도 드러내지 않고 있다.

효설이는 봉자에게 날마다 전화를 하고 하루라도 전화가 안 되는 날이면 속을 태우고 견디기 어려워 하였다.

그런 어느 날이었다. 효설이는 봉자가 살고 있는 완사로 가서 두 사람이 만나 남강 주변을 구경도 하고 완사 특미 쇠고기 육회도 사먹고 재미있게 놀다가 헤어져 왔다. 두 사람 다 짝 없이 혼자 살고 있는 처지지만 터놓고 사랑하면 될 것인데 서로 그런 말을 하지 않고 있는 것이다. 그 뒤로도 효설이는 봉자에게 하루도 걸르지 않고 봉자가 일터에서 퇴근하고 올 무렵인 오후 6시 반경에 봉자집에 전화를 걸어댄다.

그럴라치면 숨을 몰아쉬며 바쁘게 전화를 받는 봉자였다. 봉자는 이처럼 바쁘게 살아가고 있는 것이다. 사랑하고 존경할 만하다고 효설이는 생각하는 것이다.

봉자는 혼자 살아가고 있는 효설이가 측은하여 반찬을 손수 만들어 택배로 몇번 보낸 바 있다. 드러내 놓고 좋아한다는 말은 안 하지만 속으로는 아주 좋아하는 모양이다.

지난 2월에도 명란젓이며 전어밤젓, 전어젓, 가죽자반, 가죽 장아찌, 마늘 조림 등을 갖은 양념을 해서 정성껏 담아 두 박스나 해 들고 기차로 창원까지 왔었다. 효설이가 사는 집에는 들르지도 않고 반찬 박스만 직접 건네주고 돝섬과 마산의 몇 군데를 구경하고 놀다가 해 질녘에 기차로 돌아갔다.

지나 9월 초 태풍이 몰아온다고 야단이 나는 날에도 비를 맞으며 반찬과 효설이가 좋아하는 누룽지, 그리고 당뇨환자는 잡곡밥을 해 먹어야 된다면서 검은 쌀, 검은 콩, 옥수수, 조, 노랑콩 등을 몇 되씩 가득 사 들고 창원에 와서 효설이에게 건네 주고 한나절을 즐겁게 놀다가 해질녘에 떠나갔다.

비바람이 몰아치는 날, 기차로 떠나가는 봉자를 혼자 보내면서 효설이는 「떠나가는 님」이라는 시 한 수를 지어 헤어지는 섭섭함을 노래하였다.

영어, 수학 잘 하라 가르쳐 주었고

손가락 걸어가며 만나자던 약속
어긴 사람 미워하며 원망을 했는데
나이 들어 만나니 더더욱 반갑네

피치 못할 사정으로 남과 남이 되어
꿈도 사랑도 잃고 살아 왔었네
태풍 속에 만났다가 떠나가는 그 님
창 너머로 바라보니 가슴 아프네

그뿐만 아니다. 효설이가 완사에 있는 봉자의 집에 가서 하루 놀다가 돌아왔는데 그 꾸밈이 어떻게나 아름답던지 시를 한 수 지어 남겼다. 하기야 마누라가 예쁘면 처갓집 울타리도 예쁘다는 옛말이 있듯이 봉자가 좋으니 그렇게 보였는가도 모른다.

산마을 길 옆 그림 같은 예쁜 집에
조용히 살아가는 예쁜 사람 있었네
지나가는 솔바람에 치맛자락이 살랑살랑
코스모스 한들한들 손짓하며 오라네.

효설이는 봉자를 이만큼 좋아하고 있었다. 사랑한다는 말은 밖으로 내뱉지 못하고 속만 태우고 있는 것이다. 1년이 넘게 이렇게 전화질을 하고 남몰래 살짝 만나기도 하다 보니 이젠 좀 사랑의 도가 높은 말로 전화를 주고 받는 때도 있다.

"오늘 재미있게 지냈어?"

"응, 재미있었지. 나는 재미있게 지내려고 항상 노력을 하는 사람이거든."

"그래, 별일 없었지?"

"나야 별일 없었지. 당신은?"

얼떨결에 봉자는 옛날 사랑하던 남편에게만 쓰던 당신이란 말을 쓰고 말았다. 효설이는 내심 좋아하면서

"나도 괜찮지. 그런데 당신은 내가 좋나?" 하니

"좋지요, 친구로도 좋고 오빠로도 너무 좋지."

"그리 말고, 사랑하는 애인으로 좋다 해라."

"아니, 옛날같이 오빠라 부르면 더 좋을 것 같아."

"축구 바보 아이가? 애인으로도 좋다고 해라."

"몰라…!"

하고 봉자가 톡 쏘아 붙이자

"우리 죽기 전에 며칠이라도 같이 만나 즐겁게 살 수 있을까?"

하는 효설이의 말을 받아 봉자가

"40대쯤 되었을 대 우리가 만났더라면 그렇게 되었을지 모르지만 지금은 곤란하지. 나이 많은 사람들이 주책이란 말 듣는단 말이야."

하니 효설이는 퉁명스럽게

"알았다. 남의 눈치 볼 필요가 어디 있으며 남의 말 들을 필요가 어디 있니? 남의 흉은 삼일 안 넘어간다는데…."

"우리는 이렇게 전화나 하면서 지내자. 가끔씩 둘이 만나 놀기도 하고 어때 오빠?"

"좋은 말이긴 하지만 그건 곤란해."

이렇게 효설이와 봉자는 다정스럽게 이야기를 하며 나날을 보내는

좋은 사이이다. 세월은 이들을 가만히 두지 않고 자꾸만 흘러간다. 효설이는 봉자를 참으로 사랑하는 모양이다.

이 두 사람의 사랑은 참으로 보기드문 신사적인 사랑을 하고 있는 것이다. 옆에 아무도 없고 두 사람만 만나도 손을 잡고 악수하는 것 이외에는 아무데도 까딱 안한다. 그러나 효설이는 봉자가 자기 집에 와서 며칠 지내다가 완사에 있는 봉자 집에 가서 며칠 쉬고 왔다 갔다 하면 좋겠다고 생각하고 있다. 또 그렇게 하자고 말한 적도 있다. 그러나 봉자는 그렇게 하질 못하고 망설이고 있는 것이다. 아이들 보기도 민망하고 아는 사람들 보기도 부끄러우니 이리도 못하고 저리도 못하고 있는 것이다.

효설이는 한 번이라도 이런 봉자를 정이 통하도록 꽉 껴안아 보고 싶다고 생각하고 있었다. 그러나 실제로 두 사람이 만나면 왜 그런지 그렇게 안 되었다. 효설이는 그냥 말로서 만나 같이 살자 해서는 안될 것 같아 고민하다가 한 꾀를 생각했다. 고향에 와서 갑자기 몸이 아프다며 진주로 가서 경상대학교 부속병원에 당뇨와 관절염, 통풍으로 입원을 하였다. 특실에 혼자 들어가 있으면서 봉자에게 전화를 걸었다.

"여보세요. 거기 한봉자라는 사람 있습니까?"

"예, 제가 한봉자입니다만."

"내 효설이인데 고향에 왔다가 갑자기 몸이 아파 지금 경상대학 부속병원 특실에 입원을 해 있으니 그리 알아라."

"어디가 아파서요?"

"온몸과 마음이 아파 죽을 것만 같다. 아마 오래 못 살 것 같다."

하고는 전화를 탁 끊어버리는 것이었다.

놀란 봉자가 그날 오후에 회사에서 조퇴를 하고 경상대학 부속병원에 있는 효설이의 병실로 찾아왔다. 효설이는 간병하는 아줌마에게 "아주머니, 잠깐 두 사람이 할 이야기가 있으니 자리를 좀 비켜 주시렵니까? 하니까 눈치 빠른 아줌마는 조용히 밖으로 나가는 것이었다. 바로 그때다. 아프다면서 누워 있던 환자인 효설이가 침대에서 일어나더니 재빨리 바닥으로 내려와서 문병 온 봉자를 꽉 껴안는 것이었다. 가슴이 으스러지도록 꽉 껴안자 황당 중에 깜짝 놀란 봉자가 "왜 이래요?" 하고 소리를 지르자 효설이는 "내가 이만큼 당신을 좋아하고 있소." 하면서 다시 힘을 주어 꽉 껴안더니 "내가 이렇게 당신을 껴안아 보고 싶었고 같이 살아보고 싶어서 이렇게 엉터리 나일롱 입원을 했던 것이요." 하는 것이었다.

효설이는 이만큼 봉자를 좋아하고 있었고 봉자도 이런 효설이가 그리 싫지는 않고 좋았다. 한참 힘주어 껴안고 있던 봉자의 몸을 살짝 놔 주고 효설이는 봉자를 보고 싱긋이 웃으면서

"나는 내가 하고 싶은 대로 이제 다 하였소. 꽉 안아도 보았고 전화도 할 만치 하였으며 당신 손으로 직접 만든 음식도 먹어 보았소. 당신이 나를 어떻게 생각하든지 그것은 자유요. 나에게 와서 같이 살겠다는 용기가 없으면 당신의 생각대로 하시구려. 만약 이래도 내 곁에 오지 않는다면 이 시간 이후 나는 당신의 곁을 떠나 멀리 가려고 생각하오. 전화도 하지 않을 게요. 아무 연락도 하지 않을 게요. 뜬구름을 벗삼아 정처 없이 가다가 깊은 산속 좋은 곳이 있으면 자리 잡아 풀뿌리나 캐어 먹으면서 마의 태자, 아니 야생마처럼 살아가다가 죽으려 하오. 당신을 너무나 사랑하기 때문에 이렇게 하려는 것이오. 이루어지질 못할 사랑이라 안타까울 뿐이요. 마지막으로 당신 이름이나 한

번 불러 보렵니다. 한봉자!"

하고나서 흐르는 눈물을 손등으로 씩 닦더니 갖고 있던 핸드폰을 창 너머로 휙 던져 버린다. 그리고 나서

이래 봐도 한평생 저래 봐도 한평생
바보 같은 효설이 발길에 채여도 한평생
뜬구름 같이 굴러가다 사라져도 한평생
원통하고 억울해 울고 가도 한평생

눈물 섞인 목소리로 노래를 부르면서 실성한 사람 같이 어슬렁어슬렁 밖으로 걸어 나가는 것이었다.

봉자도 떠나가는 효설이를 말리지 않고 멍하니 바라보면서 깊은 생각에 잠기는 듯하더니 "저런 착한 사람을 좋아하지 않는 내가 바보지!" 하며 눈물을 닦으며 따라 나가는 것이었다.

서른여덟번째 이야기

좋아했는데

어릴 적부터 좋아하던 사인데

남해를 바라보고 우뚝 솟은 이명산 줄기를 따라 서남쪽으로 한참 아래로 내려오면 큰 언덕 비슷한 밤실 앞산이 있고 밤실 앞산 동쪽 중턱에 자리잡은 박달마을 옆에 박달교라는 학교가 있다.

양보국민학교 분교장으로 있다가 해방과 동시에 독립한 역사가 그리 오래되지 않은 학교였다.

이 학교 3학년 1반 김기성이라는 학생은 양보국민학교에 다니다가 학구 개편으로 전학을 왔는데 키가 또래 중에서는 큰 편이고 두뇌가 명석하여 공부를 매우 잘 하였으나 장난이 심한 것이 큰 탈이었다. 학교에 갔다가 집에 돌아오면 책 보퉁이는 마루 한쪽 구석에 놓여 있는 다디밋돌 위에 던져 두고 밖에 나가서 또래 친구들을 불러 모아 장군놀이를 하는 골목대장이었다.

담장을 기어 넘어가는 능구렁이를 바작댕이에 얹어서 여자친구들이 새끼줄을 뛰며 재미있게 노는데 들고 가면 놀란 여자친구들이 고함을 지르며 멀리 도망을 갔다. 변소에 용변 보러 들어간 친구를 보고 밖에서 문을 걸어 잠그고 소변 내려가는 구덕에 비를 넣어 이리저리 흔들어 오물을 가득 묻혀 천정 밑 뚫어진 구멍을 통하여 탈탈 비를 털어 오물이 뒤범벅이 되게 만드는 그런 장난꾼이었다. 그러나 공부는 뛰어나게 잘하였다. 하나를 들으면 열을 아는 그런 총명한 두뇌를 가진 학생이었다.

그런데 같은 학년 2반에는 김영수라는 학생이 있었다. 같은 동네에 살면서 기성이보다 나이도 한 살 위였고 모든 행동이 어른스러울 뿐만 아니라 공부도 잘하였고 2반 반장을 하고 있었으나 기성이와는 아주 대조적이었다.

영수는 학교에서 돌아오면 부모님의 하는 일을 도왔고 짬만 나면 책과 씨름을 하는 공부벌레였으나 어쩐지 시험을 치를 때마다 기성이보다 성적이 좋지 않았었다.

그 2반에는 연순이라는 참하고 공부 잘하는 여학생이 있었다. 영수와 성적을 서로 겨루는 사이였고 그렇다 보니 영수와 연순이는 잘 지내지 못하는 사이가 되고 말았다.

이 연순이는 같은 반은 아니나 1반의 기성이 자기가 평소에 생각하는 이상형이라고 생각하고 있었다.

그런 어느 날 쉬는 시간에 연순이가 의자에 앉아서 책을 보고 있는데 장난꾸러기 기성이가 몰래 와서 칠판 지우개로 때려주고 도망을 갔다. 연순이가 따라가며 "야이, 문둥이 골목대장아!" 하고 고함을 지르자 기성이는 달아나다가 "뭐이라, 가시나가. 골목대장이라." 하고 돌아서자 서로 마주보고 서게 된 두 사람은 '픽!' 하고 웃고 말았다. 두 사람은 속으로는 서로 좋아하는 마음을 갖고 있었던 모양이었다. 그때의 연순이는 공부도 잘하였고 얼굴도 예뻤으며 노래도 잘 불러 인기가 대단하였다.

세월은 빠르게 흘러 6학년이 되었다. 전교어린이회장 선거에 1반에서는 기성이가 입후보하였고 2반에서는 영수가 입후보하였다. 선거 결과 기성이가 전교어린이회장에 당선되었다. 추측컨대 2반의 연순이를 비롯한 여학생 표가 기성이에게로 온 듯싶었다. 그것도 제법 많은 표차로 당선되었다. 평소에 기성이는 장난은 심하나 또래 친구들과 아주 친하게 지냈고 인정도 많고 통솔력도 있는 데다 공부를 잘하니 모두 좋아할 수밖에 없었다.

1년은 잠깐이었다. 졸업하는 날 담임 선생이신 김 선생님께서 기성이를 불러 진교중학 입학시험을 잘 치르라고 간곡히 부탁을 하는 것이었다.

그때만 하여도 하동군 내에는 하동중학과 진교중학밖엔 중학교가 없었다. 입학시험을 치른 결과 기성이 1등을 하였다. 3년 동안 기성회비를 안 내는 영광을 차지한 것이었다.

그리고는 박달교에서 공부깨나 하는 기성이와 영수 등 5명이 부산 경남중학교로 다시 입학시험을 치르러 갔다. 그때는 여러 학교에 시험을 칠 수 있었고 어떻게 된 일인지 부산으로 바람이 불었다. 촌놈들이 노량에 가서 조그마한 통통배를 타고 바다 중간에 나가서 여수에서 올라오는 동일호 여객선에 몸을 실었다. 그들은 흔들리는 배에서 파죽이 되어 뒹굴면서 부산에 갔다. 배를 타고 가면서도 시험을 쳐서 떨어지면 죽어버리자고 굳은 약속을 하였다.

출발 8시간 만에 부산항에 닿아 마중 나온 친척을 따라 뿔뿔이 헤어졌다. 그런 3일 후에 시험을 쳤다. 며칠 뒤 발표하는 날 경남중학교에 가 보니 이층 벽에 합격자 명단이 길게 붙어 있고 거기에는 앞에서 세 번째에 김기성의 수험번호 밑에 이름이 쓰여 있었다. 여기에도 장학생인 3등으로 합격한 것이었다. 억세게 운이 좋은 기성이였다. 같이 시험을 치른 다른 친구들은 모두 떨어졌다. 그러나 떨어지면 죽자고 약속한 아이들은 아무도 죽지 않았다.

기성이가 입학시험에 합격되자 기성이의 외삼촌과 외숙모는 너무 좋아하며 그날로 기성이를 데리고 나가서 멋진 교복과 교모를 사주는 것이었다.

며칠간 부산에서 구경을 하고 놀다가 박달로 돌아오니 부모님들께서도 좋아하였지만 담임 선생님은 더 좋아하였다. 선생님은 농촌 학교인 진교중학에 가는 것보다는 경남중학에 가라고 권하셨다. 기성이는 아버님과 의논하여 선생님 말씀에 따라 경남중학교로 갔다. 기성이는 기성회비 면제에다 1학년 3반 반장이 되었다. 촌놈 치고는 출세를 한 셈이다.

기성이는 가정형편이 곤란하니까 2학년 때부터는 신문배달도 몇 달 하였고 가정교사도 하였다. 미군 부대인 192병기대대에 방학 땐 나가서 일을 하면서 영어 어학실습도 하였다. 옆눈 한번 안 보고 부지런히 공부를 하여 학급에서 늘 1등을 하였다. 6 · 25가 터지고 휴전이 되고 학제 개편이 되어 중 · 고로 나뉘었다. 경남고등학교는 구덕산으로 이사를 하였고 중학교는 육군병원이 되어 교사는 비워주고 운동장에다 천막을 치고 공부를 하였다. 3학년 때에는 남들이 부러워하는 기율부장도 하였다.

교문에는 국군 보초와 기율부원이 같이 서서 군기를 잡고 있을 때

기성이는 못 볼 것을 많이 본 것이다. 전쟁에서 다친 많은 부상 군인과 죽어 나가는 군인들을 보았다. 어떻게 하면 군에 안 갈까 생각하던 끝에 사범학교에 가면 된다는 것을 알고 사범학교로 진학을 했다. 고학을 하면서 얼마나 고생을 하였길래 졸업과 동시에 고향 학교를 희망해서 갔겠는가?

기성이는 무슨 일이든지 한번 하려고 마음을 먹으면 열과 성을 다하여 끝을 보고 마는 야무진 성질을 가진 사람이었다. 아이들을 열심히 가르쳤다. 기성이가 담임한 학생 중에는 문자 미해득자가 없었고 곱셈 나눗셈 못하는 어린이가 없었다.그러다 보니 학부형들로부터 환영을 받는 것이었다.

기성이도 이젠 나이가 들어 결혼을 해야 할 때가 되었다. 오빠라 부르며 찾아오던 부산 사는 영자도 발령을 받아 동래 철마에서 교편을 잡고 있었다. 두 사람이 서로 사랑하고 있으나 완고한 아버님의 반대 때문에 결혼을 할 수 없게 되었다. 어머님을 통하여 아버님을 이해시키려 해도 안 되고 부산 고모님을 통하여도 안 되자 이젠 자포자기하는 수밖에 없었다.

후배인 영자는 얼굴도 예쁘고 얌전하나 키가 작은 것이 결점이며 퍼머했다고 싫어하고 입술에 입술비누 발랐다고 싫어하는 아버님이었다.

동생과 바꿔치기까지 하면서 기성이만 기다리던 영자도 이젠 지쳐서 헤어지기로 마음먹었다. 지금 같으면 두 사람이 결혼하면 그만이지만 그때만 해도 부모님 허락 없이는 결혼을 할 수도 없었고 또 그런 사람도 없었다.

같은 학교에 근무 중인 처녀 선생들이 김 선생을 흠모하면서 꼬셔도 끄떡도 안하고 지방유지들의 딸을 두고 중매를 들어도 무반응이었다.

그러던 중 집안의 고모뻘 되는 분의 소개로 국민학교 1회 후배와 열애 끝에 결혼을 하였다.

착한 이들 내외는 부모님을 잘 모시고 행복하게 살아가고 있었다. 집안일은 거들떠 보지도 않고 학교 일만 열성적으로 하는 기성이는 마산에 와서 한 학교장의 기념 식수대 징수에 항의하여 가정방문도 안하고 집장사를 시작하더니 큰 돈을 벌어 부자 선생이 되었다.

경남에서 제일 큰 S학교의 연구주임을 하면서 문교부 연구학교로 보고회도 가졌고 경남일보에 「국기에 대한 예절」 등 글을 쓰기 시작하였다. 그 다음해엔 교무로 있다가 칠원교로 전출 가서 교감 시험을 쳐서 합격하여 지정 교감으로 갔다가 합천교육청 장학사로 발탁되어 갔었다.

합천에서 교원 표창 문제로 교육장과 싸워 같이 못 있겠다며 김해로 갔다가 다음해 진해교육청으로 다시 옮겼다. 그러나 여기서도 학무과장의 잘못을 이야기하다가 싸워서 3년 6개월의 장학사 생활을 스스로 마무리하고 승산국민학교장으로 나갔다. 서울사대 행정연수원을 수료하고 고성 대안교로 와서 교장생활 3년 후에 산청교육청 장학관으로 갔다. 여기서 그는 사랑하는 아내와 사별하고 2년간 근무하다가 밀양 학무과장 1년을 하고 남해군 교육장으로 나갔다.

3년 6개월간 교육장으로 있다가 창원시내에 있는 경남 제일의 맘모스 학교 교장을 하다가 정년 퇴임을 했다. 퇴임과 동시에 대학에 시간강사로 한 6개월 나가기도 하였으나 고되어 그만두고 이제는 골프나 치고 시조창을 배우며 뜻 맞는 사람들과 고스톱도 하며 즐겁게 살아가려고 노력하며 만년을 보내고 있었다.

그런데 연순이는 어떻게 살아가고 있었을까!

가시밭길 사랑

연순이의 아버님은 새 문명을 일찍 받아들여야 한다며 일본으로 일찍 떠나 살다가 집엘 오지 않고 해방을 맞았다. 그런데 아버지의 행방을 아는 사람이 한 사람도 없었고 연락도 없었다.

연순이는 진교중학 입시에 합격은 하였으나 입학금 마련이 어려웠고 부자인 큰집에서도 지원이 없자 진학을 포기하고 집에 있다가 양보고등공민학교를 다녔다.

큰집의 사촌오빠가 진주 농대를 나왔는데 노래를 좋아하여 유성기를 사오고 레코드판을 사와서 노래 듣기를 즐겼다. 연순이는 그 판으로 노래를 배웠다. 그래서 그런지 연순이의 노래 솜씨는 일류 가수가 놀랄 정도였다.

국민학교 다닐 적 마음속으로 좋아했던 기성이와는 졸업 때 말 한마디 못하고 헤어진 후로 오랫동안 소식이 없어 잊고 말았다. 그 당시만 하여도 남학생과 여학생이 말을 하면 놀려 대던 그런 때였다.

빠른 것이 세월이라 연순의 나이가 스물이 넘자 어머니는 딸을 시집보낼 준비를 하기 시작하였다. 집안 아주머니뻘 되는 사람이 좋은 곳에 총각이 있다고 연락이 왔다. 그때만 해도 총각 처녀 두 사람이 선을 보아 좋으면 사귀어 보고 시집 장가를 가는 것이 아니고 부모끼리 좋으면 사주를 봐서 부모가 정혼을 하는 것이었다. 어머니는 총각이 고등학교까지 나오고 참 좋더라고 호들갑을 떨어 그대로 결혼하게 되었다.

신랑 될 사람은 양보면 ○○에 사는 하동 정씨로 필봉이라는 사람이었다. 국민학교를 졸업하고 부산에 가서 뒹굴다가 서울에서 피난 온 학교인 광성공고를 졸업하고 부산 초량 친척집에서 식당 일을 도우며 살다가 올라왔었다. 키가 크고 얼굴도 잘 생긴 미남이었다. 직장이 있다더니 그것은 거짓말이었다.

연순이는 결혼을 하고 보니 신랑이 서글서글하고 미남이라 마음에 들었다. 부산으로 살림을 꾸려 나갈 줄 알았으나 가지 않고 촌에서 농사를 짓고 살겠다고 하였다. 그런 아들을 좋아하는 사람은 시어머니였다. 그러나 연순이는 저녁이면 남편을 졸랐다. 부산으로 안 가려면 하동읍에라도 가서 무슨 장사라도 하자고 졸랐다. 농사일은 힘이 부쳐서 할 수가 없었다.

그런 몇달 만에 남편은 읍으로 이사를 가서 소 장사를 하고 연순이는 조그마한 구멍가게를 내어 찬거리 장사를 하기로 하고 하동읍 시장통에 조그마한 집 하나를 사서 이사를 갔다. 신랑은 친구와 함께 소 장사를 하였고 연순이는 두부 장사를 주업으로 찬거리 장사를 하였다.

장사가 제법 잘 되어 갔다. 남편은 소 장사를 한답시고 술에 취하여 저녁 늦게 들어오곤 하였다. 원래 소 장사의 생리가 그런 것 아닌가!

소 한 마리의 거간이 끝나고 나면 술을 한잔 하고 술 뒤엔 놀음을 하기 마련이다. 돈을 딸 때는 기분이 좋지만 잃을 때는 기분이 나쁜 법이다. 그러나 남편에 대하여 연순이는 아무 말도 안 하였고 남편도 소 장사에 대하여는 일체 말을 하지 않는 것이었다. 소 장사는 계속되었다.

이러기를 몇년. 연순이는 조금씩 벌어 보태는데 재미를 붙여 친구도 잊고 시골 농사도 잊고 장사에만 재미를 붙이고 있었다. 하루는 남편이 집엘 들어오지 않더니 계속해서 며칠을 안 들어오는 것이었다. 같은 소 장사들에게 가서 물어보니 처음은 아무도 말을 않더니 나중엔 차근차근 알려주는 것이었다.

놀음을 하여 빚을 많이 져서 소를 모두 넘기고 부산인가 서울인가 어디로 아주 도망을 간듯 싶다는 것이었다.

기가 찼다. 울어 봤자 무슨 소용이 있겠는가. 우선 사람을 찾아야 할 텐데 찾을 길이 없었다. 부산에 사는 친척집에 연락을 해도 모두 모른다는 대답뿐이었다. 서울 아는 집에 연락해도 모두 모른다는 소리였다. 고향 사람들이나 친정 쪽 사람들이 모르게 살살 일을 처리하기 시작하였다. 시어머니를 만나 촌에 있는 논 몇 마지기를 팔아 빚잔치를 하고 부산으로 내려간 곳이 당감동 고무신 공장 옆이었다. 콩나물 장사와 쌀 장사를 시작했다. 남편은 어디 사는지 알 길이 없었다. 몇년 계속하니까 돈이 좀 벌어졌다. 딸 둘과 아들 셋이 자라서 국민학교를 졸업하고 중학교와 고등학교에 다니기 시작했다. 점포가 딸린 제법 큰 집을 샀다. 커피 파는 자판기도 점포 옆에 설치했다. 상당한 부자가 되었다.

그런 어느 날이었다. 남편이 나타났다. 반갑기도 하고 밉기도 하였다. 얼굴을 보니 고생을 꽤 많이 한 모양이었다. 그동안 막노동으로 겨우 입에 풀칠을 해가며 살아왔다 한다.

목욕을 하게 하고 새 옷을 사 입히니 옛날의 자기 남편이 되었다. 원래 싹싹한 사람이라 집안일도 잘 거들어 주었다. 다시 깨가 쏟아지는 즐거운 나날이 계속되었다. 잡비도 주면서 밖에 나가서 친구와 놀다 오라고도 했다. 연순이네 집은 거짓말 같이 살림이 불어났고 돈이 조금 생기기만 하면 빈터나 빈집을 샀다. 그 당시 당감동 골짝은 사람은 북새통을 이루었으나 터와 집은 쌌다. 산 것들을 팔아 모아 점포가 딸린 2층 집을 세 채나 다시 샀다. 이젠 점포세만 받아도 부자 못지않게 살 수 있게 되었다. 그렇게 되자 남편은 또 방탕해지기 시작하였다.

다방을 큰방 드나들듯 살았고 조그마한 이웃 술집에 가서 거나하게 술이 취해 오면 주정을 부리기 시작했다. 어느 때는 나무라면 계집이 돈 좀 벌었다고 그러느냐면서 그릇을 마구 던지기도 하였다. 그렇게 착하게 살아가는 연순이를 때려패기까지 하였다.

대학에 다니는 큰 딸과 아들이 어머니를 보고 아버지와 이혼하여 우리끼리 살자고까지 한다. 그만큼 가정과 가족에게 무관심하였다. 거기에다가 보험회사 설계사 하나를 사귀어서 그 설계사가 출근할 때면 밖에 나가서 기다리고 있다가 가는 것을 보고 들어오기도 하였다. 아주 가까워진 사이인 모양이었다. 그러더니 1년 전부터는 터놓고 살림을 차리고 자주 집엘 오지 않는다. 살살 뒤를 캐보니 그 설계사는 남편과 일찍 사별하고 아들 하나를 데리고 있었다. 그 아들이 고등학교에 다니고 있으면서 어머니의 다른 남자와의 사귐을 반대하고 있었으나 필봉 씨가 용돈을 줘가며 어떻게 회유했는지 근래에 와서는 관계가 좋아졌다 한다.

그렇게 지내다가 용돈이 궁하거나 집안일이 궁금하면 한 번씩 집엘 찾아오면 또 승강이가 벌어진다. 그릇을 집어던져 깨고 말리는 아들 딸을 꾸짖고 나무라니 어느 자식인들 좋아할 리 있겠는가. 이런 일이 몇번 계속되었다.

자식들이 자라서 결혼을 하기 시작했다. 모두 좋은 직장도 가졌다. 큰 딸애는 공부벌레라 할 정도로 공부를 잘해서 부산의 명문여고를 수석으로 졸업하고 부산대에 장학생으로 입학하여 졸업하고 여고 교사로 근무 중이나 아버지에 대하여는 조금도 달갑게 생각하질 않고 있다. 큰아들은 서울에서 삼성그룹에 입사하여 근무 중이고 며느리는 약사로 약방을 차려서 돈을 잘 벌고 있었다.

남편만 정신을 차리면 얼마든지 남부럽지 않게 살 수 있었다. 연순이도 나이가 60대 후반이고 살면 얼마나 살겠느냐면서 좋은 옷을 해 입고 멋을 부리며 좋아하던 노래도 배우고 게이트볼을 쳤다. 여가를 이용하여 서실에 나가서 붓글씨 연습을 해서 서예전에 나가서 입상도 할 정도로 붓글씨도 잘 썼다.

그러나 다른 사람들처럼 남편과 산행도 같이하고 놀러도 다니고 싶으나 남편은 떨어져 나가 남처럼 지내고 있다. 그러니 멋쟁이 남자를 보면 옛날 좋아하던 기성이 생각이 나곤 하였다. 기성이는 교장을 하다가 장학관으로 몇년 근무하다가 지금은 교육장을 하고 있다. 그런데 그 부인이 십여 년 전에 오랜 병고 끝에 먼세상으로 가고 지금은 혼자 살고 있다는 이야기도 들었다. 여러 사람들이 재혼을 권유하나 먼저 간 아내를 그리워하면서 글이나 쓰고 있다가 지금은 퇴직을 하고 고향과 창원을 오가며 놀기도 하고 골프도 치며 세월을 보내고 있다고 한다. 시군으로 다니며 초청 강의도 하고 대학에 나가서 대학생들에게 교육학 강의를 6개월 가량 하다가 고되고 여가가 없다면서 그만두고 지금은 퍽 한가롭게 시간을 보내고 있다고 한다.

연순이는 친정 집안 아이들 결혼식 때 진주 귀빈예식장에 들렀다가 고향 사람을 만나 그 이야기를 듣고 나오다 집안 동생인 찬영이를 만나 차를 한잔 나누면서 기성이의 이야기를 자세히 들을 수 있었다.

"기성 선배의 집을 내가 지었습니다" 하면서 집은 크고 아주 잘 지었으며 선생을 하면서도 집장사를 하여 돈도 꽤 많이 벌었고 의리가 있고 활달하기 때문에 마산에서는 모르는 사람이 없을 정도로 발이 넓다고 하였다. 사모님이 돌아가셨을 때에도 문상객이 줄을 이었고 아이들 결혼시킬 때마다 예식장에 들어설 자리가 없을 정도로 손님이 많았다고 한다. 지금은 혼자 재미있게 세월을 보내고 있다기에 집 전화번호를 아느냐고 물으니 집에 가서 누님에게 연락해 주겠다 하고는 헤어졌다. 자기는 지금 남편과 갈라서야 할 형편인데 기성이가 혼자 산다 하니 기성이와 재혼을 해서 바람잡이 남편에게 복수를 하고 싶은 마음이 불현듯 일어났다. 집에 와 있어도 기성이 생각외에는 아무 생각이 없었고 일도 손에 잡히지 않았다. 찬영이로부터는 연락도 오지 않았다.

또 몇 달이 흘렀다. 꽃이 피고 새가 노래하는 봄이 되니 여자의 마음은 살랑살랑 봄바람을 잡아타고 춤을 춘다. 친정 조카 되는 아이의 결혼식장에서 찬영이를 또 만났다. 찬영이는 연순이를 보더니 먼저 가까이 와서 “누님, 깜박 잊고 전화번호를 알리지 못했습니다. 이번에는 잊지 않겠습니다.” 하는 것이었다. “응, 알았다” 하고 헤어지긴 했으나 지금까지 자기가 기성이에 대한 연모의 정은 더 활화산처럼 타올랐다.

동생들 집을 들러서 부산집으로 오니 시가댁 먼쪽 아저씨뻘 되는 분이 돌아가셔서 남편이 상문 갔다 오다가 넘어져 백병원에 입원해 있다고 연락이왔다. 둘째아들이 가 보니 지금 아버지와 살고 있는 여자는 오지도 않고 아버지 혼자 누워 있더라는 것이었다. 측은한 생각이 들었다. 그렇게 괘씸했던 남편이 아니던가!

괘씸한 남편의 첩년이 안 온다 하니 가 보는 수밖에 없었다. 병원엘 갔다. 여러 사람이 있는 병실에 들어가 보니 남편은 누워 있었고 지금은 후회를 하는 것 같았다. “왜 그년이 와서 간호를 안해요?” 하니까 “모르지. 돈 없다고 그러는가 봐.” 하고 말끝을 흐렸다.

“빨리 병을 고쳐 그 여자에게 가시오.” 하고는 그날은 조금 있다가 돌아오고 말았다. 그런데 이상하게도 병세는 날로 악화되는 성싶었다. 며칠 뒤에 또 가보니 이젠 꼼짝도 못하고 용변을 받아내고 있었다. 간호사와 이야기하여 간병원을 구해 놓고 그냥 돌아왔다. 집에 돌아오니 초등학교 동창회를 한다는 통지서가 와 있었다. 몹시도 보고 싶어하던 기성이가 발기인이었다.

‘보고 싶고 만나고 싶은 그리운 벗들아…’ 로 시작한 발기문을 보니 죽기 전에 어릴 적의 옛 친구들을 한번 만나보고 싶었다. 부산에 있는 친구들에게 연락하여 만사를 제치고 그날은 동창회에 가자고 했다. 농촌의 조그마한 음식점에서 염소와 닭을 잡아 놓고 그럴 듯하게 동창회를 개최하였다.

국민학교를 졸업한 지 50여 년이 지난 근 60년 만에 만나니 얼굴은 쭈글쭈글 머리는 희끗희끗 결음은 살살, 송장이나 다름없는 친구들이다. 가까웠던 몇 사람을 두고는 이름마저 잘 모르게 늙었고 황천객이 된 친구가 1/3이나 되었다. 1, 2반 모두 합해서 98명이었는데 30여 명이 유명을 달리했다니 한심하기 짝이 없었다.

임시회장이 선출되고 회장을 선출했다. 꿈에도 그리워하던 기성이가 회장이 되어 사회를 보았다. 교육장까지 해서 그런지 서글서글 농을 섞어 가며 멋드러지게 당선 소감을 말하고 나서 회칙을 통과시키고….

회의가 끝나고 두 방으로 나뉘어 음식판이 벌어졌다. 여자친구들은 작은 방에 모여 앉아 웃고 이야기를 하고 있었다. 좀 있으니 회장이 된 기성이가 들어왔다.

"아, 여성 동포들 영 모르게 되었군요."

"아, 오이소."

"어, 너 연순이 아니가? 너는 금순이고, 너는 정인이고, 너는 황순이고… 이게 몇년 만이고. 국민학교를 졸업하고 처음이군."

하는 기성이를 보고 연순이가

"응, 우리는 잘 있었어. 너는? 옛날 국민학교 다닐 적 내가 너를 짝사랑했으나 부끄러워 말을 못했었는데 너는 몰랐지?"

한다. 나이가 드니 부끄러움도 없는 것 같이 막무가내로 말을 하는 것 같았다. 기성이는 얼굴이 발개지며

"나도 너를 좋아했지. 공부 잘하고 얌전했던 너를 좋아 안할 리 있나? 한 반은 아니라도."

하며 웃는다.

"6학년 때였는데 내가 쉬는 시간에 교실 의자에 그냥 앉아 있으니 네가 칠판 지우개로 나를 때리고는 밖으로 도망간 일 있지? 기억하나?"

알아도 일부러 모르는 척하며 기성이는

"모르겠는데. 그런 일이 있었던가?"

일부러 기억이 잘 안 나는 척했다. 그러자 연순이는

"그때 네 행동이 날 좀 좋아하는 것 같더라."

"그렇게 보이더냐? 그럼 왜 좋다고 말을 안 했니?"

"부끄러워 말을 못했지. 너는 용감했는데 말을 하지 않고…."

"그때는 부끄러워 말을 못했지. 졸업하고는 부산에 곧바로 가서 공

부한다고 친구들도 찾지 못했고 직장에서 오래 있다가 보니 이렇게 늙었군."

"중학교 다닐 적에 편지를 했으면 사귀다가 우리가 결혼을 했으면 잘 살 것인데 동갑이니까 참 좋았을텐데."

"아, 모두 운명의 장난 아니가."

"네 소식은 남을 통해서 잘 들었고 몇 년 전에 부산에서 동창회 한다고 연락이 왔길래 너를 만나기 위하여 모든 일 제쳐두고 갔더니 부산 친구들만 모이더군. 섭섭히 생각하며 놀다가 돌아왔지."

"오, 그랬던가?"

"오늘은 너를 만나기 위하여 큰 맘 먹고 또 왔다."

"아, 고맙다. 지금이라도 늦지 않았으니 나를 좀 좋아해라. 허허! 다른 사람들에게 미안하군. 다음 전화로 또 연락하자."

하면서 명함을 내어 여자친구들에게 전해 준다. 그날은 이렇게 재미있게 놀다가 그대로 모두 헤어지고 남자들은 고스톱을 밤늦게까지 놀다가 헤어졌다.

며칠 뒤 창원으로 돌아온 기성이는 연순이에게 전화를 했다. 너무 반갑게 받았다.

"아, 오랜만이구나. 그동안 잘 있었어?"

"응, 잘 있었지. 그런데 하나 물어 보자."

"응, 물어봐라."

"누구 집 지은 찬영이 알지?"

"응, 잘 알지."

"내가 찬영이에게 네가 상처를 하고 혼자 있다기에 두 번이나 전화번호를 갈르쳐 달라고 했으나 안 가르쳐 주대. 그래서 나는 네가 교육장도 하고 출세했다고 내 같은 걸 상대 안하고 거만하게 구는 줄 알았지."

"아니, 연락 못 받았다. 찬영이 그놈 나쁜 놈이네. 뭘라고 전화하려고 했니?"

"우리 남편이 바람 나서 젊은 여자를 얻어 살림을 살기에 나도 너와 만나 보란듯이 결혼해서 살면서 그동안 나를 미워한 남편에 대하여 복수를 하고 싶어 그랬었다."

"아, 그랬던가? 나는 그런 것도 몰랐네. 우리 그런 걸 떠나서 한번 만나 보자. 창원으로 네가 오너라."

하니까

"우리 셋째 아들이 창원에 있지. 그래서 가끔 창원엘 간단다."

"올때 연락하면 시외버스 터미널에 내가 가서 기다리고 있다가 만나서 아들 집까지 데려다 줄꺼마."

"오냐, 알았다. 한번 갈꺼마."

이렇게 하여 두 사람은 창원에서 만나게 되었다. 이들이 국민학교 다닐 적에만 해도 남학생과 여학생이 말만 해도 친구들에게 놀림을 당했고 같은 반도 아닌데 만날 수가 있었겠는가. 지금 생각하면 우습기 짝이 없다.

며칠 뒤였다. 터미널에서 만난 이들은 너무 반가워서 한참 동안 부끄러운 줄도 모르고 손을 잡고 이야기하다가 식사를 같이하고 기성이의 집으로 두 사람은 갔었다. 차를 한잔 나누고 두 사람은 그동안의 이야기로 시간 가는 줄을 몰랐다. 기성이는 그동안 살아온 이야기며 J 선생을 만나 즐겁게 잘 살았으나 종교 문제로 잠시 떨어져 있다는 이야기도 했다.

그 뒷날 연순이는 부산으로 갔고 기성이의 이야기를 듣고 난 연순이는 '내가 한 걸음 늦었구나' 하고 탄식하였다. 기성이는 마누라와 사별하고 십수 년을 혼자 있다가 같이 있던 교감의 중매로 옛날 같이 근무했던 J라는 여선생과 재혼을 하여 살았는데 이 여선생은 너무 착하고 마음씨가 좋아서 기성이를 극진히 사랑하다가 옛날 처녀적부터 믿어오던 부처님을 다시 믿기 시작하더니 지금은 조그마한 절을 지어 거기 살며 기성이를 오라 하나 남 보기 부끄럽다며 가끔 가서 며칠 쉬고는 창원으로 와서 골프나 치고 시조창을 배우며 그날그날을 지내다가 심심하면 또 찾아가서 쉬다가 온다고 하였다.

그런 소릴 다 들은 연순이는 '그럼 우리는 같이 살 수 없구나. 마음속으로나 좋아만 하면서 살자. 한 여자 때문에 나도 골병이 들었는데 내가 그런 짓을 하면 되겠느냐?' 하였다. 연순이의 착한 마음씨가 고마웠다.

그뒤 연순이의 남편은 저 세상으로 갔고 연순이와 기성이는 부산으로, 창원으로 두 사람이 서로 오고 가며 사귀었다. 연순이는 나는 예수님을 믿으면서 붓글씨나 쓰면서 마음을 닦고 살겠다며 울먹였다. 그런 뒤에도 두 사람은 자주 만나서 담소도 나누고 식사도 같이 하며 지냈다. 하루에도 두서너 번씩 꼭 전화를 주고받는 다정스런 사이였다.

하루는 기성이가 부산에 있는 친구들이 고스톱을 하자며 불러서 부산에 가서 범일동 친구 집에서 밤새워 고를 하고 뒷날 일찍 연순이를 롯데백화점에서 만났다.

고스톱이라면 어디든지 찾아가서 노는 재미있는 사람이 기성이였다. 자기 말마따나 고를 위하여 이 세상에 태어난 사람이다. 한 2만원

읽어주면서 재미있게 놀면 얼마나 좋으냐고 말하는 사람이다. 딸 때가 없다. 항상 잃는 편이다. 잠을 제대로 못 잤지만 그런 기색은 안 보였다. 차를 한잔 하고 나서 백화점 쇼핑을 했다. 먼저 기성이가 양화점으로 연순이를 데리고 가더니 신을 한 켤레 골라 신으라고 조른다.

"신을 선물 받으면 도망 간다는데…."

"가라 하지."

이런 농을 하면서 신을 갈아신고 나니 한복점으로 가서 좋은 여름옷 한 벌을 또 골라 입으라고 권한다. 옷을 좋은 것으로 고르고 나니 금은방에 가서 다마가 굵은 진주 반지를 기성이가 골라 끼워준다. 그 좋아하는 모습을 바라보고 기성이는 흐뭇해 하였다. 연순이는 돈이 없어서 그런 것을 못산 것이 아니고 남자로부터 받는 선물이 처음이라 얼마나 좋았는지 모른다.

연순이는 일주일이 멀다 하고 기성이에게 새 넥타이와 와이셔츠를 사서 보내었다. 멋을 좀 부리고 다니라 하였다. 그리고는 보신제 한약을 삼십만 원이나 주고 두 재나 지어 주었고 양약도 건강에 좋다 하면 몇십만 원이라도 주고 자주 사 주면서 건강을 당부하는 것이었다. 그날은 당감동 연순이 댁에 가서 쉬는데 목욕탕에 가서 때밀이 보고 때를 밀어 달라 해서 씻고 오라면서 자기의 건강 이야기를 했다.

"나는 이래 보여도 다른 사람보단 건강하다이. 목욕탕 때밀이 아줌마가 내 엉덩이에 새까만 흉터가 없고 처녀 같이 몸매가 날씬하다 하더라이."

하고는 또 정형외과에 가니까 의사하 하는 말이

"아줌마는 척추뼈가 똑 발라 10년은 젊어 보인다."

고 하더라면서 건강 자랑을 하였다. 겉으로 보기에도 간강해 보였다.

믿음은 다르지만

하루는 연순이가 창원으로 놀러 왔었다. 기성이가 "우리 오늘은 고향 집에 가서 쉬고 오자" 하니 연순이는 고향은 다음에 가고 지리산에 다녀 오자고 하였다.

기성이가 차를 몰고 두 사람은 쌍계사를 둘러 칠불사로 갔었다. 연순이는 몇 년 전부터 예수를 믿으면서 살아가고 있으나 부처님에 대하여는 이러니 저러니 하고 말하지 않는다.

"사람은 누구나 믿음을 가져야 한다."고 역설하는 연순이었다. 쌍계사는 기성이가 자주 다니는 곳이기 때문에 여기저기 데리고 다니면서 자세히 설명을 해주니 기성이를 보고 "당신은 어떻게 쌍계사에 대하여 그리 잘 아나요?" 하고 묻기도 하였다. 쌍계사를 빙 둘러 칠불사로 달렸다. 칠불사는 주위 경관이 너무나 아름다웠고 마당에 있는 샘물을 한 모금 마시니 간장이 서늘하였다.

기성이가 여기저기 연순이를 데리고 다니면서 칠불사에 대한 이야기를 하나하나 해 주었다. 가야국의 시조이자 김해 김씨의 시조이신 수로왕은 김해의 구지봉에 붉은 보로 곱게 싸인 상자가 떨어지기에 사람들이 달려가 열어 보니 일곱 개의 알이 있었다. 그 첫번째 알에서 나온 사람이 대가야국을 세운 수로왕인데 허황옥을 왕비로 맞아 아들을 열 명 낳았다. 첫째 아들은 수로왕의 뒤를 이어 왕위를 계승받은 태자이고 둘째와 셋째는 어머님의 성을 따서 허씨 시조가 되었다. 그 나머지 일곱 왕자는 외삼촌 되는 장유보옥 선사를 따라 왕궁을 나와 합천 가야산에서 수도를 하다가 의령 수도산, 사천 와룡산을 거쳐 이곳 지리산의 기슭에 와서 운상원을 짓고 수도하다가 2년 만에 모두 성불하였다 하여 칠불사라 절 이름을 지었다고 한다.

수로왕의 왕후 허황옥은 고대 문명의 발상지인 인도의 갠지스강 유역에 있던 아유타국의 공주였는데 아들들의 수도하는 모습이 보고 싶어 이곳까지 찾아와서 만나려 했으나 수도 중이라 만나지 못하게 하자 저 밑에 있는 못가에 가서 못에 비치는 아들들의 수도하는 모습을 보고 떠났다 하여 그 못을 그림자 '영' 자와 못 '지' 자를 써서 '영지'라 부른다고 하였다.

그리고 여기 있는 이 아자방은 한번 불을 지피면 100일 동안이나 따뜻했다고 하는데 이 방은 신라 효공왕 때 담공선사가 축조하였다 한다. 그 뒤 사람들이 이 방을 뜯어서 똑같이 쌓아 고쳐 보았으나 그렇게 오래 따뜻하지 않았고 이 소문은 일본과 중국까지 전해져서 모두 그대로 방을 축조해 보았으나 그렇게 오래 따뜻하지 않았다 한다. 방 모양이 아亞자 모양으로 되었기 때문에 이름을 아자방이라 불렀다 한다.

6 · 25사변 후 이 지리산에는 공비(빨갱이)가 많이 있었다. 이 절에 공비가 많이 숨어 있다 하여 국군 한 연대가 이 절에 불을 질러 절을 태웠는데 그 연대의 전 장병이 전사했다는 영험 있는 절로 널리 알려져 있다고 하였다.

그 당시 이 골짜기에 있는 관공서에는 낮에는 태극기가 게양되었고 밤에는 인공기가 달렸다고 한다. 소문에 의하면 우리나라에서 집터로서는 이 칠불사 자리가 제일 좋고 묏자리(유택)로는 오대산에 있는 적멸보궁이 제일이라고 하였다. "여기서 사방을 한번 둘러 보소. 얼마나 멋이 있어 보이는가." 하면서 기성이가 연순이에게 자세히 설명을 해 주는 것이었다.

절을 한번 빙 둘러보고 지리산 휴게소로 가서 하루를 푹 쉬고 뒷날 일찍 창원을 향하여 출발하였다. 섬진강 줄기 따라 내려오며 쉼터마다 쉬어 오면서 갱조개와 토종게를 사서 싣고 해질녘에 창원에 닿았다.

연순이는 기성이를 보고 "당신은 오늘 보니까 쌍계사와 칠불사에 대하여 박사 같구려." 하면서 감탄하는 것이었다. 이와 같이 기성이와 연순이는 아주 가까운 친한 친구 사이가 되어 있었다.

영원한 이별

연순이는 창원에 와서 놀다가 기성이가 고향에 다녀오겠으니 여기 혼자서 좀 기다리면 저녁에 오겠다 하였다. 그러나 자기는 부산에 갔다가 며칠 후에 다시 오겠다며 떠나갔다.

그날 저녁 늦게 기성이가 돌아오니 연순이로부터 전화가 왔고 뒷날 아침에 또 전화가 왔다. 뒷날 그러니까 일요일 아침이다. 자기 남편 초상시 상문을 온 조카사위의 어머니가 돌아가셨는데 울산까지 문상을 다녀오겠다는 것이다. 기성이는 나이 많은 사람이 가질 말고 둘째 아들을 보내라고 하니 휴대폰을 해도 안 받고 집으로 일반 전화를 해도 받지 않는다고 한다. 그러면 차로 갔다올 수 있으니 당신이 잠깐 다녀오면 되겠네 하니까 오전에 교회에 잠깐 다녀와서 오후에 다녀오겠다고 하였다.

12시가 조금 지난 후였다. 전화벨이 요란스레 울기에 받아 보니 연순의 전화였다.

"지금 울산에 가니 저녁에 돌아와서 전화 드릴게요."

하고 떠난 사람이 그날 저녁 9시가 넘어도 연락이 없었다. 기성이가 이상히 생각하고 전화를 자꾸 해도 통화가 안 되었다. 이상한 예감이 들었다. 이럴 리가 없는데….

밤 12시에 전화를 해도 통화가 안 되었다. 뒷날 아침 일어나던 즉시 전화를 해도 신호만 갈 뿐 묵묵부답이다. 일이 손에 안 잡혔다. 저녁 늦게 고향의 연순 씨 동생에게 전화를 하니 동아대학 부속병원에 입원해 있다고 알려 주었다. 오전에 시조회관에 나가서 시조를 하는 둥 마는 둥하고 부산 동아대학 부속병원으로 문병을 갔다.

간호사더러 "김연순 씨 어디 갔어요?" 하니 "영안실에 가 보이소." 한다.

예감이 이상하였다. 급히 영안실로 달려가니 연순이는 오지 못하는 길로 가고 없었다.

영정 앞에 선 기성이는 관에 손을 얹고 눈물을 흘리면서 먼저 간 친구 연순이의 명복을 빌었다. 그리고는 정신을 차려 기성이가 아는 연순이의 친구들에게 전화로 알려주었다. 그리고 밤 늦게 터벅터벅 창원으로 왔다가 뒷날 아침 일찍 다시 영안실로 찾아가서 있다가 그 뒷날 양산 영락공원 화장장까지 가서 혼백을 안치소에 봉안하는 것까지 보고 떨어지지 않는 발길로 그가 살던 당감동 집을 들러 창원으로 왔다.

풀잎의 이슬처럼 덧없이 왔다가 가는 것이 인생이라 하더니 너무나도 어처구니 없이 먼저 간 연순이의 죽음에 비통한 마음으로 명복을 빌어 주었다.

서른아홉번째 이야기

사랑과 상처

가시밭길 사랑

장엄한 지리산 줄기가 뻗어 내려 오다가 시퍼런 다도해를 바라보고 놀라서 우뚝 멈춰선 소오산(금오산) 아래 크고 작은 배들의 기적 소리를 들으며 이락포가 멀리 눈 아래 바라 보이는 곳에 높다랗게 자리잡고 있는 노량국민학교에 진주에서 사범학교를 졸업하고 교사로 발령받고 부임해 온 조성희라는 어여쁜 처녀 선생이 있었다.

이 어여쁘고 상냥한 조선생의 집은 학교에서 조금 떨어져 있는 바닷가인 신노량에 있었고 그 아버지는 몇 년 전 수산업협동조합의 조합장으로 근무하다가 그만둔 사람으로 이 조그마한 어촌 마을에서는 남부럽잖게 잘 살고 있으며 많은 사람들의 신망과 부러움을 받고 있는 마음씨 착하고 건실한 사람이었다.

그런 아버지와 착하고 성실하며 마음씨 고운 어머니 밑에서 착실한 가정교육을 받고 자라온 조 선생은 얼굴도 예쁘고 마음씨도 착하고 고우며 못하는 운동이 없는 사람이다. 특히 배구는 남자들을 저만치 가라할 정도로 잘하였으며 어린이들도 극진히 사랑하면서 열심히 가르치는 팔방미녀로서 어디를 보나 한 군데도 흠 잡을 데가 없는 처녀 선생으로서 뭇 사람들의 시선을 한 몸에 받고 있었다. 보는 사람마다 군침을 흘리지 않는 사람이 없을 정도의 인기 있는 선생이었다.

그 중에서도 하동경찰서 수사과에 근무하는 총각 박 형사가 조 선생을 한 번 보고는 학교를 자주 찾아와 조 선생과 사귀기를 원하였고 또 아는 사람을 중간에 넣어서 조 선생과 사귀려고 갖은 노력을 쏟았으나 조 선생은 박 형사를 거들떠 보지도 않고 자기 일만 착실히 하는 그런 사람이었다.

이런 조 선생은 아무에게나 마음을 두지 않았고 농협에 다니고 있는 대부계 강 주사 이야기를 몇 번 듣고는 호기심을 갖고 있을 뿐이었다. 강 주사도 조 선생의 이야기를 여러 번 듣고 마음속으로 한번 만나봤으면 하고 흠모하고 있는 터였다.

이런 강 주사는 조 선생을 어떻게 하면 만날 수 있고 가까이 지내면서 사귈 수 있을까 하여 온갖 노력을 하고 있었다.

그런 어느 날 하루는 강 주사가 노량 바닷가 산책로를 혼자 거닐고 있는데 우연히 조 선생을 만나게 된 것이다. 두 사람은 목례 인사를 하고 나서 강 주사가 조 선생더러 차나 한 잔 하자며 해안다방으로 들어가 차를 나누며 일상의 이야기를 조금 하다가 헤어진 것이 만남의 처음이었다.

이 강 주사는 이름이 달수로 조 선생보다 나이가 몇 살 위였고 조 선생이 사는 노량마을에서 진교 쪽으로 가자면 구 노량을 지나 조금 더

가면 산길로 올라가는 길이 있는데 여기서 조금 더 올라가면 조그마한 마을이 있는데 여기서 살고 있었다. 가정 형편이 곤란하여 남의 논밭도 조금 얻어 자기 논밭과 함께 부치고 사는 가난한 농어부의 아들이었다.

그 아버지는 농사를 지으며 배를 타고 바다에 나가서 조개도 캐고 고기도 잡아다가 팔면서 근근히 살아가는 처지인데도 술타령도 하고 놀음을 좋아하는 사람이라 조 선생의 아버지는 평소에 달갑지 않게 여기는 사람이었는데 강 주사는 그 사람의 외동아들이었다. 그러나 강 주사는 두뇌가 명석하여 농촌에 있는 중학교 다닐 적에 공부를 너무 잘 하므로 3학년 때 담임 선생님이 부산의 명문 고등학교인 부산고등학교 입시에 응시토록 해서 합격하였다. 부산고교에 입학한 그는 열심히 공부를 하였고 3학년을 무사히 마치고 졸업하였다.

그러나 가정형편이 곤란하니까 대학 진학을 포기하고 고향의 농협에 취직을 하였다.

그런데 강 주사는 아버지와는 달리 성격이 착실하고 추진력이 강하여 맡은 일을 너무나 잘 처리해 나가 칭찬 안 하는 사람이 없었고, 상사들의 신임을 톡톡히 받는 모범사원이었다.

강 주사가 고교를 졸업할 무렵만 해도 동족상잔의 6·25사변이 끝난 지 얼마 안 되었기 때문에 우리나라 국민들의 살림살이는 피폐할 대로 피폐하여 가난에 쪼들리고 있을 때였다. 특히나 농어촌 사람들의 살림살이는 말이 아니었다. 그렇기 때문에 농어촌의 가난한 집 아이들은 도회지에 나가 대학에 다닌다는 것은 생각도 못할 때인지라 대부분의 학생들은 고등학교를 졸업하고 취직 일선에 나갈 때였다.

요사이처럼 모두가 잘 살고 서민 복지를 위하여 정부가 힘을 쏟고 있으며 각종 장학제도가 잘 되어있는 때 같았으면 대학에 진학했을지 모르지만 그때는 도저히 대학에 갈 용기를 못낼 때였기 때문에 직장을 구해 나갔던 것이다.

착하고 부지런한 강 주사의 이야기는 여러 사람들의 입을 통하여 널리 퍼졌고 조 선생도 그런 소릴 듣고 알고 있었으며 한번 만나보고 싶었었다. 그랬는데 며칠 전에 운 좋게도 산책을 나갔다가 우연히 두 사람이 만났고 해안다방에서 차를 한잔 하면서 잠시 동안이지만 이야기를 주고 받다가 헤어졌었는데 그게 처음의 만남이었고 자주 만날 수 있는 계기가 되었다.

사람이란 묘한 동물이라 자주 만나면 만날수록 정이 들게 마련이고 이상한 쪽으로 발전되어 가는 것이다.

강 주사는 그렇게도 마음속으로 그리워하고 좋아하던 조 선생을 만난 뒤로는 더 그리워하고 좋아하게 되었고 조 선생도 강 주사에게 쇠가 지남철에 끌려가듯 마음이 차츰차츰 끌려 들어가게 되었다. 그럴 무렵에 경상남도 교육청에서 사무직 모집 광고가 있었다.

조 선생은 학교에 온 공문을 보고 내용을 적어 가서 강 주사에게 주며 농협에 있는 것보단 교육청에서 근무하는 것이 장래를 위하여 낫다며 시험을 치르라고 졸랐다. 그러자 강 주사도 시험 치를 준비를 하기 시작하였다.

조금 공부를 하였는데도 두뇌가 명석한 탓인지 시험을 치른 결과 합격을 하였다. 그는 바로 강습을 받고 하동 교육청으로 발령을 받았다.

처음 관리과 경리계에 보직을 받았는데 일처리를 잘하고 착실하므로 과장과 계장이 아끼고 사랑하게 되었고 관내 교장과 교감들도 강 주사를 입에 침이 마르도록 칭찬을 하게 되었다.

강 주사는 계장에게 말을 잘 하여 조 선생이 근무하는 노량교에 출장을 자주 나가게 되었다. 조 선생과 아주 가까운 사이로 발전하게 되었다. 두 사람이 만나는 날이면 해안다방에 가서 차도 나누고 식사도 같이하고 가로등이 울고 있는 해변가의 밤거리를 거닐며 사랑을 속삭이게 되었다. 남녀 사이란 자주 만날수록 정은 깊어만 가는 것이었다. 두 청춘 남녀의 사랑은 급물살을 탔고 드디어 결혼을 약속하게 되었다.

그런 후 하루는 조 선생이 자기 어머니에게 강 주사와 결혼을 약속했다는 이야기를 했다. 이 이야기는 아버지께 빠르게 전달되었고, 이 이야기를 들은 조 선생의 아버지는 펄쩍 뛰는 것이었다. 예나 지금이나 마찬가지지만 딸을 가진 부모들은 조금이라도 나은 사윗감을 구하기 위하여 백방으로 노력하는 것인데 조 선생의 부모인들 예외일 수는 없었다.

조 선생의 아버지가 알고 있는 강 주사의 집은 자기들과는 사돈으로는 상대가 안 된다는 것이었다. 강 주사의 아버지는 논 두어 마지기와 발뙈기 조금밖에 없고 조그마한 배 한 척밖에 없는 일꾼인데다가 남의 일이나 해 주고 배나 타고 나가 고기나 잡아와서 팔며 근근히 살았다. 그런데다 한푼 생기면 놀음이나 하고 술주정이나 부리는 사람인데 아들 하나는 착실하나 대학도 안 나왔으니 자기 딸과는 상대가 안 된다는 것이다.

그러나 자기 딸에게는 얼마나 좋은데서 중매가 들어오고 있는가. 의대를 졸업하고 의사가 될 사람도 있고 법대를 졸업하고 고시공부를 하고 있는 사람도 있었다. 그뿐인가. 학교 선생님도 있고 군청 시청 서기도 있었다. 아버지가 큰 기업체 사장인 대학 동창의 아들도 있다.

이런 좋은 총각들 이야기를 조 선생께 하여도 그녀는 들은 체도 하지 않았다.

좋은 총각 하나를 딱 꼬집어서 강력하게 결혼을 하라고 하면 방문을 걸어 잠그고 식음을 전폐하며 학교도 안 나가고 누워서 꼼짝도 안 하니 남이 알까 두렵고 부모들도 못할 일이었다.

그러한 조 선생 댁에는 일찍부터 그 외조모님이 와 계셨는데 외할머님께서는 그 사위와 딸에게 외손녀인 조 선생이 마음 가는 총각과 결혼을 시키라고 강력하게 다그치는 것이었다.

조 선생의 아버지와 어머니는 골치가 아팠다. 가만히 자기 딸을 생각해보면 기가 찼다. 딸이 좋아하는 곳으로 시집을 보내면 그날로부터 딸애가 고생할 것은 뻔한 일이고, 그 집 형편과 부모들을 보면 그곳으로 보내기는 너무나 아까웠다.

아버지는 혼자 생각해 본다. 그래도 살 만한 집안 딸이고 수재가 아니면 들어갈 수도 없는 사범학교 졸업생인데다 또 현직 선생님이 아닌가. 거기에다 얼마나 예쁘고 마음씨는 얼마나 고운가.

조 선생은 자기 아버지가 강 주사를 가난한 집 자식이고 부모가 배운 데도 없고 놀음쟁이고 술주정뱅이인데다가 강 주사도 대학을 졸업도 안 했다고 업신여기자 불쌍한 마음이 들어 어떻게 해서라도 도와주고 싶었다. 그래서 그와 결혼을 하여 잘 살면 불쌍한 사람 하나 살리는 셈이 아닌가 하고 동정이 사랑으로 변해 버린 것이다.

부모 동의 없는 결혼생활

어느 토요일이었다.

강 주사는 일과를 마치고 곧바로 노량으로 와서 조 선생을 만나 같이 배를 잡아타고 삼천포로 갔다.

돈 있는 노량 사람들은 가끔 삼천포나 여수에 가서 술도 마시고 영화도 보고 놀다 오기를 옛날부터 하고 있었다.

두 사람은 다방에 가서 차를 한 잔씩 마시고 영화관엘 가서 그때 개봉하여 상영 중인 〈이수일과 심순애〉를 보고 나와서 선창가를 거닐고 다니다가 여관으로 가서 하룻밤을 멋지게 보냈다. 어떻게 해서라도 조 선생을 자기 사람으로 만들어야 하기 때문에 열쇠를 미리 채운 것이다. 이렇게 하룻밤을 지내고 나면 조 선생은 꼼짝 못하고 자기에게 오게 되리라는 야무진 계획을 세워 추진한 일이었다.

조 선생은 이런 비밀스러운 이야기가 부끄럽고 쑥쓰럽지만 어머님께 조용히 말씀드리고 아버님께 잘 말씀드려 혼사를 성사시켜 달라고 신신당부를 했다. 그 소릴 듣고 깜짝 놀란 어머니는 그렇게도 착하고 믿음직스러웠던 자기 딸이 여관에서 총각과 자고 와서 결혼을 시켜 달라는 소리에 크게 놀라서 딸을 심하게 꾸짖고 나무랬다.

"야이 철없는 것아! 그게 무슨 소리고? 내 속에서 나온 네가 부모들이 싫어하는 놈과 결혼하겠다고 그런 짓을 해. 아이구 나가 죽어라, 죽어."

하고 자기 가슴을 치다가 딸을 꼬집고 하여 방 안은 큰 소동이 났다. 그러나 이젠 어찌할 수 없는 일이 되고 말았다. 남편에게 들은 대로 바로 말을 할 수 없어서 조용히 말할 기회를 찾고 있었다.

저녁 잠자리에 들 무렵 남편에게 낮에 들을 사실을 알리고 결혼을 시켜 주자고 말하였다. 그 말을 들은 조 선생의 아버지는 펄쩍 뛰었다. 얼굴이 푸르락 누르락 하더니 눈 언저리에 경련을 일으키며

"그 년 쫓아내어라. 내 딸이 아니다. 집안 망신을 시킨 년이다. 죽든지 살든지 마음대로 하라 해라. 남이 부끄러우니 학교에도 못 나가게 하고…."

하더니 집구석에 있으면서 계집애 감독을 그렇게 했느냐며 자기 부인을 심하게 꾸짖었다. 그리고는 절대로 강 주사하고 결혼을 해서는 안된다는 것이었다.

조 선생은 그래도 부모님을 설득시키고 허락을 받아 만 사람 앞에서 떳떳하게 결혼식을 올리기 위하여 갖은 노력을 하였고 특히 어머니를 졸라대었다. 외할머님께도 부탁하였으나 아버님의 고집을 꺾지 못하는데 세월은 자꾸만 흘러갈 뿐이다. 삼촌에게 부탁했으나 소용이 없었고 심지어는 교편을 잡고 있는 숙모님께 부탁했으나 아무 소용이 없었다. 그러는 사이에 또 한해가 넘어갔다.

총각 처녀의 인내도 한계에 이르렀다.

두 사람은 고민을 하다가 이젠 더 기다리고 있을 수가 없으니 우리끼리 결혼을 하고 먼데 가서 살자고 하였다. 자기들이 날을 정하여 결혼할 수밖에 없었다. 부모님의 허락도 없이 일요일에 날을 받아 청첩장을 찍어 몇 군데만 돌렸다. 산야에 단풍이 곱게 물든 시월 초닷새 일요일을 날로 받아 하동읍의 굿모닝예식장에서 결혼식을 올리기로 하였다.

신랑 되는 강 주사 댁에서는 그런 것도 모르고 결혼 준비에 바빴으나 신부댁인 조선생 댁에서는 부모님들의 반대로 시끄럽기만 하고 결혼 준비도 제대로 하질 않았다. 총각 처녀가 그동안 모아 두었던 돈으로 모든 걸 준비하는 수밖에 없었다.

결혼식을 올릴 그날이 다가왔다.

모든 준비가 다 되어 기다리고 있었으나 막상 와야 될 신부댁 사람들은 한 사람도 나타나질 않았다.

신랑 신부는 가슴이 탔다. 정해진 시간이 다 되어갈 무렵에 신부의 어머니와 외할머니가 여동생 하나를 데리고 헐레벌떡거리며 나타났다. 신부의 아버지가 노발대발하면서 식장에 가기만 하면 다리를 부러뜨린다고 협박을 하고 설치는 판이니 그걸 피해서 오느라고 늦었다고 하였다.

신부의 아버지는 아침부터 술을 퍼 마시면서 남으로부터 수치는 당한 것이고 절대로 결혼은 안된다며 난리를 부리는 것이었다. 이 말을 전해들은 사람들은 이젠 어찌할 수가 없다. 신부와 신랑, 신랑의 아버지 어머니 그리고 신부의 어머니와 조 선생이 근무하는 학교의 김 교장이 의논하여 결혼식을 올리되 아버지가 오시지 않았으니 김 교장 선생님이 신부의 아버지 역할을 하기로 하고 정해진 시간이 반 시간이나 지난 후에 예식을 올리기로 했다.

"신부 입장!"

하는 사회자의 구령에 따라 교장 선생님이 신부인 조 선생의 손을 잡고 식장 안으로 들어가서 신랑의 손에 신부를 맡기고 신부의 어머니 옆 좌석에 가서 앉았다. 결혼식은 쥐 죽은 듯이 조용한 가운데 엄숙하게 진행되었고 폐백식도 조촐하게 마쳤다.

신랑의 부모들도 기분이 좋을 리 없었으나 어쩔 수 없었다. 조용하고 우울한 분위기 속에서 예식장에서 치르는 행사를 다 끝내고 신랑 신부는 축하객과 참석한 가족들의 축복을 받으면서 꽃을 두른 택시를 타고 신혼여행을 떠났다. 떠나는 딸을 보고 손수건으로 눈물을 닦는 어머니를 조 선생은 차 속에서 바라보면서 경주로 달렸다.

기쁘고 좋아해야 할 날이지만 기분이 좋을 리 없다. 신랑이 된 강 주사는 신부인 조 선생의 손을 꽉 잡으면서 위로의 말을 잊지 않았다.

경주에 있는 불국사 호텔에서 1박을 하고 그 뒷날 오후 처가로 찾아갔으나 아버지는 아프다며 사랑방에 누워 문을 잠그고 딸과 사위를 만나주지 않았다.

조 선생 내외는 외할머님과 어머님을 뵙고 울면서 아버지를 만나지도 못한 채 그날로 신랑과 함께 이젠 친정이 된 자기 집을 뒤에 두고 시댁으로 왔다.

시댁에 와서 시부모님께 인사를 드리고 조부모님께 간단히 제사를 드리고 나서야 그렇게도 부모가 결혼을 반대하던 뜻을 알게 되었고 시집을 잘못 온 것을 느끼게 되었다. 시아버지의 말씀하시는 것 한가지 한 가지가 무식이 철철 흘렀고 시어머니는 앙칼지기 그지 없었다. 시집 온 새 며느리를 시집 온 첫날부터 꾸짖고 나무라며 심술을 부렸다. 거기에다가 나이가 스물이 넘은 시누이 둘은 얼굴도 못 생겼고 심술궂기로 소문이 나서 시집을 못 가고 있다더니 말 그대로였다.

갓 시집 온 올케를 많은 사람들 앞에서 나무라고 달갑지 않게 여기는 데다 찌그러진 집에 청소도 제대로 안 되어 있고, 살림기구란 하나도 쓸 만한 것이 없었다. 자기 친정집과는 완연히 달랐다.

"네 에미 애비는 우리 집이 가난하다고 우리를 없이 여기질 않느냐? 이젠 집에서 밥이나 하고 살림이나 살아라. 여편네가 학교에 나가면 뭣해."

하고 큰 시누이가 말하자 시어머니도 덩달아 "그래야지, 여자는 살림이나 잘 살아야지" 하고 맞장구를 쳤다.

그 소리를 옆에서 엿들은 강 주사가 여동생에게

"뭐이라, 가시내가 새 언니를 보고 그런 소릴 하면 되느냐? 앞으로 또 그런 말 하면 가만히 두지 않을 것이다."

하고 나무라자 시어머니가

"이놈, 장가 든지 며칠 되었다고 여편네 편만 들어."

하면서 아들을 나무라는 것이었다. 그야말로 시집은 살풍경 그대로였다.

조 선생은 기가 찼다. 상대할 가치가 없는 사람들이지만 이런 집 사정을 알아보지도 못하고 남편 될 사람 하나가 착실하고 두뇌가 명석한데 반해서 시집을 선택한 자기가 원망스럽고 바보스러울 뿐이었다. 그러나 이젠 엎질러진 물이다. 남편을 달래고 꼬실러서 시부모를 잘 모시고 학교에 나다니면서 억척스럽게 살았다. 결혼을 반대하던 친정집 부모님들을 나 보라는 듯이 살기 위하여 아무리 고달프고 땡초같이 맵고 쓴 시집살이지만 꾹 참고 새벽이면 남보다 먼저 일어나서 밥을 짓고 오후면 퇴근과 동시에 집으로 달려와서 밭에 나가 김을 매고 빨래도 하며 억척스럽게 살았다. 동네 사람들도 이런 조 선생을 불쌍히 여기고 도와주고 칭송이 자자했다.

그러기를 몇년.

세월은 흘러 독하고 심술궂은 시누이 둘은 모두 시집을 갔고 꾸중만 하고 술타령만 하시던 시아버님도 먼곳으로 가시고 말았다. 이젠 식구라곤 시어머니와 남편, 아들 둘, 딸 하나, 자기까지 모두 여섯 식구뿐이다. 며느리는 미워도 손자들은 예쁜지 시어머니는 기분이 좋은 것 같았다.

강 주사와 조 선생은 그동안 억척스럽게 안 쓰고 모은 돈으로 통영시에 조그마한 집을 한 채 사서 농어촌에서 고생만 하시던 시어머님을 이사 시켜 좀 편히 살게 하고 자기들도 노량농협 옆에 있는 좋은 집을 사서 이사를 했다. 이젠 들에 나가서 일을 하지 않아도 되었다.

다음해에 통영으로 강 주사는 내신을 냈고 조 선생도 내신을 했는데 강 주사는 발령이 나고 조 선생은 발령이 나질 않았다. '다음해에 가지' 하고 기다리는 수밖에 없었다.

남편은 승승장구하여 계장이 되어 통영수산대학으로 옮겼고 즐거운 나날이 계속되었으나 남편의 출퇴근이 좀 고되고 불편한 것이 탈이었다.

한편 통영으로 시집 가서 살던 큰 시누이가 어떻게 시누 남편을 꼬실렀던지 어협에 사표를 내고 사업을 한다고 설치더니 일년여 만에 사업에 실패하여 집을 날리고 알거지가 되었다. 올데 갈데가 없게 되자 시어머니가 혼자 살고 있는 집 이층에 와서 좀 살자 해서 그렇게 하라 했더니 나갈 줄을 모르고 시어머니가 돌아간 지금까지 눌러 살고 있는 것이다.

바람난 남편

출근을 노량에서 하던 남편은 늦으면 어머님 집에서 자고 한다더니 차츰 안 오는 날이 많아지더니 이젠 한 달에 몇 번만 오고 통 오질 않는 날이 많아졌다.

늦게사 알고 보니 남편이 좀 잘 살게 되고 돈푼이나 생기자 외도를 자주 하는 것이었다. 조 선생도 이젠 아들 셋과 딸 둘을 가진 중년 부인이 되었고 통영으로 전근이 되어 유영국민학교에 발령을 받아 완전히 집을 옮기고 학교에 나가면서 학부모가 되었다.

남편은 가끔씩 친구들과 놀다가 늦어서 못 들어오고 바로 직장으로 갔다고 하면서 미안해 하였다. 그런 일이 자주 있었다.

뒷구멍으로 살살 알아보니 술집에 있는 한 여자를 얻어 북신동에 아주 살림을 차렸다는 것이었다.

이렇게 되자 화가 난 조 선생이 하루는 집에 들어온 남편을 붙들고 대판으로 싸움이 벌어졌다. 외도하는 남편을 그냥 보고 넘길 조 선생이 아니었다. 조 선생은 남편에게 헤어지자고 하였다. 아들과 딸을 데리고 새 마누라와 잘 살라고 하자 강 계장은 조금만 참으라고 사정사정 하는 것이었다. 조 선생은 "좋다. 나 혼자만이라도 떠나겠다."면서 마산으로 내신을 하였고 그 다음해 3월에 마산 월영교로 전출이 되었다.

아이들을 남편에게 맡기려 하니 남편이 손이 닳도록 빌고 아이들이 안 떨어지겠다고 하도 울어서 고등학교 다닐 때까지는 데리고 있겠다며 데리고 마산으로 온 것이다.

마산에 전근되어 온 조 선생은 신포동에 있는 삼익아파트를 그동안 모은 돈으로 사서 아이들과 같이 살고 있었다. 학교도 별로 멀지 않아 다니기는 편리하였으나 아이들을 데리고 혼자 와서 살고 있다는 것을 안 남정네 교사들이 추근추근 애를 먹이고 있었으나 슬기롭게 물리치며 굳건히 살고 있었다.

그렇게 살아가는 어느 날 시아버님 제사가 되어 아이들을 데리고 통영으로 갔다.

남편과는 구두 이혼을 했지만 정식 이혼이 된 것도 아니고 아이들에게는 할아버지 제사이니 안 갈 수가 있는가. 여시(여우의 사투리) 같이 꾸민 첩년이 음식 만든다고 바쁘게 움직이고 있었다. 누구 하나 반가워하는 사람이 없었다.

제사를 모시고 뒷날 아침 일찍 아이들이 인사를 하고 떠나오려고 했으나 아버지 되는 남편과 새엄마는 아이들에게 단돈 10원도 안 주는 것이었다. 할머니도 그랬다.

이럴 수가 있을까? 차비 하라면서 돈 만원 주든지, 책 사라면서 주든지, 과자 사먹으라면서 조금 주면 될 것인데 십원도 안 주니 괘씸했다. 기분도 나빴다. 아이들 보는데 울지는 않았지만 참으로 섭섭하였다.

아이들이 전학 온 새학교라 그런지 모든 것이 서툰 모양이다. 살림살이를 어렵게 살아가고 있어도 남편으로부터는 전화 한 번 없고 아이들을 거들떠 보지도 않았다. 부인인 조 선생이 어떻게 살며 무슨 짓을 하는지도 모르고 아이들의 교육에 이렇게 무관심할 수 있을까 하고 괘씸하게 생각하고 있었다. 싸우고 나오면서 이혼이라도 하자고 고함을 질렀지만 정식 이혼한 것도 아니었고 그렇게도 좋다고 따라다니던 남편이 술집 계집애에게 미쳐서 저렇게 다른 사람이 될 줄은 몰랐다. 조 선생은 그 배신감에 치가 떨렸다. 그러나 참아야 했다.

세상 남자들은 다 이럴까? 너그러운 마음으로 용서를 해 주자. 여기까지 생각한 조 선생은 사범학교 다닐 적부터 절에 자주 나갔었는데 이렇게 되니까 자기의 삶을 부처님께 의지하는 수밖에 없었다.

하루는 남편에게 자존심이 허락치 않았지만 꾹 참고 전화를 걸어 정식 이혼을 제의했다. 남편은 다른 말만 늘어 놓으면서 곧 정리하고 갈 테니 그때까지만 조금 참고 견디라고 하였다. 그러나 조 선생은 절대로 찾아오질 말라고 하면서 거짓말로 남편을 다그쳤다.

자기는 혼자 살 수가 없어서 친구의 소개로 새 남편을 맞았으니 어쩔 수 없고 전에 말한 대로 자식들은 내가 잘 길러서 고등학교까지 졸업시키면 대학은 데리고 가서 보내라는 거짓말을 섞어가며 이야기한 것이다. 이혼을 해 주어야 새 남편과 혼인신고가 된다고 졸랐다. 그쯤 되면 보통 사람 같았으면 대번에 찾아오기 마련인데 강 주사가 아닌 강 과장은 끄떡도 하지 않았다.

강 과장은 조 선생의 심정을 미리 짚어 알고 있는 것 같았다. 지금 같이 살고 있는 여자도 놓치기 아깝고 조 선생은 더더구나 아깝다. 아무리 조 선생이 재혼한다고 하지만 그렇게 할 사람이 아니라고 생각하고 있는 것이다.

남편에게는 그래 놓고도 한번 오기를 은근히 기다리고 있었다. 그래도 남편은 오질 않는다. 새 계집에게 쏙 빠진 모양이다.

홧김에 서방질한다더니

조 선생은 토요일이나 일요일이 되면 무학산에 있는 홍왕사에 자주 갔다. 여기에는 자기보다 7~8살 위로 보이는 스님 한 분이 있었다. 이 스님은 얼굴도 곱게 생겼고 염불을 기똥차게 잘 하여 신도들의 마음을 사로잡아 끌었다.

이 스님은 법명을 정안으로 하여 모두가 정안 스님이라 불렀다. 듣건대 고향은 함안군 법수면이라 하며 모질게도 못 사는 과수의 아들이었는데 입에 풀칠하기가 어려워 이 절에 어릴 적에 와서 일을 하며 짬짬이 큰스님으로부터 공부를 배우며 자랐는데 두뇌가 명석하여 큰스님의 사랑을 한몸에 받고 자라 이렇게 성장하였다 한다.

여자들을 거들떠 보지도 않고 불도에만 정진하여 왔는데 여자들이

눈꼬리를 치자 정안 스님의 마음도 흔들리기 시작하였다.

그러나 큰스님의 말씀에 따라 그럴 때마다 불경을 읊조리곤 했다. 그런데 뜻밖에 미모의 조 보살이 토요일 아니면 일요일에 나타나서 자주 대화를 하자 서로 친해졌고 세월이 많이 흐르자 떨어져서는 못 살 정도로 매일 보고 싶었고 그러다가 정이 들고 만 것이다.

우리나라에 옛날부터 전하여 내려오는 말에 이런 말이 있다.

'얼굴이 예쁘면 얼굴값을 한다.'

'남녀가 서로 좋아하면 큰일을 낸다. 그래서 남녀 칠세 부동석'

이라 했다. 맞는 말인 듯했다. 조 선생은 남편과 생이별을 한 사십대 후반의 생과부가 아닌가! 바람도 날 만하다. 그러나 조 보살과 정안 스님은 서로 좋아는 하나 넘지 못할 선을 넘지는 않았고 이렇게 가다간 큰일이 날 것 같아 조 보살은 조심에 조심을 했다. 정안 스님은 정안 스님대로 조심을 했으나 부처님 모시는 정신이 흐트러지기 시작하였다. 이런 점을 느낀 조 보살은 그래도 교양이 있고 많이 배운 여자라 생각하는 바가 달랐었다.

'이랬다간 안 되겠다. 스님과 가까이 해서는 안된다. 불도에 정진토록 도와주어야 한다.'

하고 스님이 먼데 가고 없는 날 몰래 편지를 한장 써서 남기고 창원으로 이사를 하고 그 절에는 다시 나가질 않고 행방을 감추고 말았다.

정안 스님 보옵소서

스님을 그렇게도 좋아하던 조 보살입니다.

스님의 장래를 위하여 저는 이를 악물고 스님 곁을 떠나기로 결심하고 멀리 떠나갑니다. 저를 생각지 마시고 오직 중생을 위하여 불도에 정진하시길 바랍니다. 절대로 찾지 마십시오. 잊으세요.

큰 스님이 되시길 빕니다.

안녕히 계십시오.

2○○○년 ○월 ○일

조 보살 드림

밖에서 돌아온 정안 스님이 이 편지를 받아 보고 얼마나 섭섭해 하였는지 모른다. 발길을 돌려 조 보살 집엘 찾아가 보니 이사간 지 며칠 안 되었다며 다른 사람이 와서 살고 있었다. 이웃 사람에게 물어보니 간 곳을 모른다고 하였다. 직장이나 물어둘 걸, 묻지 않은 것이 탈이었다.

절에 나오는 보살들은 아무도 조 보살에 대하여 아는 사람이 없었다. 고향이 하동이며 그냥 집에서 놀기만 한다고 하였다.

강 과장은 진주 경상대학으로 자리를 옮겨 잘 살고 있었다. 첩실만 호강을 하고 있었으나 조 선생은 아들 셋과 딸 둘을 데리고 창원으로 옮긴 뒤 반송동 뒷산에 있는 정토사에 나가며 가끔씩 산행도 하고 즐겁게 살아가기 위하여 노력하고 있었다.

그런 어느 날 우연히 옛날 마산에서 절에 다니고 있을 적에 같이 다니던 김 보살을 만나게 되었다. 서글서글하며 농을 잘하고 여자들 중에서는 인기가 대단하였으며 영리한 분이었다. 그 남편이 함안군청으로 전출되어 가더니 좀 있다가 사업한다며 공직을 그만두고 창원으로 이사 와서 산다고 하였다.

김 보살과 조 보살은 그 뒤로 자주 만나 옛날 이야기도 하며 절에 다니고 있었다. 김 보살의 동생이 창원 시내 ○○초등학교 교장으로 근무 중 그 부인이 5~6년 전에 폐암으로 돌아갔다고 한다. 부인을 살리기 위하여 온갖 노력을 했으나 살리지 못하였고 지금은 혼자 있다고 하였다. 김 보살은 혼자 있는 자기 동생과 조 보살을 짝을 맞추어 주려고 연구 중에 있었다.

이때에야 비로소 조 보살이 학교 선생님이라는 것을 알았다. 김 보살은 조 보살의 형편을 어느 정도 알고 있었다. 남편과 호적상 이혼은 안했지만 구두 이혼을 하고 자식들만 기르면서 살아 왔었고, 서른이 넘은 딸 하나와 아들 하나가 아직 미혼으로 있으면서 그냥 직장만 갖고 따로 살아가고 있다는 것도 알고 있다. 그리고 독실한 불교 신자로 마산의 성지여고 뒤편 무학산 중턱에 있는 태각암으로, 대구의 갓바위로, 고성의 문수암으로, 하동 쌍계사로 안 다니는 절이 없고, 절에 다녀 오다가다 경치가 빼어난 곳에서는 하루를 쉬어 오기도 하는 그런 좋은 사람이었다.

이렇게 되니까 두 사람은 형제간처럼 가까운 사이가 되었다. 혼자 있는 남동생을 불러내어 밥도 사게 하면서 김 교장과 조 선생 사이를 가깝게 만들어 주려고 갖은 애를 쓰고 있었다. 그렇게 되니까 다 같은 교직에 몸을 담고 있는 사람들이라 그런지 얼마 안되어 아주 가깝게 지내게 되었다. 조 선생은 김 교장 댁에 가서 반찬도 만들어 주고 청소도 해 주는 등 여러 가지 일을 거들어 주더니 얼마 전부터는 아주 부부처럼 같이 살고 있다.

김 교장의 고향에 같이 가서 친척들에게 인사도 하였고 김 교장의 친한 친구들에게 인사를 하였다. 그리고 김 교장은 지금도 진주 한성

라사와 창원의 현대양복점에서 양복을 맞춰 입는데 새 양복을 맞춰 입고 온 후면 조 선생이 거길 몰래 가서 다른 색으로 양복을 한벌 내지 두 벌을 더 맞춰 오는 아주 다정스러운 부부가 되었다.

그렇게 재미있게 지내는 동안 김 교장이 양산에서 있었던 시범보고회에 다녀오다가 장유 근처를 지날 때 몰고 오던 자가용 쏘나타차가 길가 전봇대를 들이받고 장유에 있는 조그마한 병원에 입원하게 되었다. 귀 뒤편 머리가 두 군데나 깨어져 모두들 못 살겠다 하였고 살아도 식물인간밖에는 안 되겠다고 하나 그 병원에서는 수술을 하면 괜찮겠다고 하면서 수술을 권유하였다. 그러나 연락을 받고 찾아 온 조 선생이 수술을 안 하고 부산의 백병원으로 옮겨 거기서 수술하겠다고 버텼다. 부산 백병원의 심박사가 김 교장의 학교 동기이고 우리나라에서는 뇌수술을 제일 잘한다고 알려져 왔기에 그리로 환자를 이송하였다.

부산 백병원에 가서 심 박사가 수술을 하기 위하여 환자를 세밀히 관찰을 하더니

"아, 수술 안해도 됩니다. 왼쪽 귀의 고막이 터져 피가 그리로 흐르고 뇌에 고이지 않았습니다."

하는 것이었다. 불행 중 큰 다행이었다. 수술을 하지 않고 깨어진 곳만 깁고 그냥 치료를 받으면 고막은 저절로 붙는다는 것이었다. 조 선생은 밤에는 환자와 같이 지내다가 낮에는 창원에 와서 아이들을 가르치고 또 오후면 부산에 와서 간병을 하길 한 달 넘어 하다가 퇴원시켰다. 꼭 만 한달 엿새 만이었다.

두 사람은 다시 깨가 쏟아지는 생활을 하였다. 이때 조 선생의 친정어머니가 많이 아파 진주 경상대학 부속병원에 입원하게 되었다. 며

칠을 거기서 출퇴근을 하며 또 간병을 하게 되었다. 미혼의 두 아이들을 가끔씩 돌보고 어머니의 간병으로 창원 김 교장 댁에 잘 들르지 못하고 전화로만 자주 연락을 했다.

조 선생이 오랫동안 오지 않자 여러 가지로 김 교장이 고민을 하고 있었는데 뜻밖에 옛날 통대에 같이 다니던 권영희 선생을 우연히 만났다.

그 권 선생이 같이 살자면서 짐을 싸들고 김 교장 집엘 들어온 것이다. 김 교장은 권 선생을 나가라고 타일러도 옷이나 빨아주고 밥이나 해주며 있겠다고 하면서 가질 않았다. 나가라고 밀어내면 손을 빌면서 안 가겠다고 버티고 살려 달라고 애걸복걸하는 것이었다.

김 교장은 고민을 하면서 누구를 택해서 같이 사느냐 하고 망설이고 있었다. 조 선생은 이혼은 했다 하나 남편이 엄연히 살아 있다. 조 선생을 사랑하면서도 그 점은 언제나 부담이 되었다. 그러나 권 선생은 남편이 죽고 없다. 조 선생은 얼굴이 예쁘고 인정이 많으나 권 선생은 얼굴이 예쁘질 않고 인정이 별로 없다. 조 선생은 창원 시내학교의 선생이고 권 선생은 밀양군내의 선생이다. 조 선생은 아들 둘과 딸 하나는 결혼시켜 따로 살고 있으며 미혼의 아들 하나와 딸 하나가 있다. 권 선생은 아들 하나가 정신이상자로 마산의 배신경외과에 입원해 있고 불구자 딸 하나가 마산의 자기 집에서 남이 맡아 데리고 있다. 구십이 가까운 김 교장의 아버지에 대하여는 두 사람이 모두 잘 받들고 있었다. 뒷일로 봐서 누구를 택할꼬 하고 망설이고 있었다.

그런데 권 선생은 김 교장이 싫어하니까 아버님 옆에서 자면서 거들다가 뒷날은 학교를 갔다오곤 했다.

며칠을 그렇게 지내니까 김 교장과 권 선생 사이에 이상한 남녀관계가 이루어지고 만 것이다. 이것은 사랑으로 맺어진 것이 아니다. 그래서 옛 사람들도 남녀칠세 부동석이라 해서 같이 못 있게 안했는가.

그렇게 지나는 중에 권 선생의 마산 집에 있는 불구 딸아이가 죽었다는 연락이 왔다. 그 연락을 받고 가더니 초상을 치르고 즉시 왔다. 자식에 대한 인정이 메마른 사람 같았다. 김 교장은 이리도 못하고 저리도 못해 골치를 앓고 있었다.

조 선생은 김 교장이 좋아하는 스타일이다. 호적상 정식 이혼을 하고 나면 다 큰 아이들이 결혼 전에 부모 없는 고아가 되니 결혼 시킬 일이 걱정이 되고 안 하자니 김 교장이 조르고 하니 고민에 빠져 있다가 자기의 계획을 이야기 안 할 수가 없었다. 아이들이 중매쟁이가 들어 선을 보고 결혼을 하게 되면 즉시 정식 이혼을 하고 살겠다고 애걸복걸하였다. 참 딱하였다.

김 교장은 권 선생이 달라붙을수록 보기 싫었고 어쩌다가 몇번 사귄 정이지만 싫증이 나고 좋게 보여지질 않았다.

한 달쯤 되었을까. 김 교장의 아버님께서 별세하였다. 동마산병원 영안실에서 장례를 치르는데 권 선생이 상복을 스스로 갈아입기에 김 교장이 못 입게 하였다. 권 선생은 조문 오는 손님 앞에 나타나서 자기가 김 교장의 안사람이라고 말을 하면서 다니는 것이었다. 이러니 김 교장이 좋아할 리 있겠는가.

김 교장은 그때까지 조 선생이 자기 친정어머니 간병한다고 오지 않자 아버님이 돌아가셨다는 연락도 하지 않았다. 그런데 과학교재상을 하는 최 사장으로부터 조 선생은 연락을 받고 영안실로 찾아왔다. 그동안 섬긴 아버님 생각과 자기의 기구한 운명을 탓하며 목 놓아 실컷 울었다. 부산 사는 김 교장의 여동생이 조 선생을 조용히 불러 자기

오빠가 권 선생과 살게 되었으니 그만 돌아가라고 이야기했다. 조 선생은 그 길로 뒤도 안 돌아보고 울면서 상가를 떠났다고 한다. 김 교장의 큰 누이동생은 이 사실을 모르고 있었다. 조 선생이 얼마나 섭섭하였는지 지금도 부산 여동생이 그날 문상 왔을 때 자기를 섭섭하게 했던 말과 자기에게 연락 안한 이야기를 가끔 하면서 김 교장을 탓하는 때가 많다.

초상을 다 치르고 난 김 교장은 권 선생이 더 보기가 싫어졌고 쫓아낼 궁리를 하였다.

하루는 권 선생이 학교에 가고 없는 틈을 타서 조그마한 권 선생 짐 보퉁이를 평소부터 잘 알고 있는 심원장 컴퓨터 사무실 옆 방으로 옮기고 아파트 출입문 열쇠를 바꾼 후 집에 들르지 않고 마산 과학교재상의 최 사장 사무실에서 고스톱을 하고 놀다가 거기서 자고 뒷날 아침 시장에 나가서 밥을 사먹고 학교로 바로 출퇴근을 하는 것이었다.

이러기를 며칠 한 후 최 사장을 통하여 조 선생을 만나자고 하였으나 처음에는 만나주지 않더니 최 사장이 김 교장의 딱한 사정을 잘 이야기하여 만나게 되었고 두 사람이 의논하여 권 선생을 쫓아 내자고 말하였다. 그러나 조 선생은 권 선생과 같이 살라면서 강력하게 거절을 하는 것이었다.

그런 며칠 뒤 최 사장이 김 교장과 조 선생을 마산의 불종거리에 있는 초미일식집에서 저녁을 같이 들며 딱한 김 교장의 형편 이야기를 하였다. 조 선생은 김 교장을 그 자리에서 신랄하게 꾸짖고 사과를 하게 하여 옛날로 돌아가게 되었다. 그러나 조 선생은 김 교장 댁으로 옮기지 않고 당분간 아이들을 돌보고 있다가 천천히 옮기겠다는 것이었다.

그런 조 선생은 얼굴이 예쁠 뿐만 아니라 경남 여교사 중에서는 두각을 나타내는 사람이었다. 도 여교사회 부회장을 지냈고, 걸스카웃 교수로 많은 여교사들을 지도하는 그런 사람이었다. 김 교장으로부터 권 선생에 대한 이야기를 쭉 듣고 나더니

"아, 대강 알겠습니다. 권영희 선생인 것 같습니다. 통영여고를 나와서 통영에서 임시 교사로 출발하여 정교사가 되었으며 품행이 아주 나빠 소문이 안 좋게 난 사람입니다.

라면서 휴대폰으로 권 선생에게 전화를 바로 내었다.

"여보세요. 권영희 선생님 휴대폰이지요? 나 창원에 사는 조성희 선생인데."

"아, 그래요. 오랜만입니다.그동안 안녕하셨어요?"

"예, 그런데 하나 물어 봅시다. 김○○ 교장 잘 아십니까?"

"통신대학 다닐 적에 만나 책을 좀 빌렸고 그때 알게 되었어요. 내가 밀양으로 발령이 나자 좀 좋은데 보내달라 부탁해서 덕을 봤어요. 그런 인연으로 그 집에 가서 같이 살았는데 자기 아버님이 아플 때 간호도 해드렸고 자기 아버님이 돌아가시고 나니 나를 싫다면서 쫓아낸 나쁜 사람입니다."

"그래요? 권 선생이 몰랐군요. 나하고 같이 사는 사인데 우리 친정 엄마가 입원을 해서 병원에서 한달간 간병을 하고 돌아오니 그런 일이 벌어졌더군요."

"선생님과의 관계는 처음 듣습니다. 그렇다면 미안합니다. 이젠 생각 안 합니다."

"나는 내 전 남편과 이혼을 하고 오래 전부터 같이 살고 있습니다. 10년이 넘었어요. 권 선생님은 잠깐 그 집에 있었으니 이젠 완전히 손

을 끊어야 합니다. 만약 앞으로 조금이라도 김 교장에게 달라붙으면 내 그냥 두지 않겠습니다. 알겠지요?"

"예, 잘 알았습니다. 걱정 마세요."

이렇게 되어 김 교장과 권 선생과의 관계는 완전히 정리가 되고 만 것이다.

무너진 사랑탑

그 뒤 권 선생은 부산으로 전출을 하였는데 어떻게 살고 있으며 지금은 퇴임을 하였는지 궁금할 뿐이다.

조 선생의 전 남편 강 과장은 처음은 그렇게도 착하고 성실하던 사람이 피는 속일 수 없다더니 아버지의 방탕한 행동을 본따서 주색에 빠져 헤어나질 못하고 자기의 신세를 망쳤다. 다행히 마누라를 잘 만난 탓으로 출세를 하여 서기관까지 올라서 잘 지내질 않았던가.

조 선생이 자기 친척 되는 국회의원을 찾아가서 자기 남편의 출세를 부탁하여 일찍 서기관으로 승진되었으며 경상대학교로 전근되어 가서 근무했던 것이다.

가정에 충실하고 학교 업무에도 착실했던 조 선생은 자기 자녀들 교육에도 충실하여 큰아들은 대학 졸업 후 공무원 시험에 합격하여 창원시에 근무 중이며 둘째 아들은 수협에 근무 중이고 셋째는 의대를 졸업하여 동마산 병원에서 전문의로 근무 중이다. 그리고 딸은 선교사로 외국에 가 있다.

그런 어느 날 전 남편이었던 강 서기관이 창원 조 선생의 집을 어떻게 알았는지 찾아온 것이었다. 조 선생은 찾아온 강 서기관에게

“나하고는 갈라선 지 오래 되고 지금까지 전화 한 번 않더니 뭘라고 왔소? 그년한테 돌아가소.”

하고는 대문을 확 닫고 들어와 버리는 것이었다. 강 서기관은 아무 말도 못하고 뒤도 안 돌아보고 걸어 나가는 것이었다. 그날 저녁 큰아들이 우연히 집에 오다가 그걸 보고 아버지를 여관으로 모신 뒤 집에 와서 동생들을 불러모아 어머님 앞에 모두가 꿇어 앉아서 용서를 비는 것이었다.

“어머님, 우리가 학교 다닐 적에는 학비 한푼 안 주고 남처럼 지내던 아버지였지만 좋아도 우리 아버지요, 궂어도 우리 아버지 아닙니까? 아버님이 어머님께는 너무하신 줄 우리들은 알고 있습니다만 지금 병이 들어 혼자 계시니 우리들과 같이 있게 도와주십시오.”

울면서 말하는 자식들의 간곡한 부탁에 인정 많은 조 선생은

“그럼 그렇게 하여라. 성일이 네가 가서 아버지를 모시고 오너라.”

하여 큰아들이 여관에 있는 아버지를 데리고 온 것이다.

강 서기관은 간암에 걸려 생사가 불분명해지자 데리고 살던 첩실은 아픈 남편을 두고 도망을 가고 없는 것이다. 귀머리 마주 푼 마누라가 아니니까 달아난 것이다.

방에 들어와서 고개를 푹 숙이고 있는 강 서기관에게 조 선생은

“저기 부처님 모신 방에서 생활하시요. 자식들 체면을 보고 우리 집에 있게 한 것이요. 나와는 남과 남이요. 성일아, 내일 연가를 내고 너의 아버지 모시고 파티마 병원이나 동마산 병원에 입원시켜 정밀검사를 받도록 하여라. 사람은 살려놓고 봐야 되질 않겠느냐?”

하고 큰아들에게 하나 하나 당부를 하는 것이었다. 그리고 나더니

“몸이나 완전히 낫고 나서 그 년을 찾아가도록 하시오.”

하고 나서 자기 방으로 건너가는 것이었다.

그 뒷날로 집에 가까운 파티마 병원으로 큰아들과 같이 가서 입원을 하여 치료를 받았으나 조금도 차도가 없더니 더 아프기 시작하였다. 며칠이 흘렀다. 병은 조금도 차도가 없다.

담당의사가 큰아들을 살짝 불러서 가망이 없음을 알려주고 장례 치를 준비를 하라고 일렀다.

하루는 강 서기관이 자기 옆에 지키고 서 있는 조 선생의 손을 꽉 잡으면서 귀에 들릴듯 말듯한 가냘픈 목소리로

"여보, 미안하오. 그동안 당신에게 못할 일을 너무 많이 해서 죄를 받고 그냥 가오. 부디 행복하게 잘 살다가 천천히 오시오."

하면서 눈물을 주루룩 흘리고는 뚫어지듯 조 선생을 바라보는 것이었다. 조 선생은 그 모습을 보고는 좀 미안하였다. 참고 기다리며 살지 못한 것이 죄스러웠다. 사람이 죽을 때가 다 되면 제 아무리 악한 사람이라 할지라도 자기의 잘못을 뉘우치는 법이다. 강 서기관이 조 선생에게 용서를 구하는 마지막 순간이었다.

그리고 나서 강 서기관은 말을 할듯 말듯하다가 그만 고개를 탁, 떨어뜨리는 것이었다. 조 선생이 고함을 질러 간호사를 불렀고 조금 뒤 간호사와 의사가 달려왔을 때는 이미 먼 길을 가고 난 뒤였다.

의사가 "응급실로 빨리!" 하며 서두르자 여러 사람이 달라 붙어서 환자가 누워 있던 침대를 응급실로 옮겨 치료를 했으나 소용이 없었고 이것이 영원한 마지막 길이 되고 말았다.

조 선생은 북받치는 설움을 참지 못하고 목놓아 크게 울었다. 그걸 살고 말 것을 그렇게 애를 먹이고 야단을 하더니 이렇게 허무하게 살고 가다니 하며 환멸을 느끼는 순간이었다.

그렇게 좋다하여 부모가 반대하는 결혼을 억지로 해서 재미있게 살다가 원수처럼 되어 따로따로 남처럼 살다가 마지막에 또 찾아와서 가슴에 못을 박고 혼자 쓸쓸히 간 남편, 자기와 자식들을 조금도 돌보지 않더니 이렇게 훌훌이 떠나간단 말인가.

조 선생은 자기 손으로 억울해서 눈을 감지 못하고 있는 듯한 남편의 눈을 쓸어 감아 주고 다시 목 놓아 울었다. 한참 울고 나서는 정신을 차리고 장사 지낼 준비를 하였다. 시체를 영안실로 옮기고 이틀이 지난 후 화장을 하여 고향 노량으로 갔다.

조 선생은 홧김에 이혼한 사이라 하면서 김 교장과 사귀긴 했지만 실제로는 아이들의 아버지이고 남편이 틀림없으므로 다도해의 아름다운 정경이 빤히 내려다보이는 소오산(금오산) 중턱에 있는 자기 친정 산 중 좋은 자리 한 군데를 얻어 고이 묻었다. 가까운 희락사에 들러 49제를 올리기로 하고 내려오면서 북받치는 설움에 얼마나 슬피 우는지 보는 사람들의 가슴을 아프게 했다.

가신 이의 명복을 빌기 위하여 연가천도도 올렸고 자기가 돌아가신 이를 위하여 할 수 있는 모든 일을 해 주기로 마음 먹고 옛날 미법에 사두었던 조그마한 집으로 식구들과 같이 갔었다. 문을 열고 간단한 청소를 하고 부처님께 인사를 드렸다.

김 교장은 상문을 와서 끝까지 일을 봐 주고 가신 이의 명복을 빌어 주었다. 화장장을 거쳐 여기까지 따라와서 마지막까지 일을 보살피다가 가족들이 많이 있으니까 밤 늦게 차를 몰고 창원으로 갔다.

곰곰이 생각해 보니 홀아비가 된 김 교장이 아흔 살이 다 된 연세 높은 아버님을 모시고 있을 때 조 선생은 굵은 갈치를 사와서 갖은 양념을 하여 구워서 대접하고 또 못 올 땐 구워서 잡숫도록 만들어서 보내

주던 옛날이 새삼스레 생각이 났다. 중간에 틈이 좀 난 것도 이번에 돌아간 남편과의 관계 때문이라는 것을 알고는 심히 미안하게 여기게 되었다.

김 교장이 창원의 큰 학교 교장으로 있다가 교육법 개정으로 정년이 단축되는 바람에 퇴임을 하게 되었다.

교감과 직원들이 퇴임식을 하자고 했으나 김 교장은 학부형께는 퇴임을 당겨서 하게 된 배경과 좀 착실하게 일하지 못하고 떠나게 됨을 인쇄물로 인사하고 아들을 불러 오랫동안 몸 담고 잘 있게 해준 선생님들께 간단히 이동식 뷔페를 불러 식사 대접을 하고 끝내자고 하였다.

그리고 학생들에게는 퇴임 인사를 하고 교무실에서 선생님들께 퇴임 인사를 할 땐 가족 소개를 하는데 조 선생을 집사람으로, 아들과 며느리, 딸 사위만 소개하는 것이었다. 아무 곳에도 연락을 안했는데 제자들이 어떻게 알았는지 여럿 찾아왔다. 체육진흥회 간부들과 어머니회 간부들, 그리고 학교운영위원회 간부들이 찾아와서 감사패와 기념품을 주는 것이었다. 김 교장은 식당에서 교직원들과 찾아온 내빈들과 같이 식사를 하고 나서는 아무에게도 온다 간다는 말도 없이 집으로 살짝 돌아오고 말았다.

그 뒤 조 선생은 김 교장을 재직시보다 더 잘 모셨고 매달 봉급 받는 17일이 되면 봉투에 '영감님, 이번 달 월급입니다.' 라고 쓰고는 그 속에 이십만 원씩 넣어서 전해 주는 것이었다. 이보다 고마울 수가 없었다.

그리고 김 교장은 고향에 가서 자기 소유의 밭과 옆에 있는 남의 밭을 사 보태서 조그마한 과수원을 만들어서 자주 가서 돌보고 있다.

이렇게 즐겁게 살고 있는 가운데 세월은 흘러만 가고 있었다.

자비스런 부처님을 믿으며

조 선생은 퇴임을 하고 나서 창원 집을 정리한 후 푸른 다도해가 바라보이는 노량 미법의 옛 집으로 돌아와서 부처님을 모시고 옆에 있는 밭에 채소를 심고 가꾸면서 살아가고 있다.

김 교장의 집엔 발걸음이 점점 멀어지고 말았다. 일흔이 다 된 김 교장은 자기가 손수 모는 차로 두 시간 너머 걸리는 노량 미법에 가서 쉬기도 하고, 밭에 심겨 있는 채소를 손 보고 일을 하다가 쉬기도 하고 놀다가 창원으로 오곤 한다.

조 선생은 인생의 허무함을 느낀 탓인지 김 교장을 자기가 있는 곳에 와서 쉬어가라 하고는 있으나 옛날 같은 깊은 정은 보이지 않았다.

농어촌 점수와 벽지 점수의 부족으로 연구실적은 일찍 만점을 받아 두었으나 간부 교원이 되질 못하고 아이들만 열성으로 가르쳐 온 노 여선생이 독실한 불교신자로 변모하여 살아가고 있을 뿐이다.

"나이 들어 물러 가라니 조용히 물러 가야지."

하고 물러나와서 고향인 노량으로 돌아온 것이 아닌가.

뱃소리를 벗 삼아 부처님께 자기의 과거사를 빌고 있는 조 보살님 댁에 찾아온 한 스님을 통하여 옛날 마산에서 염불 소리에 녹아 사랑했던 정안 스님이 청도산 운정사라는 암자를 짓고 주지가 되어 민생을 구제하며 불도에 정진하고 있다는 이야기를 듣고 깜짝 놀라더니 바쁜 세상살이로 잊어 왔는데 한번 찾아가서 만나나 보고 싶다고 하였다. 그리고는 며칠 후 나이 예순이 훨씬 넘은 늙은 조 보살이 옛날에 사모했던 스님을 찾아 나섰다.

버스를 타고 가서 물어물어 운정사에 도착하니 절이 매우 아담하고 잘 지어져 있었으며 신도도 꽤 많아 보였다.

법당 안쪽에 붙어 있는 주지스님 방에 들어가니 옛날의 그 정안 스님이 계셨다. 한눈에도 알아볼 수 있었으나 왜 저리 늙었을꼬.

"스님, 안녕하셨습니까?"

하고 인사를 드리니 정안 스님은 조 선생을 즉시 알아보고

"보살님 잘 오셨습니다. 나무아미타불"

하고는 반가워하는 기색이었다. 옛날 젊었을 적에 좋아했던 조 보살을 잊은 지 오래되었지만 그래도 다시 옛날로 돌아온 듯 생각되었다.

정안 스님은 일흔이 넘은 노 스님이지만 출가해서 얼마 안 되었을 때 알게 되었던 그 미모의 조 보살이 가끔씩 생각났었고 지금도 그때를 회상해 보는 것이었다.

조 보살은 여기에서 하루를 쉬고 쓸쓸히 돌아왔고 그 뒤에도 백중기도를 드리기 위하여 운정사에 가서 일주일이나 있다가 돌아왔다.

정안 스님은 조 보살이 운정사에 와서 있으니 기분이 참 좋아 보였다. 무뚝뚝했던 정안 스님은 조 보살이 오기 전에는 여신도들이 있는 방에는 나타나질 않았는데 조 보살이 있을 때는 방에 와서 신도들과 이야기도 하고 놀다가 차도 마시고 가는 것이었다. 조 보살은 그렇게 며칠을 지내다 자기 집으로 와서 있는데 창원에서 김 교장이 찾아 왔다.

같이 저녁 식사를 마치고 나서 마주 앉은 두 사람은 멍하니 서로 바라보고 있다가 조 보살이

"내 재미있었던 이야기 하나 할까요?"

하니까 김 교장이

"해 보시오. 무슨 이야긴데?"

그러자 조 보살이 차근차근 옛날 정안 스님과 자기와의 관계를 쭉 이야기하고 나서 청도 운문사에 다녀온 이야기를 한다. 듣고 있던 김 교장은 두근거리는 가슴을 억제하지 못하여

"참말이요? 참말? 지금도 그 스님을 좋아하오?"

하고 물으며 조 보살의 얼굴을 말끔히 바라보는 것이었다. 사랑이란 이런 건가? 참으로 묘한 것이다. 나이가 아무리 많아도 그 좋다는 사랑 뒤에는 질투가 숨어 있는 모양이다. 김 교장은 한숨을 크게 쉬더니 밖으로 나가 개줄에 묶여 있는 평촌(개이름)이를 보고

"평촌아, 운정사 스님이 찾아오면 창원에 들리도록 크게 짖고 꽉 물어버려라. 놀라서 달아나게 만들어야 한다. 알겠지?"

하는 것이었다. 마루에 앉아 있던 조 보살은 그 소릴 듣고 싱긋이 웃었고 그 뒤로부터는 청도 운정사에도 발을 끊고 가지 않고 부처님을 평안히 모실 집을 다시 고쳐 지으려고 마음을 다그치는 것이었다.

조 보살은 지금 살고 있는 집은 집 장사가 지은 집으로 뭣도 모르고 사서 고쳤는데 지대가 낮아 그런지 벽지가 젖고 벽에 이끼가 끼고 지네 등 벌레가 너무 많이 나와 약한 여자 혼자 살기는 무서워서 견딜 수가 없다. 지대가 좀 높은 위쪽으로 집을 올려 지어 푸른 바다와 오고가는 배들이 잘 보이고 큰 섬이 한눈에 들도록 짓기로 하였다며 깊은 사색에 잠기는 것이었다.

인생이란 참으로 묘하고, 사랑이란 참으로 이상야릇한 것이다. 그렇게 좋아했던 정안 스님도, 김 교장도 이젠 시들해졌다. 옛날 학교 다닐 적에 국어 선생님께서 들려 주시던 「사랑」이란 시 한 구절이 생각

났다.

장미가 좋다더니 꺾어 보니 가시뿐이고
사랑이 좋다더니 겪어 보니 눈물뿐이더라
그러나 세상 사람들은 가시 많은 장미보다
눈물 많은 사랑을 좋아하더라

그 좋아하던 사랑은 가시도 아니고 눈물도 아니며 마음에 상처만 안겨주는 허황한 것이니 이성을 잃고 멋 모르고 사랑에 깊이 빠져 헤어나질 못하면 안 된다. 잘 생각하여라.

마흔번째 이야기

고동 바위

하동군 양보면 통정리와 박달리의 경계에 성곽이 하나 있다. 이 성곽은 임진왜란 때 일본군과 싸우기 위하여 우리 조상들이 쌓은 듯한 석성이다. 우리가 어릴 적만 하여도 돌로 포개 쌓은 원형이 그대로 보존되어 있었는데 군사혁명 후 잘 살기 위하여 새마을 사업이 시작되자 여기 있던 돌들을 파서 논둑도 쌓고 방청하는 데도 쌓기 위하여 모두 가져가고 지금은 돌이 별로 없고 흙성으로 남아 있다. 안타까울 뿐이다. 역사적인 유물을 보존 못한 것은 무지의 소치라고밖에 볼 수 없다.

사람들은 이 석성을 성재라 부르고 있다. 이 성재 아래 통정리 밤실에서 운암으로 내려가는 가정이쪽 도로변에 고동 바위가 있다. 이 바위는 이름 그대로 고동과 같이 생겨 있고 지금도 그대로 남아 있다.

고동 따까리는 묘를 심거나 논일을 하고 난 뒤 쉬기도 하고 점심이나 새참을 여러 사람이 둘러앉아 먹고 놀 수 있는데 이 바위에 얽힌 안타까운 이야기가 이곳에 전해 내려오고 있다.

지금부터 백 년이 조금 넘었을 때 있었던 일이다.

이명산이 남으로 쭉 뻗어 내려오다가 밤실 앞산을 만들고 그 산의 동쪽 언덕배기에 박달이라는 조그마한 마을이 있어 여기에 사람들이 오순도순 모여 살고 있었다.

마음씨 고운 이곳 사람들 중 경주 김씨 가문에 홍조라는 사람이 있었다. 이 사람은 그 인근 마을에서는 추수를 백석 이상 하는 부자였고 마음씨가 후덕하다고 널리 알려졌기 때문에 날마다 사랑방에는 손님이 들끓었다.

김씨는 개나리 보퉁이를 짊어지고 찾아오는 과객 손님으로부터 세상의 온갖 이야기를 들으면서 즐겁게 살아가고 있었으나 그 부인은 시집 와서 중늙은이가 다 된 무렵까지 날마다 손님 접대로 파김치가 되다시피 하여 늙어가고 있었다.

'나는 언제쯤 호의호식하며 식구들만 오순도순 살아갈꼬?' 하는 기대감을 갖고 살아가고 있던 어느 날이었다.

김씨 부인이 하인을 보고 "오늘은 사랑방에 손님이 몇이나 되는지 살며시 가서 알아보고 오너라." 하니

하인 머슴애는 "예!" 하고 사랑방을 다녀와서는 "여섯 사람이 있었습니다." 한다.

"오냐, 알았다." 하고 고방에 가서 쌀을 내와서 씻고 있는데 대문에 삭발 스님이 와서 목탁을 두드리며 시주를 주문하고 있었다. 부인은 귀찮던 터에 스님까지 이러니 더 짜증이 나서 쌀을 씻으면서

"아이구, 이놈의 팔자 어찌할 수 없군. 손님 접대 아니하고 언제쯤 편히 살꼬/"

하는 작은 소리를 스님이 듣고 목탁을 멈추고 그 부인에게 말을 건넨다.

"보살님, 그게 무슨 말씀이오?"

하니까 그 부인은 그간의 손님 접대로 시달린 이야기를 차근차근 하자 그 소리를 들은 스님은

"보살님, 그러면 보살님은 밥 같은 것 아니하고 편히 쉬고 싶습니까?"

하고 묻는다. 부인은

"예, 그렇게 되었으면 좋겠습니다."

한다. 그러자 스님은

"그렇게 할 수 있습니다. 성재 밑 길가에 있는 보살님의 큰 논배미 옆에 고동처럼 생긴 큰 바위가 있질 않습니까?"

하자

"예, 가본 일이 있습니다."

하는 것이었다. 스님은

"그 바위를 고동처럼 생겼다 하여 세상 사람들은 고동 바위라 부른답니다. 그 고동 바위의 뚜껑처럼 생긴 넓적하고 달걀처럼 생긴 돌을 일꾼들을 불러 옆으로 드러내면 편히 살 수 있습니다."

하는 것이었다. 그리고는 탁발 스님은 나무아미타불을 몇번 되뇌이고 어디론가 정처없이 사라져 가는 것이었다. 부인은 그 스님에게 고맙다는 인사말을 한 후 며칠을 생각한 후 하루는 일꾼 몇 사람을 구하여 고동 바위로 가서 뚜껑을 옮기기로 하였다. 일꾼들 여러 사람이 달라 붙어서 고동 바위의 뚜껑돌을 옮기려 하니 갑자기 맑던 하늘을 구름이 덮고 뇌성 벼락을 치면서 장대 같은 소나기를 퍼붓는 것이었다.

사람들은 놀라서 큰 소나무 밑으로, 큰 돌 밑으로 가서 숨었고 무서워서 모두가 벌벌 떨었었다.

반 시간 가량 내리던 소나기가 그치자 일꾼들은 슬슬 나와서 주인마나님의 시키는 대로 고동 뚜껑을 옮기려 하나 잘 떨어지질 않더니 겨우 떨어지기는 하는데 이상하게도 떨어진 뚜껑에는 붉은 핏방울이 맺혀 있는 것이었다. 일꾼 사이에서는 별의 별 소리가 나왔으나 주인마님이 있기 때문에 쉬쉬 하였다.

이렇게 되어 고동 바위의 뚜껑은 떨어져 나왔고 그 뚜껑은 고동 바위 옆에 놓이게 되었다.

이 일이 있고 난 뒤부터는 김씨 집안은 점점 쇠하기 시작하였고 집안이 가난해지니까 오던 과객도 안 찾아오는 것이었다. 김씨의 부인이 일에 지치고 호강이 넘쳐서 고동의 뚜껑을 떼었기 때문에 못 살게 된 것이다. 늦게사 후회한들 다시는 옛날같이 부자가 되질 않았고 그 돌은 지금도 고동처럼 되어 성재 큰 길 밑에 그대로 있으면서 논일이 끝나거나 가는 사람오는 사람이 쉬어 가는 바위로 그대로 있다.

세상 사람들은 항상 부지런히 일하면서 남을 도우며 살아가라는 무언의 교훈을 남겨둔 채 오늘도 말없이 그대로 있다.

마흔한번째 이야기

잊지 못할 선생님

애국교육의 선각자 최재호 선생님

왜정 말기였다. 내가 산을 두 개나 넘어야만 갈 수 있는 양보良甫교에 입학을 했다. 양보교는 하동군河東郡 내에서 역사가 가장 오래 되어 개교 100주년 기념식을 지난봄에 치른 바 있고 많은 인재를 배출한 명문 초등학교이다.

내가 입학할 때는 1학년에 송반과 죽반이 있었다. 나는 송반에 들어갔었고 나이가 좀 많은 아이들은 죽반에 들어갔다. 송반의 담임 선생님은 최재호(창씨명으로 사다야마) 선생님이셨다.

이 최 선생님은 지금 생각해 보니 나라를 걱정하는 애국자이셨고, 나라를 찾고 바로 일으키자면 교육을 바로잡아야 한다는 생각을 가지신 선각자 어른이셨다.

그때 양보학교는 일본도日本刀를 찬 스스끼 고쪼(오장)가 교장으로 있었고 일본말을 쓰면 나누어 준 카드를 한 장씩 빼앗기고 그 카드가 없어지면 벌을 받던 그런 때였다.

하루는 선생님께서 우리 반 아이들을 데리고 뒷산 양지쪽 못자리로 가서 우리들을 앉히고 조선말(그때는 한국어를 이렇게 부름)로 이야기를 하시며 노래 하나를 가르쳐 주셨다.

여보 여보 거북님 내 말 들어 보오
천지간 동물 중에 네 발 가지고
저 같이 느린 것은 처음 보았네

하고 하는 노래였다. 어린 우리들은 그때는 이 노래가 무슨 뜻을 지닌 노래인지 몰랐다. 머리가 굵어진 지금 생각하니 '개화가 늦어 일본놈의 지배를 받고 있는 안타까움을 알리고 나라를 되찾기 위하여 노력하자' 는 것을 은연중에 우리들에게 일깨워 주는 노래였다.

나는 이런 훌륭하신 선생님의 사랑을 독차지하다시피 하여 학교에 다녔다. 어린 나를 어느 때는 선생님께서 등에 업고 궁둥이를 두들겨 주시며 귀여워했고 반장을 시켜 주셨다. 나는 선생님 말씀을 잘 듣고 급우들을 잘 안내하였고 보살펴 주며 공부도 잘하였다.

찢어지게 못 살던 때라 대부분의 학생들은 짚신(와라지)을 신고 다녔다. 어느 날 운동화 배급이 한 반에 한 켤레씩 나왔다. 선생님께서는 나에게 그 운동화를 반장이니 특별히 주니까 신으라고 하셨다. 감사하기 이루 말할 수 없었다. 나는 그 운동화를 등하교할 때만 신고 다녔다. 저녁에 잠을 잘 때는 잘 털어서 머리맡에 놓고 잘 정도였으니까 얼마나 좋아했는지 짐작이 가리라 생각된다.

해방이 되자 선생님께서는 우리들에게 한글을 가르쳐 주셨고 내가 부산 경남중학교 다닐 때 선생님께서는 부산 해동중학교에서 국어교사로 근무하셨다. 내가 자라서 교편을 횡천교에서 잡고 있을 때 찾아오셔서 자기 조카딸이 진주 사범학교를 졸업하고 교편을 잡고 있는데 한번 만나보고 사귀어 보라는 말씀을 하셨다. 그때 나는 다른 여교사 한 분과 사귀고 있을 때라 그 말은 못하고 "곧 연락하여 만나 보겠습니다." 하고 선생님의 청을 받아 넘겼다. 열애삼매에 빠졌기 때문에 선생님의 조카딸과는 만나보지도 못하고 말았다.

사람의 인연이란 마음대로 좌지우지되는 것이 아니었다. 그저 미안할 뿐이다.

선생님은 우리들에게 이와 같이 사랑으로 대해 주셨고 지도해 주시었다. 만년에 선생님은 진주에서 삼현여중고를 창건하시고 교육에 심혈을 쏟으셨다. 올바른 나라를 일으키고 건전한 사회풍토를 조성하자면 여성들의 교육이 중요하다는 것을 느끼신 선생님이기 때문이었다.

훗날 교육자로서의 자질이 인정되어 영광스러운 훈장과 경남교육상을 받으시고 만 사람이 숭상하게 되었다. 오직 교육만을 위하여 사시다가 가신 선생님이기에 그 이름에 길이길이 영광 있으시길 바라는 마음 간절하다.

화낼 줄 모르시는 이종린 선생님

나의 국민학교 5학년 때의 담임 선생님은 이종린 선생님이셨다. 이 선생님은 나와는 전생에서부터 뗄 수 없는 깊은 관계로 이루어진 사이인 것 같다. 내가 선생님께 배우고 그 아드님을 내가 맡아 가르쳤었다. 선생님은 이 세상 수많은 사람 중 그 누구보다 마음씨가 다정다감하시고 특히 제자들을 사랑하시는 어른이셨다.

선생님의 장남 동호군은 서울에서 롯데백화점 총책임자로 활약하고 있는 사업가인데 1학년 때 내가 담임을 했었다. 성격이 활달하고 공부를 잘하는 아이였다.

하루는 한 아이가 내 앞에 와서 울며 이렇게 말하는 것이었다.

"선생님, 동호가 제 머리에 나 있는 도리버즘(백선) 따까리를 떼어 와서 내 머리에 옮긴다며 붙였습니다."

하는 것이었다. 나는 동호를 조용히 불러 왜 그랬느냐며 물었더니 동호는

"나 혼자 머리에 버즘이 나 있으면 됩니까? 옮겨주어 동무가 있게 하고 싶었습니다."

하는 것이었다. 얼마나 버즘(버짐) 때문에 고생을 했으면 혼자 머리에 버즘이 나 있으니 쑥스럽게 생각되어 그랬을까 할 정도의 장난꾸러기였다.

그 아버지 되시는 이 선생님은 아들과는 성격이 좀 달랐고 화를 낼 줄 모르는 어른이셨다. 우리가 선생님의 가르침을 직접 받고 있던 5학년 때 선생님과 나이가 똑같은 백우종이라는 청년이 편입학을 했다. 지례리 예성 서제에서 몇 년 동안 한문수학을 하여 소학 대학 등을 다 떼고 우리 반에 들어왔는데 선생님은 그를 내 옆에 앉히고 산수를 좀 가르쳐 주라고 하셨다.

그런데 장난기 많은 나는 이 백우종군을 많이 놀렸다. 하루는 운동장에서 놀다가 변소(화장실)에 가길래 따라가서 변소 안에 들어가는 백군을 보고 "옳지 되었다." 하고 밖에서 내가 문을 걸어잠그고 바닥

쓰는 빗자루(비)를 들고 와서 소변이 고여 내려가는 구멍에 빗자루를 넣어 오물을 묻혔다.

그때는 화장실에 지금처럼 개인이 소변을 할 수 있도록 되어 있는 소변기가 없고 그냥 소변을 보면 흘러서 큰 구멍을 통하여 용변이 괴는 곳으로 내려가는 것이었다.

시커먼 오물이 묻은 빗자루를 들고 천장의 뚫려 있는 곳을 통하여 백우종군이 들어있는 곳에 대고 빗자루를 '탈, 탈!' 털었다. 화장실 안에 있는 백군이 고함을 치고 야단이 났다. 또 오물을 묻혀 두번 세번 털고 있으니 슬리퍼 소리가 났다. 선생님이 오시는 기척이 난 것이다. 도망갈 곳이 없어 그 자리에서 나는 정진호 선생님께 붙잡히고 말았다.

이 광경을 본 정 선생님은 화장실 문을 열어 백군을 나오게 하고는 나의 귀를 한손으로 잡고 오른 뺨을 몇 차례 때렸다. 번갯불이 펀뜻 펀뜻 하였다. 그리고는 끌려서 교무실로 갔다. 정 선생님은 나를 담임 선생님이신 이 선생님께 인계하면서

"종달이에게 왜 끌려 왔는지 물어보세요."

하고는 자기가 가르치는 6학년 교실로 가시는 것이었다.

담임이신 이 선생님은 싱긋이 웃으시며

"왜 정 선생님께 잡혀 왔느냐?"

하고 물으시는 것이었다. 나는 사건 내용을 사실대로 말씀드렸더니 선생님께서는

"허, 큰일났구나. 엊그제 카세인칠을 했는데 엉망이 되었을텐데 교장 선생님께서 보시면 야단이 나겠군. 알았다. 장난을 너무 심하게 하지 말아라."

하며 웃으시더니 교실로 가라는 것이었다. 다른 선생님 같았으면 몇 차례 때렸을 것이고 심한 꾸중을 하실 것인데 선생님께서는 좋은 말로 타이르실 뿐이었다. 얼마나 마음씨가 너그러우신 선생님이신가.

때린다고 다 해결되는 것이 아니다. 선생님의 너그러우신 성격에 관한 재미난 이야기가 또 하나 있다.

선생님 댁은 농촌에서는 아주 잘 사는 편이라 술 도가를 하셨고, 산도 많고 논농사도 많이 지으셨다. 산이 없는 사람들은 다른 사람의 산에 가서 땔나무를 하면 야단이 나니까 마음씨 좋은 선생님의 산에 가서 땔나무를 해 오는 것이었다. 그러나 선생님은 별 말씀이 없으셨다.

하루는 달밤에 볏가리를 해 놓은 논에 가보고 싶어 살살 혼자 걸어가셨다. 가을밤 밝은 달빛에 한 사람이 자기 논에 모아둔 볏가리에서 볏단을 들어 지게에 지우고 있는 것이 보였다. 선생님은 조용히 옆에 가셔서 도둑놈을 잡아 나무라기는커녕

"이군, 자네 이 논 언제 샀는가. 나는 팔지 않았는데. 허허!"

할 뿐이었다. 이 이군은 부끄럽고 미안해서

"선생님 죄송합니다. 다시는 이런 짓 않겠습니다."

하고 빌며 용서를 구하는 것이었다. 선생님은

"알았네. 그만 돌아가게. 다시는 그런 짓 말고 착하게 살게."

하고 보내는 것이었다.

이 이야기는 이군이 여러 사람 모인 자리에서 하였기 때문에 여러 사람이 알게 된 것이다. 이와 같이 선생님은 너그러운 마음씨를 가지셨고 학생지도에도 충실하셨다. 특히 노래를 잘 부르셨고 아코디언을 잘 연주하셔서 지금도 선생님께서 연주하시던 아코디언 소리가 들리는 듯하다.

세월이 흘러 선생님이 박달교 교감이 되어 근무하실 때였다.

몸이 크고 비대한 편인 선생님께서는 점심 식사가 끝나고 나면 의자에 앉으신 채 잠깐 주무시는 어른이셨다. 그때 같이 근무하던 처녀 K 선생이 장난기가 발동하여 주무시는 선생님 얼굴에 먹을 갈아 붓에 묻혀 얼굴에 이상한 형상을 그렸다. 곤하게 주무시고 깨신 선생님의 모습을 보고 직원들이 웃어대자

"내 얼굴에 무엇이 묻어 있나?"

하시는 것이었다. 말을 못하고 선생님들이 계속 웃자 선생님께서는 거울 앞으로 걸어가서 자기 얼굴을 보자 놀라지 않을 수 없었다. 세수를 하고 자기 의자에 돌아오신 선생님께서는 화를 내실 줄 알았는데 웃으시며 하는 말씀이 걸작이셨다.

"자는 사람의 얼굴에는 그림이나 환칠을 하는 것이 아니네. 혼(넋)이 밖에 나가 놀다가 돌아올 것인데 와서 보니 자기가 있던 곳이 아니라고 달아난다네. 그리 되면 그 사람은 죽는 것 아닌가!"

하시는 것이었다. 그 K여선생은 얼마나 미안했겠는가.

이런 훌륭하신 선생님의 가르침을 받은 우리는 얼마나 다행스러운지 모르며 선생님께서 가르쳐 주시던 '낮에 나온 반달' 이라는 노래는 지금도 친구끼리 모이는 날이면 자주 부르는 애창곡이 되고 있다.

선생님께서 건강하시고 오래오래 사시길 빌 뿐이다.

열과 성으로 가르치시던 김만정 선생님

나의 6학년 때의 담임선생님이셨던 김만정 선생님은 하나도 제자 사랑이요 둘도 제자 사랑이셨다. 얼마나 우리들을 위하여 열심히 가

르쳐 주셨는지 모른다.

예나 지금이나 마찬가지지만 선생님들이 싫어하는 것이 숙직하는 것인데 우리 선생님께서는 다른 선생님의 숙직을 자기가 대신 해 주시며 그날 저녁 학교 숙직실로 우리들을 불러 모아 가르쳐 주신 고마운 선생님이셨다. 그것도 하루 이틀이 아니고 거의 매일이셨다.

그때는 하동군내에 하동중학교와 진교중학교밖에는 중학교가 없었고 중학교 입학하기도 상당히 어려운 때였다. 그런데 우리 2회 선배이신 이용석 씨가 지금은 작고하셨지만 진교중학교 입시에서 톱을 하여 학교 이름을 빛내었다. 그 다음해는 1회 선배이신 정태용 씨가 또 톱을 하였다. 이분도 지금은 작고하여 계시지 않으나 그 당시 군내에서는 박달교가 입시의 명문학교였고 선생님들이 모두 학생들을 잘 가르치는 사람들만 모여 있다고 소문이 났었다. 그런데 우리 대에 와서는 어떻게 되나 하고 6학년 1, 2반 담임 선생님들은 고민이 대단했으리라. 그래서 더 열심히 가르치셨는지도 모른다.

졸업하는 날이었다.

졸업장을 받아든 우리들의 마지막 모임 때 선생님께서는 헤어지는 많은 친구들 앞에 나를 불러내더니 내 손을 꽉 잡으시고

"종달아, 진교중학교 입시에서 1등을 해야 한다."

하시는 것이었다.

"노력하겠습니다."

이 말밖에는 할 말이 없었다. 그 며칠 뒤 입시를 치른 후 부산 경남중학교에 시험을 치러 박달교에서 공부깨나 하는 다섯 사람이 부산으로 갔었다. 그때 사람들의 하는 말이

"그 명문 중학교에 합격하기는 하늘에 별 따기보다 어렵다."

고 하였다. 시험을 치르고 외갓집에 오니 외숙모님께서

"종달아, 이 전보 보아라."

하시고는 기분이 썩 좋으신 모양이었다. 담임 선생님이신 김만정 선생님께서 보내오신 전보였다.

「축하한다. 1등 합격 담임」

얼마나 기분이 좋았는지 모른다. 그 뒷날 구두 시험을 치고 입시결과를 발표하는 날 학교에 가서 이층 벽면에 붙여진 합격자 명단을 보니 3등에 내 수험표와 이름이 쓰여 있었다.

얼마나 좋았는지 지금 생각해도 가슴이 두근거린다. 두 학교 모두 기성회비를 안 내도 되는 장학생으로 합격되었으니 이리 갈까 저리 갈까 망설이게 되었다. 외삼촌 내외분은 기분이 참 좋으셨다. 합격자 발표를 보고 나시어 곧바로 성문당 문방구점에 가서 모자와 교복을 사주셨다.

부산에서 며칠 쉬고 고향에 돌아와서 학교에 가니 부모님 이상으로 좋아하시던 분이 담임 선생님이셨다. 선생님께서 토종닭을 사고 술을 사서 교무실에서 선생님들을 접대하시는 것이었다. 그때는 집안에 제일 귀한 손님이 오면 닭을 잡아 접대하였는데 얼마나 좋았으면 선생님께서 직접 닭을 잡아 동료직원들을 접대하셨을까!

나는 선생님의 권유로 경남중학교를 택하였다. 물론 3등이니까 3반이었고 3반 반장으로 임명되었다. 열심히 공부하여 사범학교에 갔었다. 교직 생활을 오래 하다가 퇴직하게 된 것은 훌륭한 선생님들의 가르침이 계셨기 때문이라고 생각 들며 자주 찾아 뵙지는 못하나 항상 고맙게 생각하고 있다. 오래 건강하시고 영광 있으시길 비는 바이다.

마흔두번째 이야기

영원한 사랑

처음 만남

어릴 적부터 남달리 총명하고 부지런하여 담임선생님의 사랑을 독차지하다시피 했던 한 소녀는 여학교를 마치고 직장생활을 하면서 부도를 닦고 있었는데 부모님께서 혼기가 넘었다며 직장을 그만두고 이웃 총각과 결혼을 하라고 졸랐다.

총각은 해군 문관으로 근무 중이었고 키가 후리후리하게 크고 서글서글한 미남형이었다.

부모님의 성화에 이길 수가 없었고 총각이 그녀의 마음에 들었기 때문에 결혼을 하여 아들 딸을 낳고 남들이 부러워할 만큼 오순도순 살고 있었다. 그런데 뜻하지 않게 남편이 병마에 시달리더니 갑자기 저세상으로 가버리자 고생고생 하면서 자녀들을 기르고 살았다. 다행히 아이들이 모두 착하고 건강하게 잘 자라 즐겁게 살아가고 있었다.

대학까지 다 마친 아들 딸들은 모두 직장을 갖고 착실히 근무하면서 짝을 찾아 갔는데 다행히 착한 아들과 며느리는 결혼 후에도 같이 살고 있으며 삼십 년이 가깝도록 혼자 외롭게 살아가고 있었다.

여자 홀몸으로 자녀들을 기르면서 집안 살림을 꾸려 간다는 것은 무척 고된 일이다. 그러나 그녀는 일찍이 시조창에 몰두하여 지금은 사범의 반열에 올라 있다. 나이가 예순이 넘은 지금까지 그렇게 억척스럽고 고되게 살아왔다. 일이 그렇기 때문에 하루도 쉬지 않고 부지런히 시조창을 하고 있는 그녀는 말씨 하나하나로부터 행동거지까지 그 어느 누구보다도 무게가 있고 정중하며 참으로 남의 본이 되는 모범생활을 하는 사람인데 우연한 기회에 K와 만나게 된 것이다.

K는 교육계에서 43년 6개월을 몸 담아 있으면서 제자들을 위하여 심혈을 쏟아 왔으며 간 곳마다 학부형들의 칭송을 받던 사람이다. 교사 시절에는 좋은 학교로 스카우트되어 다녔고, 일찍 교감이 되어 학교 운영을 잘하자 장학사로 발탁되었다. 여기서도 교원복지를 위하여 많은 노력을 하자 교장으로 장학관으로 있다가 교육계의 꽃인 교육장도 3년 6개월이나 한 교육행정가였다. 정년으로 퇴직한 후 대학강사로 6개월 동안 일하다가 그만두고 시조계에 입문한 존경할 만하고 덕망 있는 사람이었다.

K는 맡은 일에 심혈을 쏟아 꼭 뜻하는 바를 이루는 억척스러운 사람이다. 그러나 호사다마라 하더니 사랑하던 아내를 일찍 여의고 십여 년을 혼자 있다가 교통사고를 당하여 사경을 헤매고 있을 때 간병을 해 주고 K가 곤란한 일이 생기면 도와주던 한 여교사와 고성 모 학교에 근무시 같이 근무했다. 그 당시 교감의 중매로 그 여교사와 뒤늦게 재혼을 하여 십여 년을 같이 살았다. 그러나 그 여교사는 퇴직을

하자 터를 사고 절을 짓게 되자 독실한 부처님 제자가 되었다. 그때부터 차츰차츰 K로부터 멀어졌고 지금은 아주 남처럼 지내고 있다. 그리고는 K에게 다른 사람과 재혼을 하라고 권유하고 있는 중이다.

그 여교사 J는 부처님을 믿다가 거기 빠지니 다른 것은 아무것도 모르고 살림은 거들떠 보지도 않는다. 그리고는 같이 살고 싶으면 절집에 와서 있으라고 한다. 절이 있는 곳은 K가 옛날 교사 시절에 있던 곳이었고 모두가 K를 너무도 잘 알고 있기 때문에 거기에 간다면 여자에게 얹혀 산다고 모두가 흉을 볼 것이고 암자라는 곳은 주로 여자들이 모이는 곳이라 그 절집에 가서 있을 수가 없었다.

K는 다도해가 내려다 보이는 옛날에 사두었던 조그마한 섬에서 조개를 심고 따며 밭농사를 지으면서 부처님만 신봉하고 있는 J를 그대로 둔 채 창원에서 혼자 살아가고 있다.

그런데 근래에는 J에게 전화를 해도 잘 받지 않아 아는 사람을 통하여 물어보니 청도산 어느 절에 옛날 알던 스님을 찾아가서 거기서 살다시피 하기 때문에 잘 만날 수가 없고 전화도 안 된다는 것이다. 그렇게 되니까 K는 자연히 J와 헤어진 셈이 된다. 지난 어느 날 전화로 헤어지기로 했지만 쓸쓸하고 적적하지 않을 수 없다.

K는 밥이나 해 주고 빨래나 해 주며 해질녘에 집을 찾아들면 반갑게 맞이해 주고 등산도 같이 다니고 여행도 같이 다닐 그런 사람이 그립던 중 K가 다니고 있는 시조회관의 정 회장으로부터 한 여자를 소개받았다.

지난 봄이다. 창원 시조회관이 주최한 전국 가사 가곡 시조창 대회를 할 때 정 회장의 부탁을 받고 진해시조회 사범으로 있으면서도 창원회관에 와서 손님 접대일을 맡아 보기도 하고 2년 전 대회 때는 심사위원이 되어 창원에 왔었던 사람이다. 두 사람은 서로 친히 알지 못했던 사이인데 아주 부지런하고 좋다는 것이다.

그런데 정 회장이 소개하고 나서 우연히도 김해시조회가 주관하던 전국 가사 가곡 시조창 대회에서 명창부에 출전한 K가 낙방을 하자 K는 평소부터 심사에 부조리가 많고 인맥, 지연 등으로 결정되는 것을 보고 오다가 시조를 그만두어야겠다는 마음을 굳히고 다시 골프나 치고 글이나 쓰면서 세월을 보내야겠다고 정 회장에게 이야기하고 작별을 고하자 정 회장이 적극 만류하였으나 말을 듣지 않았다. 그러자 K의 친한 친구들을 보내서 설득해도 안 되니까 마지막으로 생각해 낸 것이 전에 소개한 바 있던 참한 여자를 보내서 K를 붙잡겠다고 생각하여 진해의 시조회 사범인 G여사를 조용히 불러 K를 좀 붙잡아 달라고 하였다.

앞에서도 좀 언급이 있었지만 G사범이 일찍 부산에서 결혼하여 살다가 어린애 셋을 둔 채 삼십대 후반에 들었을 때 남편이 먼곳에 가버리자 혼자 억척스럽게 살며 자녀들을 길러 모두 짝을 맞춰 주고는 서예도 하고 시조창을 배워 명인이 일찍 되었고 대상까지 받아 오래 전부터 진해시 시조회의 사범으로 활약 중이고 시조인이라면 전국에서 모르는 사람이 없을 정도로 유명하고 얌전하고 착실한 사람으로 정평이 나 있는 사람이다.

창원의 정 회장이 G사범에게 K가 계속해서 창을 할 수 있도록 말을 좀 해 달라고 신신 당부를 하자 G사범이 K에게 전화를 해서 조용히 만나기로 된 것이다. 이렇게 되어 시조계의 거물 G사범과 K의 만남이 성사된 것이다. 그런데 K는 시조계에도 근래에 새바람이 불어 투명성 있게 심사도 하게 되고 분위기가 쇄신되자 다시 계속하느냐 안 하느냐 하고 망설이고 있는 중이었다.

창원의 어느 커피숍에서 만난 이들은 얼굴은 알지만 말은 안하고 지내다가 이렇게 만나 이야기를 오랫동안 주고받다가 보니 서로의 처지가 이해되어 서로 가깝게 지내게 되었고 그 이후부터는 이틀이 멀다 하고 만남이 이루어졌다.

K는 나이가 많아지자 그 좋아하던 골프도 그만두고 시조창이나 하고 시를 쓰고 수필을 쓰면서 시간을 보내고 있었다. 이런 때 시조계를 떠날 준비를 하던 K 앞에 혜성처럼 나타난 사람이 바로 G사범이었다.

K는 G사범의 권유로 시조창을 계속하기로 하였다. 나이가 많아서 그런지 그 영리했던 K는 시조창이 무척 어려웠으나 열심히 노력하여 을부 갑부 특부를 겨우 졸업하고 명인부에 도전하여 세 번이나 고배를 마시기는 했으나 시조창에 미련을 버리지 못하고 있는 것이다.

G사범은 남자들이 혼자 살고 있는 것을 알고 추근대고 놀리면

"나하고 사귀어 봅시다. 지금 나는 애인이 아흔아홉 명이 있는데 한 사람이 없어 백 사람을 못 채웁니다. 당신만 좋다 하면 100번째가 되지요."

하면 놀라서 그 남정네가 장난을 더 이상 안 치는 것이다. 그만큼 남자들을 멀리하고 있다. 그런데 뜻밖에 K에게는 지남철에 쇠가 끌려가듯 끌렸고 K 역시 G사범을 무척 아끼고 사랑하게 된 것이다. 날마다 전화가 여러 통이 오고 가고 아침 7시 30분만 되면 K가 G사범에게 전화하는 것을 잊지 않았다. G사범 댁에 아침 전화벨이 울면 손자들까지

"할머니, 7시 30분입니다. 할머니 전화예요."

할 정도가 되어 버렸다.

K는 창원 시조회관에 나가서도 차를 끓여 회원들에게 접대하고 하루도 빠지지 않고 나가서 창을 하는 것이다. 남과 잘 어울려 노는 사람이라 성질이 명랑 쾌활한 편이다.

시조창도 배우고

K는 이틀이 멀다하고 오후 6시쯤 되면 달려가서 만남의 광장 등에 가서 목청껏 시조창을 하고 G사범의 지도를 받는다.

K는 G사범을 이 세상 누구보다도 좋아한다. 물론 고생스럽게 살다가 먼 세상으로 간 귀밑머리 마주 푼 아내야 영원히 잊을 수 없고 사랑했지만 먼데 간 이상 어찌 할 수가 없고 그렇게도 좋다고 따르고 도와주던 J 선생도 한때는 사랑했지만 지금은 스님처럼 되었고 옛날 사귀던 스님과 가깝게 지내고 있는 이상 깨끗이 잊었다. 다른 좋아했던 사람들은 모두 하룻밤 풋사랑이지만 이 G사범만은 이 한 몸을 다 바쳐 좋아하고 있는 실정이다.

너무도 좋아하는 사람이다. 그래서 아들과 며느리, 딸에게도 G사범을 좋아한다고 이야기했을 정도다. G사범의 아들과 며느리가 젊었을 때 돈을 번다며 맞벌이를 하고 있기 때문에 초등학교 2학년짜리 손녀와 유치원 다니는 손자가 초등학교 입학을 하고 나면 결혼하기로 했다. 약속한 그때가 이젠 1년 7개월 남았다.

그때 이들은 아주 사이 좋은 한 쌍의 노부부가 되어 만년을 멋지게 살기로 마음먹고 있다. 그리고 K의 손녀 이슬이를 결혼시킬 땐 가족들이 모여서 노래하며 놀 때 사랑하는 마누라인 G사범을 노래하고 북도 치게 하여 가족들을 놀라게 하고 싶어하고 있다. 언젠가 G사범에게 담소로 비쳤지만 K의 모든 것을 그를 위해 바치고 싶다고 했다. G사범은 K에게 이런 어리광도 부린다.

"오늘 차 조심 하이소. 오다가다 예쁜 여자에게 한눈 팔면 어찌 되는지 알지요?"

그도 K를 무척 아낀다. 좋아하고 있는 것이다.

이런 일도 있다. G사범은 K가 갖고 있던 부채를 자기에게 달라고 했다. 별 보잘것없는 부채지만 교육장 시절 제자로부터 선물 받은 귀한 것이라 하며 서슴지 않고 건네주니 자기가 선물 받아 아끼던 '반야심경' 이 적혀 있는 비단부채를 대신 주면서

"이 부채를 갖고 다니면 차 사고가 안 나고 행복해진대요."

하고 바꾸어 갖는 그런 좋은 사이다.

고향 나들이

G사범은 독실한 불교신자이다. 일요일이나 좋은 날엔 부처님을 찾고 불교방송을 자주 듣는 사람이다.

두 사람은 진해에 있는 만남의 광장에서 만나 산을 오르며 남들이 따 먹고 남긴 딸기도 따먹고 아카시아 잎을 따서 가위바위보를 하면서 내기도 하고 푸른 물이 일렁이는 바다를 보고 시조창도 하며 놀다가 다가오는 토요일에 쌍계사와 칠불암을 둘러 K가 가꾸고 있는 매실밭에 가서 매실을 따오기로 하였다.

K가 차를 몰고 두 사람은 기분 좋게 남해고속도로를 달렸다. 하동읍을 지나 섬진강을 따라 화개로 가면서 흐르는 맑은 물과 백사장을 보고 감탄도 하며 화개장터에 가서 게탕 점심을 하고 벚꽃 십리 길을

달려 쌍계사에 닿았다.

전국 각지에서 찾아오는 불자와 관광객들을 보면서 신라 고찰의 웅장함에 다시 한번 놀라는 G사범에게 K는 쌍계사에 관한 이야기와 불일폭포에 얽힌 이야기를 해 주고 부처님을 예배하고 다시 칠불사로 달렸다.

잘 포장된 꼬부랑길을 달려 천하 명지에 있는 칠불암에 닿았다. K는 칠불암에서 수로왕의 일곱 왕자가 가야산과 수도산, 와룡산 등을 거쳐 이곳 지리산에 와서 운상원을 짓고 외삼촌인 인도의 장유보옥 스님과 같이 수도 2년 만에 일곱 왕자 모두가 성불되자 칠불암이라 했으며, 어머님인 황후 허황옥이 아들들을 찾아와도 만나지 못하고 연못에 비쳐지는 아들들의 수도하는 모습을 보고 울고 그냥 돌아갔기 때문에 영지라 부른다는 이야기와 신라 효공왕 때 담공선사가 축조했다는 아자방에 얽힌 이야기 등을 쭉 해 주자 G사범은 '당신은 어찌 그렇게 역사적 사실을 잘 아오?' 하면서 놀라는 것이었다.

두 사람은 부처님께 진심으로 경배를 하였다. '건강하고 영원한 사랑을 이루고 행복하기를 빌며….'

K는 이 칠불암에서 시 한 수를 지어 기념으로 남겼다.

칠불사 참배기

이리 구불 저리 구불 꼬부랑길 달려
천하 명지 터 잡아 있는 칠불사에 닿았네
가야국의 일곱 왕자 정성 쏟아 수도하여
성불되자 그 이름 칠불사라 한다는데

영겁토록 부처님 계시 전하여 질 곳이네

지리산의 정기를 임과 내가 받자며
정성 쏟아 부처님 전에 향 피우고 촛불 켜고
삼고배 올리면서 빌고 또 빌며
영겁토록 원앙부부 돼 오래 살길 바라니
부처님은 웃으시며 우리를 바라보시네

신라시대 담공선사가 축조하였다던
아亞자 모양으로 생긴 아자방을 보니
수도하던 스님들은 어디 갔는지 없고
빈방만 그대로 남아 있는데
한번 불을 지피면 며칠이나 뜨실꼬!

여기저기 구경을 하고 놀다가 화개장터에 가서 다시 구경하고 악양 최진사댁 입구 강변공원에서 한참을 손을 잡고 노닐다가 고전면 섬진강변의 신방촌에 가서 갱조개 요리를 시켜 먹고 나니 해가 뉘엿뉘엿 지고 있었다.

K가 강변모텔에 가서 자고 가자고 하니 G사범이 매우 곤란해하는 모습이었다. K가 G사범에게 여기서 한 20분 가면 내 고향집이 있으니 거기 가서 자고 내일 오전에 매실을 따고 오후에 집으로 돌아가자고 하자 그렇게 하자고 약속이 되었다. 양보 밤실로 달렸다.

캄캄한 밤이었다.

K의 집은 아담하게 지어져 있었다. 한달 가량 아무도 들르지 않은

집이라 간단히 청소를 하고 K는 큰 방에서 G사범은 작은 방에서 잤다. 장래를 약속한 두 사람이지만 서로 예의는 지켰다.

뒷날 아침은 G사범이 손수 준비하였다. 아침 식사를 하고 차로 과수원에 가서 선산과 과수원에 대한 설명을 하자 G사범이 매우 좋아하였다. 두 사람은 사이 좋게 매실밭에 가서 매실을 따 담고 그늘에서 쉬면서 시조창도 하고 K가 G사범의 무릎을 베고 누워서 장래 계획을 이야기하였다. 두 사람은 즐거웠다. 매실을 따 싣고 점심을 먹고는 진해로 가서 매실을 G사범에게 좀 주고는 창원으로 왔다. 즐거운 여행이었다.

청학동 여행

K와 G사범은 하루가 멀다하고 만났다. 두 사람은 이젠 떨어져서는 살 수가 없을 정도로 가까워졌고 K가 진해에 안 가면 G사범이 창원의 K집에 왔다. 홀애비 집이 정신없이 어지러진 살림살이를 보고 G사범이 제법 정리 정돈을 하였고 두 사람은 이젠 사귀는 정도가 아니고 한 쌍의 부부처럼 지내는 사이였다.

올 여름은 비도 많고 무덥기도 하다. 깊은 산속에 가서 좀 쉬고 오자면서 장소를 물색하던 중 청학동에 가서 2박 3일을 보내고 오기로 하였다.

8월 3일 아침에 출발하여 횡천을 거쳐 청학동에 갔다. G사범은 청학동이 처음이나 K는 여러 번 다녔다.

청학동 삼신당 근처에 있는 덕륜서당의 은씨댁에 가서 방을 2개 얻어 민박을 하기로 정했다.

서울에서 오고 부산서 온 손님들은 음식을 해 오고 또 조리기구를 갖고 와서 손수 해 먹고 있지만 이 두 사람은 식당과 그 집에서 사서 먹고 구경 다니고 놀다가 잠만 자고 쉬는 것이었다.

청학동은 옛날 맛은 나지 않았다. 웬 서당은 그리도 많아졌고 음식집은 그렇게도 많이 생겼을까.

하루는 삼신당에 두 사람이 올랐다.

탑을 쌓아놓은 것이며 조경을 해 놓은 것이 한 번은 와볼 만하였다. 여기저기 다니며 놀다가 지치면 숙소로 가서 쉬고 3일째 그곳을 떠나 고향은 들르지도 않고 진교로 와서 발구미에 가서 전어 박람회를 구경하고 집으로 돌아왔다.

K는 G사범이 너무 사랑스럽고 좋아서 같이 다니고 있으나 옛날 고생하던 아이들 어머님은 살기에 바빴고 차가 없던 때라 제대로 구경도 한 번 못 시켜 준 것이 심히 죄스럽게 생각되었다.

인내는 달콤하다

K는 한 시간을 쉬지 않고 부지런히 뛰는 사람이다.

아침 일찍 일어나면 뒷산을 올라 체조를 하고 시조회관에 나가서 시조창을 배우고 매일 두 시간 내지 세 시간을 서실에 가서 붓글씨 연습을 한다. 죽기 전에 제자가 지어준 자기의 비문을 멋지게 쓰겠다는 일념으로 의욕이 대단하다.

공직에 오래 있었고 친구가 많으니 계모임도 많다. 농담을 잘하고 우스갯소리를 잘하니 친구들이 모두 그를 찾는다.

집에 돌아오면 시를 쓰고 수필을 쓰고 50여 개가 넘는 화분 관리에 바쁘다.

쉴틈이 없는 K다. 그런데 그의 짝인 G사범은 더 열심이다.

토요일 오후와 일요일을 제외하고는 집에 붙어서 쉬는 날이 없다. 아침이면 새벽 일찍 일어나 조용한 집 뒷산 관운사 절 저쪽에 있는 바위에 올라 시조창을 한다.

절에 있는 주지스님이 늘 그 소리를 들었던 모양이다. 정해진 아침 시간에 어디에선가 가냘프고 구성진 목소리로 창 하는 소리를 늘 들었는데 하루는 그 소리가 안 들렸던 모양이었다. G사범이 시조창을 하고 나서 관운사로 내려가서 샘에서 물을 뜨고 스님께 손을 합장하고 인사를 올리니 스님이 예를 하고는 혼잣말로

"이상하다. 오늘 아침은 시조창 하는 보살님의 창 소리가 안 들린다. 몸이 아파 산에 안 오른 모양이구나. 빨리 나아서 산에 올라야만 창 소리를 다시 들을 수 있을텐데…."

아무 말 않고 싱긋이 웃으며 G사범은 그 자리를 떴다. 집에 와서는 초등학교 다니는 손녀와 유치원에 나가는 손자들의 아침 식사와 뒤치다꺼리로 바쁘다. 모두 갈 데에 보내고 나서는 9시가 좀 넘으면 집을 나선다.

하루는 시조회관에 가서 회원들에게 북을 치며 창을 하면서 지도하다 보면 지쳐서 비실비실한다. 많은 회원들이 자기가 경창대회에 나가 부를 곡을 차례차례 몇 곡씩 부르고 나면 오후 4시 반이 넘는다. 고단한 몸을 끌고 집에 와서 손자들을 돌본다. 며느리가 직장인이라 부산 가서 일하다 집에 오면 항상 8시가 넘는다.

또 하루는 노인복지회관에 나가서 연세 높은 할아버지 할머님들께 시조창 공부를 시키고 돌봐 드리다가 또 오후 늦게 집에 온다. 또 하

루는 불우 아이들을 돌보러 간다. 움직이지 못하는 아이들을 씻기고 돌봐준다. 가장 보람 있는 날로 느끼고 있다고 한다.

또 하루는 민요창을 배우러 간다. 목청이 좋아서 나이가 들었어도 민요는 아주 잘한다. 봄과 가을 전국 시조창 대회가 많이 있는 계절에는 하루 이틀 심사위원으로 불려 다니고, 참으로 바쁘게 움직이고 있다.

토요일 오후 서너 시가 넘어야만 자유시간이 있다. 일요일도 쉬기는 하지만….

이렇게 바쁘기 때문에 K를 만나는 시간도 항상 오후 여섯 시가 넘어서이다. 이틀이 멀다하고 K가 창원에서 G사범이 있는 곳에 안 오면 G사범이 K를 찾아 창원으로 간다. 참으로 멋진 사랑을 두 사람이 하고 있다.

하루는 G사범이 창원 K집엘 찾아가니 K가 붓글씨 연습을 하고 있었다. G사범이 K에게 말하였다.

"당신 붓글씨를 잘 쓰는데 힘이 없고 기초가 되어 있질 않소. 지금이라도 서실에 가서 기초부터 배워서 조금 연습하면 아주 잘 쓰겠소. 나도 6~7년 서예 공부를 했기 때문에 볼 줄은 아오."

하며 K를 서실에 나가서 좀 배우라고 권하였다.

K는 영리한 사람이라 초등학교 다닐 적에 배운 바 있는 솜씨로 학교에 있을 때는 환경정리도 직접 쓰면서 하였고 시조대회 때마다 찬조금을 써 붙이고 창 하는 사람들의 이름을 붓으로 크게 써 알리는 일도 하고 상장도 붓으로 쓴다. 창원시조회뿐만 아니라 김해나 함안, 대산 등지에 가서도 도와준다. 모두 속필로 잘 쓴다는 평이다. 그래서 더 잘해 보려고 연습하고 있었던 것이다. 사랑하는 G사범의 권유의

말을 듣고 지금 서실에 나가 열심히 배우고 있는 것이다.

G사범이 K를 만나는 때면 시조창 연습을 시킨다. K는 을부 갑부 특부는 졸업했으나 아직 명창이 안 되었기 때문에 부지런히 연습하고 있다. 언젠가 G사범이 K의 권혼에

"가을에 전국대회에 나가 명창이 되면 하자는 대로 하겠어요."

했을 정도로 창을 열심히 하도록 침을 주었고 만나서 처음 사귈 때 2년 후에 유치원에 다니는 손자가 초등학교에 입학하면 결혼키로 굳게 약속했었는데 그동안 많은 세월이 흘러 1년 7개월 남았다. 그동안 두 사람은 아주 사이좋고 가깝게 지냈으나 하루속히 같이 사는 날이 오기를 기다리는 마음 간절하다. 그런 좋은 사이인데 K의 장난스러운 농담이 G사범의 마음을 흔들어 요사이는 좀 사이가 멀어졌다. 2주일이 가깝도록 만나지 않았다. 사랑 싸움인 것 같다. 그래도 K는 아침 7시 30분이면 언제나 전화를 하고 하루 두서너 번은 통화를 한다. G사범은 K에게

"냉전기를 두고 조금 기다립시다. 경솔하면 안 되겠어요."

하고 있으나 곧 화해가 되고 더 진한 결실의 사랑이 곧 이루어지리라 생각된다. 서로서로 조금씩 양보하고 배려하여 다시 전과 같은 깊은 사랑이 맺어지길 바라는 마음 간절하고, 이 두 사람의 앞날에 좋은 결실의 열매가 맺어지길 바란다. 죽고 나면 모든 일이 허사인데 살았을 적 즐겁게 살아 가야지.

편집후기

어릴 적부터 들어오던 이야기와 평소 생각하던 바를 이야기 형식으로 글을 써 보았습니다.

나는 문학을 전공하지도 않았고 또 문학적 재능도 부족하기 때문에 글 내용 자체가 내용이 빈약하고 보잘것이 없지만 붓 가는 대로 생각나는 대로 써서 젊은이들에게 교훈적인 글을 읽히고 싶어 이 글을 썼습니다. 젊은이들이 사회생활을 해 나가는데 조금이라도 도움이 되고 길잡이가 되었으면 하고 바랄 뿐입니다.

앞으로 더 좋은 글을 쓰도록 노력하겠습니다.

지도와 조언을 바랄 뿐입니다.

2007년 11월

혜산 김종달

좋은 사람들 사이

김종달 수상록

인쇄일 2007년 10월 30일
발행일 2007년 11월 5일

지은이 김 종 달
펴낸이 오 하 룡
펴낸곳 도서출판 경남
631-430 마산시 서성동 66-18
☎(055) 245-8818~8819
FAX(055)223-4343
http://www.gnbook.com
e - mail:gnbook@empal.com
등록 제2호(1985. 5. 6.)
편집팀 | 오태민 | 심경애 | 구도희

© 김종달
* 잘못된 책은 바꿔 드립니다.
* 저자와 협의 인지 생략합니다.

ISBN 978-89-7675-452-3-03810
〔값 12,000원〕